朱杨曹 —— 著

和美人学

人的行为动力
总机制和特性的研究

知识产权出版社
全国百佳图书出版单位
—北京—

图书在版编目（CIP）数据

和美人学：人的行为动力总机制和特性的研究/朱杨曹著. —北京：知识产权出版社，2025.4. —ISBN 978-7-5130-9602-7

Ⅰ.C912.1

中国国家版本馆 CIP 数据核字第 2024BR4669 号

责任编辑：韩婷婷　王海霞　　　　　　责任校对：谷　洋
封面设计：乾达文化　　　　　　　　　责任印制：孙婷婷

和美人学
——人的行为动力总机制和特性的研究

朱杨曹　著

出版发行：	知识产权出版社有限责任公司	网　　址：	http://www.ipph.cn
社　　址：	北京市海淀区气象路50号院	邮　　编：	100081
责编电话：	010-82000860 转 8790	责编邮箱：	93760636@qq.com
发行电话：	010-82000860 转 8101/8102	发行传真：	010-82000893/82005070/82000270
印　　刷：	北京九州迅驰传媒文化有限公司	经　　销：	新华书店、各大网上书店及相关专业书店
开　　本：	787mm×1092mm　1/16	印　　张：	21.25
版　　次：	2025年4月第1版	印　　次：	2025年4月第1次印刷
字　　数：	345千字	定　　价：	98.00元

ISBN 978-7-5130-9602-7

出版权专有　侵权必究
如有印装质量问题，本社负责调换。

/ 前　言 /

人类在物质研究和开发方面取得了辉煌的成就，然而科技的飞速进步也带来了巨大的不确定性，当下一些处于科技前沿的科学家、工程师担心科技的发展将超越人类精神的发展，可能给人类带来灭顶之灾。

人类应该向哪里走？是靠上帝掷骰子，还是要加快精神研究，以新的精神来掌控物质的飞速进步？哲学是文化之根，人学是文化之干，其他文化都是文化之干上开出的文化之花。西方哲学自诞生起，不断地建构，又不断地解构，直到雅克·德里达（Jacques Derrida）企图进行全面的解构。"维特根斯坦和海德格尔可以说是分别代表英美分析哲学和欧洲大陆哲学的两座高峰，他俩不约而同地得出了'哲学终结'的结论。"[1] 现代西方哲学以及在此哲学基础上构建的西方人学已经失去了其诞生之初的勃勃生机，无法回答当代的一系列重大问题。

在新时代，中国适时地提出了构建"人类命运共同体"倡议，并得到了联合国的认可。这一倡议来自深厚的中国人学，而非一时之策略。建立在中国本土哲学基础上的中国人学是"和"的人学，其核心概念是"和"。

笔者的《中国本土哲学的梳理和发展》[2] 一书用现代话语将阴阳论发掘出来，发掘出伏羲宇宙阴阳模型、十大阴阳规律、阴阳辨析思维分析工具等。这是不同于西方的哲学。研究哲学本身不是目的，用基于哲学建立的宇宙观、世界观、方法论等成果来建构人学才是目的。本书就是用纯中国式的思维工具——阴阳辨析来建立新的人学。读者将会看到，用中国本土哲学实施的学术

---

[1] 赵敦华. 现代西方哲学新编 [M]. 北京：北京大学出版社，2001：280.
[2] 朱杨曹. 中国本土哲学的梳理和发展 [M]. 北京：知识产权出版社，2022.

研究与用西方模式实施的学术研究有所不同，其得出的一系列结论是西方哲学和人学无法想象的。新的人学是和美人学：人类整体需要"和"，个人追求生存"美"。"和美"是本书打出的新的旗帜。

第一卷建立了人的行为动力总机制。笔者利用阴阳辨析法分析人的行为动力，读者将会看到其建立的全过程。它既是人的"精神大厦"，也可以说是人类社会密码。这不仅是心理学的创新，更是中国本土哲学——阴阳论的新领域开拓。

第二卷将人类作为一个物种放到动物界，与动物进行了对比研究，发现了人与动物的本质区别、人类的特性和典型特征、人的生存目标、人的行为模式、人高于动物的心智功能等。笔者用阴阳辨析工具发现了人类的本质是美在性生存方式的诉求。人的求美本质的力量体现在所有人的所有思想和所有行为中。当说人的本质是追求生存美时，这个本质的论述与民众生活的距离如此贴近而须臾不可分离，对人的本质的体验如此鲜明、如此富有激情，充满了对本质体验的快乐和烦恼。可惜，进入奴隶社会以后，人的求美本质发生了质裂，分裂为裂美与和美两种。只顾自己不顾他人的求美是裂美，兼顾自己与他人的求美是和美。

第三卷对人类的发展做了高度概括，既总结了既往的历史，又指出人类下一步的进化方向，还扬起了和美的旗帜，号召全人类在和美的旗帜下进行自我发展，"革去"裂美的"命"，培育和美的品格，迈开向人类悟觉成熟期进化的步伐，开拓人类最壮丽的历史。

本书不仅在纵向上对人学的宏观方面进行了一系列研究，在横向上对人学的微观方面也有许多研究，试图回答一些困扰人类的重大问题。例如：

人究竟为什么而活着？回答生命意义之问的判断依据是什么？到哪里寻找判断依据？

人之初，究竟是性本善还是性本恶？善从何而来？恶又从何而来？道德是怎样产生的？是什么时候产生的？

人为什么会"得寸进尺"，好了还要更好，追索永无止境？人的贪性从何而来？人的本性究竟是什么？动物的本性又是什么？

家庭是每个人生活中最重要的社会组织，夫妻之间究竟有哪些力在起作用？

究竟什么是幸福？怎样得到幸福？

追求各种快感是每个人每天的期求，动物也想获得快感，人的快感与动物的快感是一样的吗？如果不一样，那么哪里不一样呢？人在获得快感的基础上还有联感的追求，而联感是动物没有的心智。每个人都应了解联感在日常生活中广泛而重要的作用，否则就将自己降到了动物的层次。

本书涉及生活的方方面面，发现并尝试回答一些重要问题，是内容极为丰富的生活参考书。

本书是用阴阳辨析法分析和写作的，是对中国思维工具的运用，是中国阴阳哲学的普及本，因而具有广泛的方法论意义。

目　录

第一卷　人的需要——人的行为动力总机制

第一部　人的明需要 …………………………………… 005
上部　活在性需要［0］(1.0) ……………………………… 008
第一篇　保存自己的需要［00］(2.0)——**生命篇** / 010
第一章　能量代谢（食物）需要［000］(3.0) / 011
　　第一节　营养食物需要［0000］(4.0) / 013
　　第二节　信息代谢（信食）需要［0001］(4.1) / 016
第二章　能量调节（健康）需要［001］(3.1) / 027
　　第一节　防护（人身安全）需要［0010］(4.2) / 027
　　第二节　防病（康和）需要［0011］(4.3) / 028

第二篇　延续自己的需要［01］(2.1)——**繁衍篇** / 044
第三章　生命核延续需要——生养子女需要［010］(3.2) / 045
　　第一节　生育子女需要［0100］(4.4) / 047
　　第二节　抚养子女需要［0101］(4.5) / 054
第四章　心理核延续需要——寄托子女欲望［011］(3.3) / 058
　　第一节　内向观念传承需要——兴家寄托需要［0110］(4.6) / 058
　　第二节　外向观念传承需要［0111］(4.7) / 059

下部　美在性需要 [1] (1.1) ·· 060

第三篇　美满生活（美生）需要 [10] (2.2)——生活篇 / 066

第五章　生活幸福需要 [100] (3.4) / 068
第一节　富裕保利需要 [1000] (4.8) / 072
第二节　幸福感情满足需要 [1001] (4.9) / 082

第六章　社会尊重需要 [101] (3.5) / 099
第一节　里子尊严需要 [1010] (4.10) / 101
第二节　面子尊严需要 [1011] (4.11) / 106

第四篇　展示社会价值（美展）需要 [11] (2.3)——价值篇 / 109

第七章　资才展示需要 [110] (3.6) / 111
第一节　资源发挥需要 [1100] (4.12) / 112
第二节　才能展示需要 [1101] (4.13) / 113

第八章　品德展示需要 [111] (3.7) / 121
第一节　利己展示需要 [1110] (4.14) / 121
第二节　利他展示需要 [1111] (4.15) / 123

第五篇　明需要的演化及相互关系 / 125

第九章　明需要的发生和消亡 / 127
第一节　明需要的产生——未成年阶段的需势变化 / 127
第二节　明需要的消亡——老年阶段的需势变化 / 130

第十章　明需要的实现 / 133
第一节　明需要实现的环节 / 133
第二节　不同人群在需势上的差异 / 134

第二部　人的暗需要 ·· 136

第六篇　人的玄量觉悟暗需要 / 142

第十一章　观念觉悟暗需要 / 143
第一节　信念觉悟暗需要 / 147
第二节　理念觉悟暗需要 / 156

第十二章　感悟暗需要 / 161

第一节　感动暗需要 / 162

　　第二节　领悟暗需要 / 170

第七篇　人的确量觉悟暗需要 / 184

第十三章　品格觉悟暗需要 / 185

　　第一节　品德觉悟暗需要 / 185

　　第二节　个性觉悟暗需要 / 187

第十四章　资才觉悟暗需要 / 200

　　第一节　才能认知暗需要 / 200

　　第二节　个人资源认知暗需要 / 202

第三部　人的需要总表 ………………………………………… 217

第二卷　人的特性研究

第一章　人的进化特性 / 224

　　第一节　人的生物层次性进化特性 / 224

　　第二节　人的动物层次性进化特性 / 225

　　第三节　人的物种层次性进化特性 / 227

第二章　人的基因性原性 / 228

　　第一节　个体人的本原性 / 228

　　第二节　人的心智原性 / 229

　　第三节　人的二元构成性 / 240

第三章　人的模式性先天特性 / 242

　　第一节　人的状态特性 / 242

　　第二节　人的信心特性 / 249

　　第三节　人的二界特性 / 254

第四章　人的适应环境的特性 / 257

　　第一节　人的经济性特性 / 260

　　第二节　人的德特性 / 266

第三卷　人的最高概括

第一章　人的本质 / 275

第二章　人的生命的意义 / 282

第三章　太极人论初探 / 287

第四章　关于天人合一 / 294

第五章　关于幸福问题的小结 / 298

第六章　人类社会前景展望 / 302

附　录　中国式思维分析工具简介 / 313

后　记 / 320

参考文献 / 324

第一卷 人的需要——人的行为动力总机制

卷首语

人同时是物质系统的一部分、生命系统的一部分、人类社会系统的一部分。物质系统的基本构造单元（简称基元）是原子，而不是分子。分子是物质系统的成员，而不是基元。原子组成了物质世界。生命系统的基元是基因，而不是细胞。细胞虽然是生命个体的基础组织，但单细胞动物本身就是生命体，是生命系统的成员。基因组建了生命世界。

人类社会系统的基元是什么？是个人吗？个人是人类社会的成员，而不是基元。组建人类社会的子系统很多，有经济、政治、文化、军事等子系统。这些子系统都是依靠人的活动运行的，人的活动是由人的动机激发的，而人的动机来自人的需要。当追寻人类社会所有子系统的形成、构成、运行和发展的共同原因时，刨根问底地追究到人的需要时，就再也进行不下去了，或者说，一切人类社会子系统都是各种（人的）需要的不同组合。人的需要组建了人类社会系统，或者说，人类社会的基元是人的需要。恩格斯写道："正像达尔文发现有机界的发展规律一样，马克思发现了人类历史的发展规律，即历来为繁芜丛杂的意识形态所掩盖着的一个简单事实：人们首先必须吃、喝、住、穿，然后才能从事政治、科学、艺术、宗教等等。"❶人们首先必须吃、喝、住、穿，然后才能进行社会活动，这是人人都懂的最简单的道理，但在马克思和恩格斯看来，这个最简单的道理却是最根本、最基本的道理，并视之为"人类历史的发展规律"。笔者认为，这个最简单的事实就是人类社会的基元。

物质系统的密码是其基元，即原子的秘密；生命系统的密码是其基元，即基因的秘密；人类社会系统的密码是其基元，即人的需要的秘密。解开了某系

---

❶ 马克思，恩格斯. 马克思恩格斯选集：第三卷［M］. 中共中央马克思恩格斯列宁斯大林著作编译局，编译. 北京：人民出版社，2012：1002.

统基元的密码就揭开了该系统的全部秘密。什么是揭开基元的密码？就是明确基元的种类及其相互关系。原子的种类及其相互关系已被秩序井然地排列在元素周期表中。原子本身具有许多层次，原子核—电子层就是它的次级结构，原子核又由质子、中子等组成，现在的研究已达到了夸克层次。全世界的分子生物学家正在紧张地探索基因的种类及相互关系。基因本身也是多层次的，它是DNA长链上的片段，由许多碱基对组成，碱基对又由A、T、C、G四种核苷酸按不同顺序组成。A、T、C、G四种核苷酸就是基因的次级结构。那么，探索人类社会系统的密码，就是探索人的需要的种类及其相互关系。

探索物质系统密码和生命系统密码的艰难程度是人所共知的，探索人类社会系统密码同样极其艰难。人类社会系统密码的探索如果从管子、墨子算起，已有两千多年历史了。

笔者从中国古代哲人那里找到了分析问题的方法，并将其命名为"阴阳辨析法"。笔者试图用此法将人的行为动力总机制建立起来，人的需要的种类及其相互关系被秩序井然地安排在这个总表中。

自此，与人密切相关的物质系统、生命系统和人类社会系统的密码都得到了一定程度的揭示。

为了防止歧义，现在对"动机""需要""欲望"三个词的含义加以区分。动机的定义是"一种由需要所推动的、达到一定目标的行为动力"[1]。可见先有需要，后有动机。需要的定义是"有机体因缺乏某种重要刺激，因而引起有机体的紧张状态，即有机体与环境之间形成的不平衡状态"[2]。从"需要"的定义中可以看到以下三点：其一，定义中用"有机体"，即不是专指人；其二，"需要"是由一种"不平衡状态""紧张状态"导致的；其三，"不平衡状态""紧张状态"是由"缺乏某种重要刺激"引起的。笔者对欲望的定义是：人想要获得某种事物或感觉的心理倾向以及展现自己的心理倾向。从这几个定义中，能得出以下结论：

（1）有机体包括人、动物、植物，但植物没有被"尊重"的需要。

---

[1] 林传鼎，陈舒永，张厚粲．心理学词典［M］．南昌：江西科学技术出版社，1986：121.
[2] 林传鼎，陈舒永，张厚粲．心理学词典［M］．南昌：江西科学技术出版社，1986：461.

（2）原"需要"定义中的"不平衡状态"与笔者的"欲望"定义中的"心理倾向"在性质上是不同的。人们的心理活动不一定都是不平衡状态下的活动，但肯定是一种心理倾向。

（3）原"需要"的定义太被动，仅限于"因缺乏"导致的情形。而"欲望"的定义既包括被动性需要（如饮食需要），也包括主动性需要（如展示才能的欲望）。人类的许多欲望并不是因为"缺乏"某种刺激而导致的。

（4）"欲望"的主体是人，不包括动物或植物。但人类是由动物进化而来的，人类想要获得的某些事物或感觉（欲望的客体），动物也需要。笔者对动物使用"需要"或"本能"等词，对人有时用"欲望"，有时也用"需要"。由不平衡、缺乏性等被动因素引起的，多用"需要"一词；主动类的需求多用"欲望"一词。但两者基本混用。

第一部　人的明需要

人的明需要 $\begin{cases} 与动物同似的需要——活在性需要　[0]（1.0）❶ \\ 人特有的需要——美在性需要　　　[1]（1.1） \end{cases}$

第一步，确定辨析尺度❷：人与动物存在性上的联系与差别。

第二步，下分辨析：以上述尺度将人的明需要辨析为与动物同似的需要和人特有的需要。与动物同似的需要又称活在性需要、求生需要，人特有的需要又称美在性需要、求美需要。与动物同似的需要，进化时间在先，为阴子；人类特有的需要，进化时间在后，为阳子。人是动物中的一个物种，当然有与动物同似的需要；人类又是最高级的物种，当然有自己的特殊需要。

《管子·牧民》写道："仓廪实而知礼节，衣食足而知荣辱。"《墨子》写道："食必常饱，然后求美；衣必常暖，然后求丽。"可见中国古人将人的需要分为两大类，一类是仓廪实、衣食足之类的需要，这是与动物同似的需要；另一类是知礼节、知荣辱、求美、求丽之类的需要，这是动物没有的需要，是人类特有的需要。食求美、衣求丽，是求美需要。知礼节和知荣辱是想做一个受人尊敬的人，这也是一种求美需要，就是希望做一个语言美、心灵美、行为美的人。因此，人类特有的需要实际上就是在各方面求美的欲望。

---

❶　[ ]中的数字是二进制数编号，位数代表辨析层次，数值代表该编号在该层次中的次序。如[0]，方括号中只有一位数，表示是第一级需要，它的十进制数值为0，表示是第一级需要中的第0号需要。( )中的数字是十进制数编号。由于二进制数的位数很多，数值大小也不容易一眼看出，用十进制数来缩写二进制数可克服这个障碍。如（1.1）代表第一级第1号需要，小数点前的数值代表辨析层次，小数点后的数值代表该层次中的序号（小数点前起始编号为1，小数点后起始编号为0）。举例如下：[0101]，方括号中有四位数，数值大小是5，它表示第四级第5号需要，用十进制表示则为（4.5）。

❷　本书全部是用阴阳辨析法写作的，阴阳下分辨析三步式见附录。

第三步，阐述阴阳配子关系：阴阳配子的最主要关系是由优势配子主导阴阳律❶揭示的，即基础与主导的关系。活在性需要是阴配子，是基础；美在性需要是阳配子，是主导。人的需要是以活在性需要为基础、以美在性需要为主导的阴阳合一体。对动物来说，活在性需要是它们的总需要，但对人类来说，人绝不仅是为了活着，其孜孜以求的是活得美，活得有尊严，人是被美在性诉求主导的，人的活在性需要是为其美在性需要服务的。这里提出刚性利益与弹性利益的概念：将满足活在性需要的利益称为刚性利益，将满足美在性需要的利益称为弹性利益。刚性利益是不可或缺的、不可压缩的利益；而弹性利益对人的存在来说，通常是可大可小、可多可少的，是可以伸缩的。

周延性分析：人类除了与动物同似的需要和自己独有的需要，再没有其他明需要了，所以本次辨析是周延的。周延的概括是指没有任何遗漏的概括。也就是说，人在（明）需要最高概括层次上只有两个需要。必须强调指出，在任何概括层次上做没有任何遗漏的概括至关重要，是关于人的需要的研究成果的科学性的必要条件。这是笔者对自己的要求。阴阳辨析要求进行周延的概括，用这种方法对人的需要进行层层辨析得到的人的需要的体系（理论），就能保证这个体系的周延性、严密性和科学性，该体系就将无懈可击。希望读者对此进行监督。

注意：将人的明需要辨析为活在性需要和美在性需要，是阴阳辨析，而不是形式逻辑上的划分。其一，形式逻辑划分是对概念的外延进行线性划分，划分后的子项能各自独立存在，子项外延绝对互不包含，没有重叠边界。而阴阳辨析是概念的非线性划分❷，辨析后的子项外延不能独立存在，而只能在合一体中相互依赖地存在，子项外延可以相互包含。活在性需要中包含美在性需要，美在性需要中也包含活在性需要，它们有重叠的边界。例如，食物按其主要作用来划分应属于求生需要，但在求美需要中也能找到它的身影——美食欲望。衣食住行、活动、休息等，按其主要作用来划分都应归于求生需要，但人们在追求这些求生需要的同时，也有美衣、美食、美宅等求美需要。在求美需

---

❶ 见附录关于阴阳关系的第八性质。
❷ 见附录关于阴阳关系的第七性质。

要的目标中,往往也包含求生需要的内容。例如,展示才能是美在性需要的内容之一,人们在展示才能的同时,也希望获得尽可能多的经济利益,以满足求生需要。其二,辨析后的子项只能在整体中相互依存,谁也离不开谁。没有活在性需要,美在性需要不能存在,没有衣食足、仓廪实,就不可能求丽、求荣;没有美在性需要,人就会像动物似的活着。其三,辨析后的子项之间相反相成又相辅相成。活在性需要的充分满足对美在性需要的实现有莫大的帮助;同样,美在性需要的充分实现对活在性需要的满足也有莫大的帮助。

上部　活在性需要［0］（1.0）

活在性需要［0］ { 保存自己的需要（存己需要）［00］（2.0）
（求生需要） 　延续自己的需要（续己需要）［01］（2.1）

第一步，确定辨析尺度：动物物种存在条件。

第二步，下分辨析：以上述尺度将人的动物性需要辨析为保存自己的需要和延续自己的需要，并分别简称为存己需要和续己需要，存己需要在先，为阴；续己需要在后，为阳。

周延性分析：存己和续己是物种存在和延续的充分必要条件（简称充要条件），本次辨析是周延的。

第三步，阐述阴阳关系：存己是生的本能，而续己往往与死紧密相关。对许多植物和动物来说，繁殖就意味着亲代的死亡。关于这一点，一年生植物表现得最为明显，它开花结果后，亲代即死去。许多昆虫交配留下虫卵后，亲代就会死去。草原上，野生食草动物交配时，最容易受到食肉动物的袭击，是最危险的时候。分娩对雌性动物（包括人）来说是极其危险的；而交配对雄性来说，是一种体能消耗极大的行为，也属于危险行为。总之，繁衍与死亡的关系极为密切，是死的本能的直接体现。生的本能与死的本能是性质相反的，是一阴一阳的。动物的活在性是以阴子存己为基础、以阳子续己为主导的阴阳合一体。

动物个体是不能长生不死的，而物种"企图"永世长存。动物个体的续己本能，在本质上体现了物种的"存己"本能。协调这两种本能的途径就是有性繁殖。无性繁殖——分裂繁殖是个体永存与物种永存一致的方式。这种方式不利于物种的进化，因为分裂出的个体在基因上是亲代的完全复制品。有性繁殖是父本与母本基因的重组，重组则会产生大量与亲代不同的变异基因，这些基因为自然选择或人工选择提供了可能，为物种适应变化不定的环境提供了可能，从而为物种的永存创造了更有利的条件。死亡是随着有性繁殖的出现而出现的，无性繁殖的生物个体是不会死亡的。不论动物的寿命有多长，也不管它在一生中能繁殖多少次，它总是要死亡的。换句话说，动物的续己本能是通过有性繁殖实现的，而有性繁殖与死亡是紧密联系在一起的。存己——生的本能，续己——死的本能，两种本能性质相反，相互统一于同一物种之中。从动物物种的角度去看，生死是非常常见的现象，动物物种在生生死死的交替中适应或发展，进化或退化。

动物和植物生命的意义似乎全部包含在存己与续己的本能中，动物所有的行为似乎都在为这两种本能服务。人也是生物，当然具备所有生物都固有的这两种本能。

注意：人类的存己需要和续己需要与动物的存己本能和续己本能不完全相同。第一，动物续己本能是为了物种的永存，而人类续己需要不仅体现了人类的永存需求，更主要的是为了实现"生存要域"（指氏族、家庭、部落、部落联盟、民族、国家）的永存，因为战争是人类内部的战争。第二，动物的存己和续己是先天的本能，人类的存己和续己不纯粹是先天的本能，而是先天和后天因素相互作用的结果。

第一篇　保存自己的需要［00］（2.0）
——生命篇

保存自己的需要［00］ $\begin{cases} 能量代谢需要（食物需要）［000］（3.0）\\ 能量调节需要（健康需要）［001］（3.1） \end{cases}$

第一步，确定辨析尺度：动物个体生存的充分必要条件。

第二步，下分辨析：以上述尺度将存己需要辨析为能量代谢需要和能量调节需要，即食物需要和健康需要。食物是存在的基础，是阴子；健康是存在的主导，是阳子。任何开放系统都要与外界进行能量交换才能维持系统存在。动物和人都是开放系统，所以必须与外界进行能量交换——能量的输入/输出。食物是主要能量。人存在的必要条件之二是健康。健康是人体内能量运作调节正常的标志。人体内的各个系统之间以及系统内各个器官组织之间的运作都要协调，才能保证健康；若运作严重失调，健康状况就会恶化，甚至会危及生命。

周延性分析：食物的满足和健康的满足是动物个体存在的充要条件，本次辨析是周延的。

第三步，阐述阴阳关系：食物与健康是紧密联系在一起的，食物的缺乏或过量对存在的威胁是通过危害健康的形式表现出来的，而健康是以食物的满足为基本条件，但又不是全部条件，因为仅有食物的满足还不能确保健康。食物的缺乏会引起健康的崩溃，健康的崩溃又会使食物失去意义。失去阴子，阳子就不能存在；失去阳子，阴子也不能存在。失去任何一个，都会造成易极——人体的崩溃或破缺。

第一章　能量代谢（食物）需要［000］（3.0）

能量代谢需要［000］ $\begin{cases} 营养食物需要——营食需要　［0000］（4.0）\\ 信息食物需要——信食需要　［0001］（4.1）\end{cases}$

人体内有两个最基本的系统：一个是人的肉体活动系统，是物质性的；另一个是人的心智活动系统，是精神性的。两个系统都是开放系统，都必须与外界进行能量交换，系统内的能量调节必须正常，才能维持系统的存在。

辨析尺度：人的肉体活动系统和心智活动系统的能量输入（即食物）的形式差别。

下分辨析：以上述尺度将人的能量代谢需要辨析为营养食物需要和信息食物需要，并分别简称为营食需要和信食需要，营食需要是阴子，信食需要是阳子，营食又叫阴食，信食又叫阳食。

将人获得的信息视作食物，这不是比喻，信息确实是一种特殊形式的食物，是精神系统所必需的能量输入。没有信息的摄取，儿童的精神不能成长，成人的精神会崩溃。可以将任何一个开放性系统的输入比作食物，将输出比作排泄。

既然信息是一种食物，它与营食就应该有相似之处。人们对营食有偏食性，对信食也有偏食性，例如，各人看的电影、书籍等都不同，职业、信仰、生活地区、爱好、年龄、性别等的不同，都会产生信食的偏食性。营食有食量问题，食量是指在单位时间内吸取食物的数量。营食量通常是指平均一餐的食量或平均一天的食量，而不是一生所吃的食物量。一餐吃得太饱就会胀肚，长时间暴食就会生病。人们的信食的食量也有一个范围，每个人的信食食量大小也不一样。某专业的知识基础好、理解能力强、精力又旺盛的人，在单位时间内获取的该专业的知识就多些，信食食量就大一些；反之，信食食量就小一些。在单位时间内如果学习太多的知识，肚子虽然不会胀，但头脑会发胀。如果长期高强度地获取太多的信息，人同样也会得病。这种情况在以往的时代较难出现，但自从网络出现后，长期过度吸取信食致使生病的情况就真的发生了。有些人被称为"网虫"，因为是新发现的病，他们所得的病有各种名称。这些病名有"网络成瘾综合征（IAD）"、"网络癖"、"因特网综合征"、"机能失调症"（简称"网瘾"）、"技术性精神压迫症"、"计算机依赖型人格障碍"等，可以统称为信食暴食症或信息暴食症。他们由于暴食信息而产生了不同程度的精神障碍。信息获得少而感到信息饥饿的现象似乎很少见，但在日常生活中也能找到例子。"闷得慌"就是信息饥饿的表现。营食可以分为营养性和毒性两种。信食是否也能分为营养性和毒性两种呢？答案是肯定的。不过要换个说法。这里将信食的营养性和毒性分别称为健康性和腐蚀性。一切能引起愉快情绪的信息都具有健康性，一切能引起不愉快情绪的信息都具有腐蚀性；一切有益于社会进步的信息都具有健康性，反之就有腐蚀性；一切能引发正确思想或行为的信息都具有健康性，一切会引发不正确思想或行为的信息都是腐蚀性的信息。由以上对比可知，信息的确具有营食的许多特征，它的确是一种食物，只不过是另外一种形式的食物。

周延性分析：人体内只有两套基本开放系统，它们各自需要自己的输入，即各自的食物。本次辨析是周延的。

阴阳关系：从形态上看，营食的对象是有形的物质，信食的对象是无形的信息，是精神需要，两者一阴一阳。营食的缺乏将导致肉体系统的崩溃，肉体的崩溃将使信食需要失去意义；信食的缺失将导致精神系统的崩溃，而精神系统的崩溃将使肉体失去有序的调节，使人变成植物人，使人的存在失去意义。阴阳配子相互依赖地存在于易极——人体之中，失去任何一方不仅会使对方不能存在，而且会使易极崩溃或遭到严重破缺。营食与信食也是相互促进、相互补充、相互制约的：营食需要的实现是通过信息的表达而获得的，营食的充分满足必将有利于信食的满足。

第一节　营养食物需要 ［0000］（4.0）

营养食物需要 ［0000］ $\begin{cases} 觅食需要 ［00000］（5.0） \\ 争位需要 ［00001］（5.1） \end{cases}$

营养代谢本来要讲食物的获得与废物的排泄，但营食代谢后的废物的排泄基本上是"自动"进行的。鉴于此，这里将营食的获得/废物排泄的辨析层次省略，只讲食物获得需要，以减少篇幅。

辨析尺度：灵长目群居动物获取食物的充要条件。

下分辨析：以上述尺度将营食需要辨析为觅食需要和争位需要，觅食需要是阴子，争位需要是阳子。对灵长目群居动物来说，参与觅食活动并不一定能获得充足的食物，还要看它在群体中的地位：地位高才能获得充足的食物，地位低食物就得不到保证。人类亦是如此。

周延性分析：只要辨析尺度是充要条件，辨析就一定是周延的。

阴阳关系：营食的满足是以觅食（劳动）需要为基础、以争位需要为主导而实现的。从灵长目动物来看，猴子、狒狒、猩猩等群体中等级分明，成员严格遵守等级制度。所以争位需要是阳子，是主导性需要。对人类来说，个人取得的劳动报酬多少不仅与其付出的劳动量及其劳动所产生的成效有关，还与他在该劳动组织（生产关系）中的职务——地位密切相关，而且地位是主要因素。在私有制社会，个人所得报酬多少主要不是取决于其劳动量，而是取决于其在劳动组织中的地位。如果有丰厚的资产，不劳动也能获得报酬。所以，人类社会的争位需要极其强烈。

一、觅食（劳动）需要 ［00000］（5.0）

觅食（劳动）需要 ［00000］ $\begin{cases} 体能需要 000000（6.0） \\ 技能需要 000001（6.1） \end{cases}$

辨析尺度：形成觅食（劳动）能力的充要条件。

下分辨析：以上述尺度将觅食（劳动）需要辨析为体能需要和技能需要，体能需要是建立在物质基础（身体细胞组织）之上的，技能需要是建立在心理基础（知识、能力）之上的。所以体能需要是阴子，技能需要是阳子，一实一虚，具有相反性质。

阴阳关系：纯粹的体力劳动是不存在的，任何劳动都需要动脑，都需要一定的技能；同样，纯粹的脑力劳动也是不存在的，任何脑力劳动都需要一定的体能。二者统一于劳动过程中，缺少任何一项，劳动就无法进行。现代劳动是以体能为基础、以技能为主导的劳动，而且技能的主导作用越来越重要，甚至重要到取代体能的作用——机器人劳动。当然，我们的命题还是成立的，因为机器人工作并不是人的劳动，而凡是人的劳动都必须具备体能和技能。动物的觅食同样需要体能和技能，两者缺一不可。

人类社会在发展过程中，劳动的技能含量越来越高，体能含量越来越低。随着计算机、机器人功能水平的提高，脑力代偿和体力代偿作用都会越来越强。这两种代偿作用将发展到何种地步，对"劳动"将产生何种革命性的、本质性的影响，现在难以预料。

周延性分析：以觅食（劳动）能力形成的充要条件为辨析尺度，辨析就是周延的。

（一）体能需要❶

$$体能需要\begin{cases}增强体力需要\\消除疲劳需要\end{cases}$$

（二）技能需要

$$技能需要\begin{cases}实践需要\\知识需要\end{cases}$$

第七层次的辨析，将觅食需要辨析为增强体力需要、消除疲劳需要、知识需要、实践需要四种次级需要，它们都可以再进一步做阴阳辨析。对人的需要

---

❶ 为了节省篇幅，第七级以下层次辨析不列章节讨论。

和欲望进行层层阴阳辨析，理论上可无限地进行下去，但实际操作中进行到一定程度就难以继续了。辨析到第七级其实远远不够。

二、争位需要［00001］(5.1)

争位需要［00001］ $\begin{cases} 自身实力需要 & ［000010］(6.2) \\ 社会关系帮助需要 & ［000011］(6.3) \end{cases}$

先看看动物的争位情况。从不同地方买来 11 只母鸡放在一起，它们就会两两成对争斗。它们在新群体中的地位顺序就由总战绩来决定，十战全胜者为王，九胜者次之，十战全败者地位最低。战绩相同者，会互不服气，鸡群中经常打斗的就是那些战绩相同者。在食物充足时，地位高的总占据最有利的位置，并随意地啄驱身边的鸡，被啄者绝不会反啄。在食物有限时，"啄序"就决定了进食顺序，地位低的常常吃不饱。地位最低的受尽了欺负，不论哪只鸡来啄它，它都丝毫没有反抗之意。鸡争夺地位靠的是体力和技能。

猴群中的地位排序情况与人类更接近。以食物为中心，猴王总是占据最中心的位置；第二层是母猴、幼猴和小猴；第三层是见习猴王，它们是将军级别；第四层是年轻的公猴；有些猴群中还有孤猴在最外围，孤猴是争夺王位的失败者。猴子进食是严格按地位顺序进行的。猴群中的每只猴子都有它特定的地位。小猴子长到一岁半左右就在游戏中开始了争夺地位的预演，接近成年时地位已经排定。猴子争夺地位不仅需要自己的实力（体力和技能），而且需要"群内关系"，需要别的猴子的支持和帮助。强悍母猴的子女地位较高，获得食物的机会多，欺负弱小猴子的次数也多。体力和技能不是争夺王位的唯一条件，还需要比较年龄、威望、经历、家系以及同盟者等条件。也就是说，不仅需要实力，而且需要"群内关系"。

地位对群居动物来说是头等重要的事，对雄性更是如此。动物的存己和续己都与地位息息相关。地位对人的生存来说，也有重要作用。

辨析尺度：争夺社会地位的充分必要条件。

下分辨析：以上述尺度将争位需要辨析为自身实力需要和社会关系帮助需要，前者是阴子，后者是阳子。自身实力是争夺地位最基本的条件，是争位的基础；社会关系的帮助是争夺地位不可或缺的条件，舍此，就不能争夺到有利地位。两者都是必要条件之一。

周延性分析：以充要条件为辨析尺度，辨析都是周延的。

阴阳关系：实力与社会关系相比，后者更为关键。当然，自身实力是基础，如果实力弱，即使得到举荐或重用也是枉然。不过，两者的关系孰轻孰重与社会制度有极大关系。

第二节　信息代谢（信食）需要 [0001]（4.1）

信息代谢需要 [0001] $\begin{cases} 输入信息（获信）需要 [00010]（5.2）\\ 输出信息（出信）需要 [00011]（5.3）\end{cases}$

辨析尺度：人的信息系统代谢的基本形式。

下分辨析：以上述尺度将人的信息需要辨析为输入信息需要和输出信息需要，输入信息向内，是阴子；输出信息向外，是阳子。

周延性分析：人与外界进行信息交换只有输入和输出两种形式，本次辨析是周延的。

阴阳关系：对人来说，输入的信息是中枢神经系统的食物、原料，是加工对象；经过加工后输出的信息是人的语言和行为，它体现了人的目的。信息代谢是以输入信息为基础、以输出信息为主导的阴阳合一体。输入信息和输出信息性质相反，它们反成合一于人的中枢神经信息系统。没有信息输入或信息输出，中枢神经系统的功能都将崩溃。但两者又是相互补充、相互促进、相互制约的，这种阴阳相辅相成的关系展开来有非常多的内容，此处予以省略，读者可以自己补充。

人所输入和输出的信息携带着能量，这个能量称为智慧能量，简称慧能或心能。信息的交换是慧能的交换，是慧能的流动。对人的中枢神经系统来说，信息能量的输入与输出是保持自身健康的必要条件。我们的身体为获取信息构造了许多感觉器官，如眼、耳、鼻、舌、皮肤等。它们与中枢神经系统相结合，使我们获得了视觉、听觉、嗅觉、味觉、触觉、体觉、动静觉等。自然界信息本身不是慧能，但通过人的感官—神经系统摄取后，就转换为慧能了。人要向外界输出信息，有输出信息的器官，主要是有声语言器官和画图器官。画图器官主要是手，其次是表达面部表情的器官，如眼睛、面部表情肌肉；另外，四肢和身体躯干的各个部分都可以向他人表达自己的思想和情感。信食如同营食一样，对人的发育、成长、成熟及平时的活动都至关重要。一个刚出生的婴儿大脑中的信息量与一个成人大脑中的信息量相比，实在是太少了。婴儿成长为精神正常的人，全靠信息的输入和输出。这里列举印度"狼孩"和中国"猪孩"的故事。印度"狼孩"的出现是1920年的事。人们捕获她们时，大的约8岁，小的约2岁，人们分别为她们取名卡玛拉和阿玛拉。这是两个被狼喂养的孩子，她们吃生肉，喝水时用舌头舔，到垃圾堆里捡骨头和动物内脏吃，假如没人看管，她们会追逐并吞食小鸡等家禽；给她们穿衣服，她们会把衣服撕破，一到夜晚就像狼那样长嚎；她们害怕强光。小女孩阿玛拉不适应人类的环境，在被发现后第二年就死了。卡玛拉慢慢适应了孤儿院的生活，到第二年学会了一些简单的字句，也能逐渐用双脚站立，后于1929年病死。虽经人们的精心教育和训练，卡玛拉仍智力低下，只有三岁左右小孩的智力水平。另据报道，1983年在中国辽宁发现了一个"猪孩"，后经调查发现她叫×××，1972年12月出生。由于父亲早逝，生母患脑炎导致中度残智，×××从小就与猪为伍，饿了吃猪食、吸猪奶，冷了、困了就在母猪怀里睡觉取暖。科学家对她进行测试，发现她没有大小、多少、长短、上下、数量、颜色等概念，几乎没有记忆力，她能表现的情绪也很简单，只有怨、惧、乐，不见悲伤。有人说"狼孩"的故事不一定真实，但"猪孩"的故事千真万确。在儿童发育过程中，似乎有一扇智慧之门，这扇门如果不在儿童2～3岁时打开，对这名儿童来说就永远关上了，他将永远不能成为智力正常的人。

做出"智慧门"的推测，是源于笔者对人体器官发育的认识。人体器官需要在后天不断接受相应的刺激，功能才能发育正常。如果某器官在其发育期内没有受到相应的刺激或达不到相应的刺激量，则该器官就不能正常发育成熟，该器官的功能就会受到影响，一旦过了发育定型期，其功能不全的情况将永久固定。笔者把这一现象称为器官发育刺激法则。假如一个儿童从出生到18岁，一直躺在摇篮里或床上而没有下地走过一步，从18岁起让他从头练习走路，经过长时间训练，他能像正常人那样走、跑、跳吗？大概不能。骨骼、肌肉在发育期应接受活动、力量等刺激，眼睛在发育期应接受光的刺激，耳朵在发育期应接受声音的刺激。中枢神经系统应接受的刺激就是信息，在相应的发育期内，若不能接受相应的信息刺激，则精神的相应结构就不能建立，定型时间一过，残缺的结构就很难恢复正常了。"狼孩""猪孩"并不是没有接收到任何信息，而是没有接收到人类社会的信息。语言中枢在发育期得不到语言的刺激，可能就发育不全，一旦过了定型期，就造成了永久的缺陷，智慧之门就被永久地关上了。

输出信息需要也是儿童成长过程中不容忽视的。儿童有许多需要、欲望要向外界发出，但大人们往往会忽视儿童的祈求和情感——这是对儿童输出信息需要的忽视。儿童的成长是在儿童与社会（家庭、学校、周围环境）的互动中进行的。儿童不只是接受教育的被动个体，还是好奇心极强又积极学习、探索的主动个体，而且主动性远胜于被动性。可是一些家长、教师往往只按自己的愿望和个性对儿童施加强制性的教育、教训，对儿童的诉求和情感较少满足或完全不予满足。一些成年人认为对于儿童提出的要求，应根据成年人的计划和愿望予以满足或不予满足，这样做的结果是对儿童的精神造成了损伤。有些儿童对父母和教师进行顽强的反抗，也有些儿童在压制面前采取了忍受的态度，二者都对儿童的精神造成了创伤。儿童的欲望和情感如果总是得不到满足，成年后，其人格往往有障碍，生活的道路可能比别人更曲折。

一、输入信息需要 ［00010］（5.2）

输入信息需要 ［00010］ $\begin{cases} 好奇心需要 ［000100］（6.4）\\ 好学心需要 ［000101］（6.5） \end{cases}$

辨析尺度：输入信息的系统性。

下分辨析：以上述尺度将人的输入信息需要辨析为好奇心和好学心，好奇心是阴子，好学心是阳子。好奇心获取的信息是零乱的、不成系统的，好学心获取的信息是系统的、有序的。好奇心关注新异信息常常是短时间的，是不随意注意的；好学心关注信息是长时间的，是随意注意的。好奇心关注的信息是无模板的，好学心关注的信息是有模板的。好奇心作为输入信息需要的阴子发挥着获取信息的基础作用，好学心作为阳子对形成健全的精神结构起着主导作用。

获得信息对人非常重要，进化机制不仅在肌体上构造了眼、耳等信息输入器官，在心理机制上也设计了获得信息的内驱力——本能。这个本能就是好奇心和好学心。

好奇心和好学心是主动的、本能的、不可抑制的，是中枢神经系统对信息的强烈需求。好奇心早就引起了许多心理学家的关注。但伯莱茵（Berlyne）将好奇心作为定向反应的最高形式则是值得商榷的，因为定向反应是被动地适应，而好奇心是主动地寻求，两者有本质的不同。

好奇心、好学心、探索心是一组相似的概念，都是获取信息的欲望。尤其是好奇心与探索心关系最密切，可以将好奇心作为探索心的初级阶段，将探索心作为好奇心的高级阶段。但三者又有明显的不同。说儿童有好奇心，大家都能理解；如果说儿童有探索心、有追求真理的需要，可能就不被大多数人所接受了。科学家有探索心，这种欲望有可能来自青年时期的好奇心，也有可能来自某种责任心，也许来自展示自己才能的欲望。好奇心更多地被用于婴幼儿、儿童、少年、青年，而探索心则多被用于成年人，成年人虽然也有好奇心，但不是其主要欲望。因此，笔者认为将二者区别开来可能更好。

笔者将好奇心定义为获取新异信息的欲望，将探索心定义为人寻求事物的本质、效用、与其他事物关系的心理倾向；将好学心定义为人对模板的认识、记忆和模仿操作的欲望。探索心将在展示才能的欲望中去讨论。好奇心和好学心作为一对阴阳子列入了输入信息需要的爻子。

儿童在发育过程中，好奇心与精神结构的建构顺序是同步的。一个成年人脑中的精神结构是一点一滴地建构起来的，而建构过程是按物种遗传程序进行的。建构程序按成长时间有步骤地释放，好奇心就按这种步骤指向特定的事物。因此可以说，好奇心是建立精神结构的探路者。婴儿不仅对乳头感兴趣，对声、光、物体都会做出反应。摇篮上方挂的不管是金葫芦还是抹布，婴儿都会关注它，蛋糕、泥巴等对幼儿来说都是好玩的东西。不会走、爬的婴儿对大人呈现给他的东西会做出反应，这似乎是被动的，其实，幼儿是主动做出反应的。儿童一旦会走路，好奇心的主动性马上就会显现出来。父母们都知道，刚会走路的孩子会把家中他能摸得到的东西，如很久没穿的塞在床底下的鞋子、早已遗忘的瓶瓶罐罐、脏兮兮的扫把等，翻得满地狼藉。家中容易伤人的东西，如热水瓶、玻璃制品、电气插座等都要放在高处，否则将危及儿童安全。对家中的一切熟悉以后，儿童会对形形色色的玩具产生浓厚兴趣。父母都知道，一件新玩具被孩子玩一两天后，就会被扔到一边，因为一两天后，这件玩具就不再是新异刺激了。2周岁以下的儿童会对物体的形状、色彩以及声、光产生好奇，继而对玩具效用产生好奇，对会跑、会跳、会飞、会叫、会发光的玩具兴趣极浓。小学阶段的男孩对玩具的结构很感兴趣，他们会把那些玩具车、玩具坦克、玩具超人等拆了又装，装了又拆，对圆珠笔、转笔刀等学习用品也是拆拆装装；女孩则对玩具的质地很在意，一般喜欢绒布、丝绸制品。到了初中，儿童开始对事物的本质产生好奇。到了高中阶段，好奇心指向信念、人生观等。这是好奇心向探索心过渡的阶段。

好学心与好奇心是紧密相连的。好奇心好比探（地）雷手，好学心好比排雷工具。中枢神经系统对信息的渴求好比巨大的黑洞，对信息有强烈的吸收作用。儿童从出生开始就对外界的信息有强烈的吸收需要，只不过受到中枢神经系统发育的限制，难以计数的外界信息只能根据儿童发育的程度，按一定的时间—空间结构逐步被儿童吸取。根据让·皮亚杰（Jean Piaget）的研究，儿

童的学习行为平均从出生 4 个月到 4 个半月后开始。❶

好学心的显著表现大约在儿童一岁半至两岁时期出现，其突出的形式是模仿行为。皮亚杰列举了以模仿为基础的五种行为："延迟模仿""象征性游戏""初期绘画""心理表象""初期语言"。儿童的模仿先从眼前的原形开始，如向妈妈学习拍手、扫地、拿东西等，继而模仿曾经见过但不在眼前的原形。皮亚杰举了一个例子：一个 16 个月的小女孩看到同伴发怒、叫喊并顿足，在同伴离去一两个小时后，小女孩开始模仿同伴发怒的样子，自己也笑起来。上述同一个小女孩还会"佯装入睡"。以上都是模仿动作。儿童更重要的模仿是学习说话。前面说过，学习语言与"智慧门"有极为重要的关系。语言与模仿动作的原形有本质的不同。语言是符号系统，是相当复杂的系统，即使成人也常常出现语法错误、表达方式错误、词不达意等。但儿童学习语言的积极性很高，这种积极性就源自好学心。

模仿必定有模仿的对象，这个被模仿的对象就叫模板。前面说的被模仿的动作原形、语言系统都是模板，学生在学校学习的课本知识也可纳入模板概念。这个概念还可以继续扩展，例如，各种规章制度、工作或工艺流程、别人的工作经验、各种媒体的信息等均可纳入模板概念。由此可见，模板概念的外延极为广泛，可以将未成年人和成年人所学习的一切对象均归为模板。

对模板的学习有两种形式，一是纯粹的模仿，二是同化式学习。纯粹的模仿意思很明显。所谓同化式学习，是指吸收模板的有关知识或技能，与自己已有的知识、技能或经验相结合，形成自己的新能力的过程。两种学习形式都会被儿童利用，从而使儿童的"精神大厦"逐步建立起来。

好学心是对系统信息（知识、技能）的渴求，它不仅由好奇心引发，还会由提高能力的需求引发。尤其是成年人，对提高能力的欲望很强烈，这种欲望是好学心的表现。好学心的指向非常广泛，由此看来，好学心伴随着人的一生。

周延性分析：获得信息的自发动力是好奇心、好学心、探索心，好奇心是探索心的初级阶段，探索心是好奇心的继续及其高级阶段。将探索心放到展示

---

❶ 皮亚杰，英海尔德. 儿童心理学 [M]. 吴福元，译，北京：商务印书馆，1981：9.

才能欲望中之后，人获得信息的自发动力就只有好奇心和好学心了。本次辨析是周延的。

二、输出信息需要 [00011] (5.3)

$$输出信息需要 [00011] \begin{cases} 信号表达需要 [000110] (6.6) \\ 符号表达需要 [000111] (6.7) \end{cases}$$

辨析尺度：输出信息的形式。

下分辨析：以上述尺度将人的输出信息需要辨析为信号表达需要和符号表达需要。信号表达是阴子，符号表达是阳子。

周延性分析：人向外输出信息只有信号和符号两种形式，本次辨析是周延的。

L. A. 怀特在《文化科学：人和文明的研究》一书中指出，人与动物的最本质差别在于，人类具有符号能力而任何动物都不具有符号能力，动物是以信号作为交流工具的。怀特指出，全部文化（文明）依赖于符号，正是由于符号能力的产生和运用才使文化得以产生和存在，正是由于符号的使用才使文化有可能永存不朽。没有符号，就没有文化，人也就仅仅是动物，而不会成为人类。❶

黑猩猩、大猩猩能学会手势语，并能用手势语表达自己的认识和情感。怀特说，动物仅能接受或获得新的意义和价值，但它们不能创造和赋予新的意义和价值，唯有人才能这样做。❷ 动物可以接受并使用符号，但不能将意义和价值赋予符号，即没有创造符号的能力。

有必要对符号和信号做出明确定义。怀特写道：更糟糕的是，我们不是用"符号（symbol）"和"信号（sign）"表示两样不同的东西，而是同一个东西——词语。怀特的定义如下：我们把信号（sign）定义为物体或事件，它的功能是表示某种其他的物体或事件。某信号的意义，可能与它的物质形式和它

---

❶ 怀特. 文化科学：人和文明的研究 [M]. 曹锦清，等译. 杭州：浙江人民出版社，1988：31-32.

❷ 怀特. 文化科学：人和文明的研究 [M]. 曹锦清，等译. 杭州：浙江人民出版社，1988：28.

的前后关系联系在一起……或信号的意义可能仅用它的物质形式加以确定，在上述两种情况下，信号的意义可以通过感官加以确定。符号可以定义为使用者赋予意义或价值的事物……符号可能具有各种物质形式：物体、颜色、声音、气味、物体的运动等，都可充当符号的形式。符号的意义或价值在任何情况下都不源于或取决于符号的物理形式本身的属性，符号的意义源于并取决于使用符号的生物有机体。他把信号和符号都定义为"事物"，符号是被赋予了意义的事物，信号是表示其他事物的事物。字面上的区别似乎不大，其实差别极大。

动物普遍使用信号交流信息，例如，声音、舞姿、气味、颜色等都是信号。信号的显著特征是能被感觉器官感受到，而且信号表达的意义是唯一的。

符号的物理形式与符号表示的意义的关系是人为规定的。如果你不了解是怎么规定的，从该符号的物理形式中，就无法用感官来判定该符号所表达的意义。

（一）信号表达需要

$$信号表达需要\ [000110]\ (6.6) \begin{cases} 声音信号表达需要 \\ 动作信号表达需要 \end{cases}$$

人类的声音信号主要有两种：一种是用来表达情感的，如哭、笑、吼、嚎、哼、叹、吟、吹等；另一种是用来与他人交流的，如喊、叫（非语言）等。

人类的动作信号也很多，大致也有两种形式：一是面部表情，二是身体（包括四肢）动作。人类的面部表情十分丰富，其眼神更是面部表情的中心。身体动作信号是另一种被人类广泛使用的出信方式，其形式大致有手部动作（手掌动作、手指动作、手臂动作）、头部动作、全身动作等，招手、挥手、握手、点头、摇头、拥抱、接吻、耸肩、鞠躬、下跪、举手投降等都是常见的动作信号。

虽然人类的语言极其丰富，但在情况紧急时，就会抛开语言，直接使用动物式的信号表达方式。例如，人碰到紧急或危险情况时就会惊叫；人非常愤怒时，就会像动物那样龇牙咧嘴，大声咆哮；久别重逢的亲人见面时会紧紧地拥抱、哭泣；热恋中的人在一起时，总是拥抱、亲吻、抚摸等；在重大赛事上赢得冠军后，人们会用各种信号方式表达喜悦之情。

人类的语言非常精细、丰富，为什么紧急时、情浓时不用语言而用信号呢？语言毕竟是符号，要经过表象、回忆和推理等过程，才能被人所感知，这称为语言表达的间接性。再丰富的语言也不能把人类的所有情感和思想都表达清楚，难以用语言表达心境和思想的情况是常常发生的，这称为语言的贫乏性。正因为语言的贫乏性和表达的间接性，所以人类频繁地使用动物式的信号来表达自己的情感、思想和需要。相互不懂对方语言的两个人相遇时，只能使用信号来传递和交流信息，手势和面部表情是最好的交流方式。

（二）符号表达需要

$$\text{符号表达需要}\ [000111]\ (6.7)\begin{cases}\text{象征性符号（象符）表达需要}\\ \text{语言符号（语符）表达需要}\end{cases}$$

人类使用的符号也有两种，即语言符号和象征性符号，分别简称为语符和象符。

对于语言，人们比较熟悉，无须讨论。象征性符号是笔者概括出来的，现略加介绍。象符是指音乐、舞蹈、表演、电影、绘画、造型艺术、平面设计、信号灯等表达方式。语符与象符的最大区别在于：语符中的词汇被赋予了确定的意义或价值；而象符中的符号或词汇没有被赋予确定的意义或价值，它的意义或价值是由每个人各自体会出来的，每个人的体会并不一定都相同。"艺术语言"与我们通常所说的言语语言是不同的，那些被称为"艺术语言"的"艺术词汇"是没有确定意义的，一个舞蹈动作、一段旋律、一幅画等，每个人对它们都有不同的理解。即使同一个人在不同心境下，对同一个艺术作品也会有不同的理解。也许艺术的魅力正在于此，即所谓讲究神似，而不是形似。神似是艺术品创作者的用意，而当欣赏者欣赏作品时，其理解的意义与创作者的用意往往是不一致的。艺术基本上都采用象征性表达方式。

伸出食指和中指，张开呈"V"字形状，表示"胜利"。这种表达方式肯定不属于信号式，而属于符号式，是象符的一种，它是与艺术象符不同的另一种象符，暂且称之为实用象符。实用象符又叫代号。代号的种类很多：如

"♀"代表雌性，"♂"代表雄性；"花卉语言"也是一种实用象符，如玫瑰花象征爱情、百合象征贞洁等；中国人用橘子、苹果象征吉利和平安。"颜色语言"的应用也很多：交通信号灯中，红色是禁止通行的标记，绿色表示可以通行；电气开关中，红色按钮表示"停"，绿色按钮表示"启动"；工厂的管道、阀门、线路也常用颜色区分其用途；在化学试剂中，绿色标签代表优级纯，红色标签代表分析纯，蓝色标签代表化学纯，黄色标签代表实验试剂；电源线中，红色线是正极线，黄色线是负极线，黑色线是地线。颜色作为符号的种类很多，难以全部列举出来。

还有一些手势类似于手势语，也类似于信号，而实际上是象征性符号，因为信号能被各民族所理解，而对于那种象征性手势（或头部动作、全身动作），各民族的理解却不一样。例如，手心向前，拇指与食指形成一个圆圈，在美国表示"OK"，在日本表示钱，在拉丁美洲则表示庸俗低级动作；手臂向前伸，手心向下，弯动手指，这种"招手"手势在中国是招呼人过来，在英国则是招呼动物；如果是手心向上招手，在英国是用来招呼人的，在中国则用来招呼动物或幼儿。象符性的手势和头部动作在各民族中都有很多种类，它们也是人们用来表达思想情感或需要的方式。

艺术象符与实用象符（代号）的共同点是象征性，不同点在于：每种艺术都是一个系统，都有一定的艺术词汇，但艺术表达的意义具有相似性、模糊性、不确定性；而实用象符在一定人群中，在一段相当长的年代里，其意义是明确的、不变的。艺术象符是活的、不断变化发展的，实用象符（代号）是固定的。

实用象符（代号）与语言符号也有异同点。其相同之处在于符号的意义都是明确的，而不同点在于：语言是一个复杂的系统，有词汇，有语法结构；实用象符没有词汇，没有语法，也不成系统。语言词汇的意义明确，其变化不大，一个词虽具有多义性，但这种多义是在历史长河中逐渐形成的。实用象符的明确性只限于某一个领域，而在另一个领域它又具有其他的意义。例如，红色在交通信号灯的使用中具有明确的禁止通行的意义，而红色开关或按钮则表示"停止"。另外，红色还表示革命、喜庆等。实用象符在某一领域具有明确的意义，但它能应用于很多领域。

实用象符（代号）与信号差别更大。信号能被不同民族、不同种族的人理解。实用象符（代号）属于符号，所以不具有这种功能。

语言当然是人类最主要的出信方式。《辞海》对语言的定义是：以语音为物质外壳、以词汇为建筑材料、以语法为结构规律而构成的体系。在上述定义中，只要将"以语音为物质外壳"修改为"以语音或动作或特定符号为物质外壳"就是一个比较好的定义了。听障人士使用的手语就是以动作为"物质外壳"的实用语言，而人工语言是以特定符号为物质外壳的。

某一民族的手语，实际上是以该民族的有声语言为底稿的，所以它是该民族的有声语言的变种。如果将某一民族所使用的基本语言称为底稿语，世界上有没有不以有声语言为底稿的手语呢？据说美洲印第安人的某部落就使用一种手语，它有几百个基本的示意动作。英语需要1000多个字表达的小故事，该部落印第安人仅用169个手语动作，就能十分简略、迅速地讲完。

一些黑话、行话是以底稿语为基础的变体语，有学者称之为隐语。隐语的使用很普遍。例如，同宿舍的学生制定了只有该宿舍的同学才使用的隐语，其他宿舍的学生不知道这些隐语的含义；有些恋人之间约定了一些隐语，使用起来很有隐蔽性。

自然语言是日常使用的最主要的交流工具，人们当然会巧妙地运用它，其巧妙之处很难用文字表达清楚，不过有一种方法可供尝试：同一本小说或同一个剧本，你自己读与演员在幕后说出来，给人的感觉肯定是不大一样的，但又说不清具体的区别。有一种理论把上面讲的差异用"伴随语言"概念来概括，对语言学家来说，很难区分语言的语音与伴随语言的声音之间的区别。❶ 伴随语言在汉语中大概用下列词汇描绘：阴阳怪气、嗲声嗲气、恶声恶气、窃窃私语、轻声慢语、讲话像蚊子叫、讲话像打雷、大大咧咧地说、傲慢地说、不卑不亢地说、卑躬屈膝地说、谄媚地说、悲伤地说、兴高采烈地说、慢条斯理地说、连珠炮似的说等。如果语言没有这么丰富的变化，演员这一职业可能就不会出现了。演员就是要将讲话人的气质、心境、地位、身份、性格等特点通过伴随语言表现出来。

---

❶ 哈维兰. 当代人类学［M］. 王铭铭，等译. 上海：上海人民出版社，1987：268－270.

第二章 能量调节（健康）需要［001］（3.1）

$$健康需要［001］\begin{cases}防护需要　［0010］（4.2）\\防病需要　［0011］（4.3）\end{cases}$$

辨析尺度：维护健康的主动、被动方式。

下分辨析：以上述尺度将人的健康需要辨析为防护需要和防病需要，防护是被动方式，是阴子；防病是主动方式，是阳子。我们不知道人身伤害究竟会不会发生、何时何地发生，只能被动地防备。强身健体、调节精神的防病行为是人在健康基础上的主动行为。虽然我们不知道细菌、病毒何时何地侵袭自己，但我们确切地知道，如果体质羸弱，就挡不住细菌和病毒的侵袭，就难以保持健康。被动是阴，主动是阳。

周延性分析：维护健康，要么防病，要么防护，只有这两种方式。本次辨析是周延的。

健康需要位于需要金字塔的第三层，是逻辑层次很高的需要，是人类群体和个体的非常重要的一大类需要。它本身又含有许多层次，内容非常丰富。

第一节 防护（人身安全）需要［0010］（4.2）

$$防护（人身安全）需要［0010］\begin{cases}防自然伤害需要　［00100］（5.4）\\防人为伤害需要　［00101］（5.5）\end{cases}$$

辨析尺度：身体防护的类型。

下分辨析：以上述尺度将人身安全需要辨析为防自然伤害需要和防人为伤害需要，前者为阴，后者为阳。

周延性分析：对人身体的伤害只有自然伤害和人为伤害两种可能，本次辨析是周延的。

人身安全需要是人的最重要的需要之一。防护需要是人和动物的共同需要，而人防御的对象主要是人类自己。

此处讲的安全特指人身安全，而不包括财产、就业保障、生活保障、事业竞争、名誉、工作任务等方面的安全。

一、防自然伤害需要［00100］（5.4）

防自然伤害需要［00100］$\begin{cases} 防气候伤害需要 ［001000］（6.8） \\ 防天灾需要 ［001001］（6.9） \end{cases}$

二、防人为伤害需要［00101］（5.5）

防人为伤害需要［00101］$\begin{cases} 防故意伤害需要 ［001010］（6.10） \\ 防无意伤害需要 ［001011］（6.11） \end{cases}$

防自然伤害需要和防人为伤害需要的内容都较浅显，此处省略。

第二节　防病（康和）需要［0011］（4.3）

防病（康和）需要［0011］$\begin{cases} 调养身体（养身）需要 ［00110］（5.6） \\ 调节精神（调神）需要 ［00111］（5.7） \end{cases}$

辨析尺度：身心关系。

下分辨析：以上述尺度将人的防病需要辨析为调养身体需要和调节精神需要，并分别简称为养身需要和调神需要。在身心关系中，身体为阴，精神为阳。

周延性分析：人是由身、心两方面构成的，两个方面都要调节好。本次辨析是周延的。

康和的阳子是精神调节，哺乳动物大概只有极微弱的调神需要。调神就是维护精神卫生。在中医理论中，身心关系又叫形神关系。身、"形"、肉体都是一个意思；"心"（即心理）与"神"（即精神）也是一个意思。中医理论认为，形乃神之宅，神乃形之主，人的精神对肉体的主导作用表现得十分广泛。从极端的例子看，气死、吓死、抑郁而死、悲痛而死等，都是精神失控导致的死亡。精神的挫折导致身体衰弱或致病的现象就更为常见了。至于情绪影响我们的健康情况，几乎人人都遇到过。因此，调神是康和的必要条件、首要条件。

我们说的防病，并非指防止任何疾病的发生，而是指防止可以防止的疾病。"防病"一词不恰当，就换个词：康和。所谓康和，是指通过各种调节方法，增强人的体质，怡养人的精神，防止可以防止的疾病的发生。"康"有健康、安康等义，"和"有调和、平和等意。有些人将健康完全寄托于治疗医学，只重视治病，而忽视防病，那就大错特错了。在疾病与健康之间还存在一个中间阶段，有人称之为"亚健康"。笔者认为称"亚病态"可能更具警示性。亚病态的表现大致有：疲倦、嗜睡、隐痛、耳鸣眼花、注意力难以集中、浑身无力、口干唇焦、厌食、抑郁、忧愁、冷漠、惊疑、常幻想等。有人甚至认为疲倦是百病之源。笔者认为，对付这些亚病态应是康和学的重要任务之一。

一、养身需要 [00110] (5.6)

养身需要 [00110] $\begin{cases} 强身需要 [001100] (6.12) \\ 和身需要 [001101] (6.13) \end{cases}$

辨析尺度：身体器官的强化与调节关系。

下分辨析：以上述尺度将养身需要辨析为强身需要与和身需要，强身是阴子，和身是阳子。强身是指强化生理器官，和身是指调节身体的阴阳平衡状态。生理器官强壮有力，就能发挥正常的功能，这是养身的基础，也是养身的必要条件之一。人的身体是由几个系统构成的，各系统之间、各器官之间形成了很复杂的关系。几乎每一个器官的功能是否正常都会影响到其他器官及系统的功能发挥，平衡、协调就显得极为重要。这就是和身需要。强身与和身都是养身的必要条件，强身是基础，和身是主导，两者兼顾才能达到养身的目的。

周延性分析：养身是专对身体而言的，强化身体器官与调节身体各系统的平衡，已经包括了保养身体的全部条件。本次辨析是周延的。

人和动物都处在自然界的激烈变化和致病因素的包围中，有些个体适应不了，被淘汰了；有些个体适应了环境，生存了下来；有些个体能健康地适应变化，有些个体只能勉强生存。是什么原因导致了这些结果呢？动物和人都有变异基因储备和器官功能储备。如果从致病因素的角度说，所有生物都有一整套抵御恶劣环境和致病因素的办法，从而顽强地生存下来。任何一种动物都能以各种纵向适应方式和横向适应方式来适应环境变化。所谓纵向适应方式，是指动物在变异基因储备的基础上，根据环境的较大变化激活某些隐性变异基因来适应环境，以实现生存的方式；所谓横向适应方式，是指动物在现有物种基因组的基础上，在环境变化较大时，调动和增强有关生理器官的各种潜在的储备功能来适应环境，以实现生存的方式。人类更进步，还利用不断进步的技术手段来适应环境和防病治病。

人类应该自觉地发挥纵向和横向适应方式来达到康和目的。应用纵向适应方式，现在看到了一丝曙光，那就是基因疗法。基因疗法是治本的方法，无疑是康和的强有力的手段，但基因治疗也面临不少难以解决的问题和短期内不能克服的障碍。

（一）强身需要 [001100] （6.12）

$$强身需要\begin{cases}营养调摄需要\\器官刺激需要\end{cases}$$

内容略。

（二）和身需要 [001101] （6.13）

$$和身需要\begin{cases}应然和身需要\\应性和身需要\end{cases}$$

应然和身需要是指人应该顺应自然和社会的变化，从而达到和身的需要；

应性和身需要是指人应该顺应自己的生理性别及生理特点，从而达到和身的需要。

人处于自然和社会之中，时时处处受到来自大自然和社会两方面的影响。来自社会的压力大多数属于精神方面，将在调神需要中讨论；来自自然的影响则是本小节讨论的内容。自然对人体的影响主要来自时间和空间，地球的自转和公转对人体的影响最大。人必须适应时间节律变化的需要，这称为应宙和身需要或应时和身需要。空间方位的不同，也会影响人体内的阴阳平衡。因此，把人适应空间方位变化的需要称为应宇和身需要或应地和身需要。

空间方位不同，其地貌、地磁、气候、物产等环境因素就不同，这些环境因素的变化会扰乱人体内的阴阳平衡。中国南方热、北方冷、东方湿、西方燥，过分的冷、热、燥、湿等都是致病因素。人们离开长期居住的地方来到千里之外的地方生活时，气候不同、物产不同、水土不同，甚至会致病的昆虫、微生物等都不同，往往会出现"水土不服"现象，有时饮食结构也会发生变化。当出现这些空间方位的变化时，就应向当地人请教如何适应当地的环境，以便保持健康。

时间节律对人的影响更为显著，主要有地球自转（日律）和公转（年律）两种时间节律的影响。因此，应宙和身需要分为应日律和身需要与应年律和身需要。

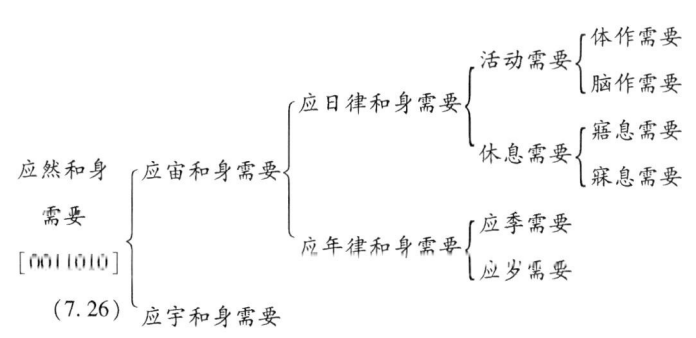

$$
\text{应然和身需要} \begin{cases} \text{应宙和身需要} \begin{cases} \text{应日律和身需要} \begin{cases} \text{活动需要} \begin{cases} \text{体作需要} \\ \text{脑作需要} \end{cases} \\ \text{休息需要} \begin{cases} \text{寤息需要} \\ \text{寐息需要} \end{cases} \end{cases} \\ \text{应年律和身需要} \begin{cases} \text{应季需要} \\ \text{应岁需要} \end{cases} \end{cases} \\ \text{应宇和身需要} \end{cases}
$$

(7.26)

昼夜节律对所有陆生动物，包括人在内都有强烈的影响。人适应昼夜节律的方式主要是作息交替方式。活动和休息是一对阴阳子，休息是相对静止状态，是阴子；活动相对于静止就是阳子。对于个体来说，人既不能一直活动不休息，也不能一直休息不活动，活动和休息缺一不可。活动和休息是所有动物的基本需要之一，也是人的基本欲望和需要。活动可以进一步阴阳辨析为体力活动和脑力活动，体力活动和脑力活动构成一对阴阳子，体力活动是阴子，脑力活动是阳子。

活动和休息是人类的基本需要之一，这个道理似乎浅显而简单。但是，这一点在西方动机心理学上并不十分明确。弗洛伊德、华生、马斯洛的心理学——西方具有代表性的三大动机理论中，都没有明确论述活动和休息的需要。

休息也有阴阳两种基本形式，那就是寤息和寐息。寤息是指清醒状态下的休息，是阳子；寐息是指睡眠状态下的休息，是阴子。寐息就是睡眠，是身体和大脑同时休息的一种形式，是应日律和身需要的一种基本形式。

寤息是指停止长时间高强度重复的活动，从而进入放松状态的休息形式。寤息也有阴阳两种情况：体寤息和脑寤息。体力活动久了，身体就会感到疲劳，此时应停止当前的体力活动，这是体寤息；高强度的脑力活动久了，大脑会感到疲劳，就会头昏脑涨，此时就需要让大脑休息一下，暂停高强度的脑力活动，这是脑寤息的休息形式。寤息是值得研究的休息形式，与提高时间利用率密切相关。例如，体作疲劳时可以选择体寤息，也可以选择脑作；同理，脑作疲劳时可以选择脑寤息，也可以选择体作，如图1所示。

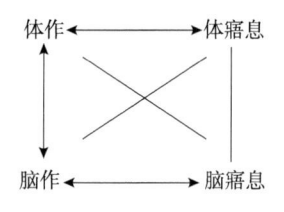

体作 ←→ 体寤息

脑作 ←→ 脑寤息

图 1　活动—寤息图

图1中双向箭头连接的两项内容可以交替进行，线段"——"连接的两项可以同时进行。活动—寤息图为有效地利用时间提供了参考。

寐息是体作和脑作都暂停的休息形式。寐息就是睡眠，是休息的基本形式，而寤息是休息的补充形式。

应年律和身需要（简称应年和身需要），是指人适应地球公转对人体的影响而达到和身的需要。它分为应季需要和应岁需要两个爻子。应季和身需要是指适应季节气候变化而达到和身的需要。应岁和身的道理不言自明，每个人都应根据自己的年龄顺应自然和社会的变化，不能勉强行事。

应性调和是指，男女由于生理结构上的差异，对自然和社会的压力、刺激等的应对措施应有区别。应然调和应该考虑到男女的差别，将应然调和与应性调和结合起来。

二、调神需要［00111］（5.7）

$$
调神需要[00111]\begin{cases}控制劣情（安神）需要[001110]\begin{cases}抑制暴发性劣情需要\\解脱久抑性劣情需要\end{cases}\\寻求快乐需要[001111]\begin{cases}寻求欢快情绪需要\\追求怡态情绪需要\end{cases}\end{cases}
$$

辨析尺度：情绪的两极性质。

下分辨析：以上述尺度将调节精神需要辨析为控制劣情（安神）需要和寻求快乐需要，安神需要是阴子，寻求快乐需要是阳子。

周延性分析：调节精神就是调节情绪，而情绪只有积极情绪和消极情绪两大类。本次辨析是周延的。

谈到健康，必然涉及精神健康，而讲到精神健康就必须讲到情绪。情绪问题是心理学中最难的课题之一。自从1884年詹姆士（W. James）第一个提出系统的情绪心理学，大批科学家对情绪的实验性和理论性进行了大量的研究，使情绪心理学获得了巨大发展。虽然如此，情绪心理学家至今仍然各吹各的号、各唱各的调。笔者在这里提出自己的情绪学说。

科学家对情绪作用的机理进行了广泛而深入的研究，这些研究分三个方面：外周机制、中间机制、中枢机制。所谓外周、中间都是相对于中枢神经系统而言的。外周机制是指外周神经系统与情绪的关系，中枢机制研究中枢神经与情绪的关系。中间机制是既涉及外周，又涉及中枢的情绪机制。

在中枢机制研究方面，专家分别切除脊髓、延髓、脑干、皮层下结构，甚至大脑皮层等中枢神经结构，然后分别观察情绪和行为的变化，发现了皮层下结构（下丘脑、丘脑等）、边缘系统（扣带回、海马回、杏仁核、脑岛及新皮层的额颞皮层部分）与情绪有着极为重要的关系。有人认为边缘系统是情绪中心。

在中间机制研究方面，专家在脑的不同部位埋入电极或注射某种化学药物，然后观察和测量它们对情绪及行为的影响。

中间机制和中枢机制的研究都是专家通过精细的手术进行的，普通民众谈不上运用，所以我们不讨论中枢机制和中间机制而只讨论外周机制。

外周机制研究的是情绪与心脏、血管、皮肤电反应、呼吸、胃肠、肌肉、脑电活动等的关系。外周是指周围神经系统，又叫自主神经系统，由交感神经和副交感神经组成。笔者在《推理解梦：梦的构思创作原理》[1] 中，将人的中枢神经系统辨析为灵动神经系统和自动（自主）神经系统。我们的内脏器官等各种组织中都分布着自主神经。交感神经主管兴奋冲动，副交感神经主司抑制冲动。内脏器官的运动就是由自主神经系统控制的。一般情况下，我们的心智管理不了内脏器官的运动，我们做不到想出汗就出汗，想让血液流多快就流多快，想让心脏跳多快就跳多快。也就是说，灵动神经系统（心智）管不了植物神经，所以植物神经又叫自主神经。那么，外界精神刺激是通过什么途径使人致病甚至致死的呢？心脏既听不懂语言，也看不见危险，人在听到骂人的话或突遇险境时，为什么心脏跳动频率会加快呢？心跳加快只能是自主神经中的交感神经活动的结果。外界精神刺激（如侮辱性的恶骂）能直接作用于植物神经吗？答案是不能。外界精神刺激只能作用于灵动神经系统。前面说过，中枢系统管不了植物神经，那么中枢系统与植物神经之间是怎样发生联系的呢？答案是通过情绪中介。中枢系统活动会产生情绪，情绪受中枢控制。情绪先调动内分泌系统，然后与内分泌系统一起作用于植物神经系统，使内脏器官和身体有关组织发生异常活动，而内脏器官的异常活动会直接导致疾病、死亡。我们得到如图2所示的一个大致的过程。

外界精神刺激→中枢神经系统（心智）→情绪波动—‖→内分泌→自主神经→内脏器官活动异常→致病或改善机体状况

图 2　情绪中介图

---

[1] 朱杨曹. 推理解梦：梦的构思创作原理［M］. 北京：知识产权出版社，2019.

由图1、图2可知，导致生病或死亡的直接原因是内脏器官的异常活动，如心脏狂跳或骤停、脑血管爆裂等，而不是外界精神刺激。外界精神刺激是通过情绪中介作用于植物神经，从而导致内脏器官活动异常的。

情绪波动的强度不同。情绪的轻微波动是不会影响内分泌系统和植物神经活动的，所以用"‖"表示一个阀门（将"‖"读作"情绪阀"）。当情绪能量达到一定值时，就能冲破情绪阀而引起内分泌系统和自主神经系统的异常活动。用符号"—‖→"表示情绪能量必须达到一定阈值后才发生内脏器官活动异常。必须声明，情绪中介图是笔者提出的最简略的图，实际心理、生理过程非常复杂。

我们的心智又是怎么作用于情绪的呢？这是一个难题。许多学者进行了大量的研究，提出了许多观点。比较有影响的观点大致有以下几种：认知情绪理论、动机情绪理论、行为主义情绪理论、精神分析情绪理论、遗传情绪理论等。这些观点都有一定的道理，但又都不全面。笔者对以上理论没有成熟的评价，比较倾向于利益原则和性格（人格）特征。利益原则包含于认知之中。利益、认知都是内容十分庞大而复杂的概念。总的来说，人遇到符合自己口味的事物时就高兴，否则就不高兴。情绪体验的种类很多，每一种又有许多不同的强度等级。

如何面对那些纷繁的理论呢？笔者只能从自己研究需要的角度，即精神健康的角度，研究和概括精神调节问题，为此用阴阳辨析法对情绪重新进行了分类。

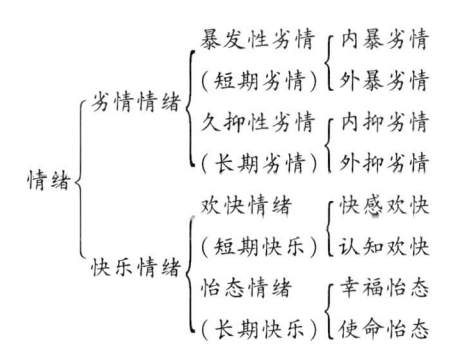

$$
情绪\begin{cases} 劣情情绪 \begin{cases} 暴发性劣情（短期劣情） \begin{cases} 内暴劣情 \\ 外暴劣情 \end{cases} \\ 久抑性劣情（长期劣情） \begin{cases} 内抑劣情 \\ 外抑劣情 \end{cases} \end{cases} \\ 快乐情绪 \begin{cases} 欢快情绪（短期快乐） \begin{cases} 快感欢快 \\ 认知欢快 \end{cases} \\ 怡态情绪（长期快乐） \begin{cases} 幸福怡态 \\ 使命怡态 \end{cases} \end{cases} \end{cases}
$$

西方学者也注意到了情绪的两极性，并根据两极性对情绪进行了分类。例如，他们将情绪分为消极情绪与积极情绪、满意与不满意等。但他们只进行了一个层次的划分。笔者进行了三个层次的阴阳辨析。

第一层次使用了利益原则尺度，辨析出劣情情绪（即不良情绪）和快乐情绪两个爻子。劣情情绪与快乐情绪是一对阴阳子，前者属阴，后者属阳，它们是性质相反的两种情绪。每个正常人都处于这两种情绪中的某一种状态，不是劣情状态，就是快乐状态。当劣情刺激被外界强加于我们时，我们就应采取各种措施控制劣情的强度和持续时间，这就是"控制劣情的需要"。通常情况下，快乐情绪是需要人们主动去寻求的。快乐是一种享受，人人都希望得到，因此，追求快乐是每个人的欲望和需要。

（一）控制劣情（安神）需要 [001110]（6.14）

$$\text{安神需要 [001110]} \begin{cases} \text{控制暴发性劣情需要 [0011100]（7.28）} \\ \text{解除久抑性劣情需要 [0011101]（7.29）} \end{cases}$$

按暴发和持续的时间，可将劣情辨析为暴发性劣情和久抑性劣情。当极端愤怒、极度悲伤、非常恐慌时，心脏狂跳，血管扩张，呼吸加快，头脑发胀，严重时，心脏甚至会突然停止跳动，或呼吸突然中止，或脑血管爆裂，或手脚抽搐、口吐白沫等。这是"魔鬼"干的，这个"魔鬼"就是劣情。劣情像利剑一样，刺伤我们的精神和肉体；劣情又像毒药一样，削弱着我们的体魄，让我们寝食难安、精神紧张，甚至把我们变成神经衰弱者或精神病患者。

控制情绪并不意味着让人变得麻木不仁。情绪是一种在认知基础上的必然反应，要它不发生是不可能的。控制劣情是指控制对健康有严重伤害的劣情，而不是控制一切劣情。一般的不高兴、普通的不满意、并不激烈的生气等随时随地都可能发生，过一会儿就忘了。对这类不激烈的劣情没有必要花那么多心思去刻意控制它的发生。

1. 控制暴发性劣情（7.28）

$$\text{暴发性劣情 [0011100]} \begin{cases} \text{内暴劣情 [00111000]（8.56）} \\ \text{外暴劣情 [00111001]（8.57）} \end{cases}$$

以劣情作用方向为尺度，将暴发性劣情辨析为内暴劣情和外暴劣情。内暴劣情是指向主体自己的，如焦急、恐慌、惊恐、极度悲伤等；外暴劣情是指向客体（他人、他物）的，如生气、气愤、愤怒、憎恨等。暴发性劣情在很短的时间，如 1 分钟、几分钟、几小时、几天内调动并聚集了很高的情绪能量，这种高能量像高压电那样可能会击穿或严重干扰许多保护性生理装置。

安神的重要任务之一就是使短时间内聚集起来的高情绪能量有控制地得到释放。疏泄法是释放的方式之一，像大禹治水那样让高位水通过渠道有控制地慢慢流走。如何疏泄？方法之一就是"开导"，即从各方面开导当事人。开导是非常必要的，因为在高情绪能量的冲击下，思维脱离了正常轨道，脱离了理性的控制，非理性思维像野马一样狂奔乱突，危害难以估量。开导的作用是使当事人的思维回到理性的轨道上来。开导人与被开导人的关系对开导效果有显著影响，亲朋好友，尤其是知心朋友的开导较易被接受，如果是被开导人尊敬的长辈，其开导效果更好。

时间和空间也能起到疏泄作用。让当事人离开情绪事件现场，防止情绪发酵，是较好的空间疏泄方法。时间的延长也能起到疏泄情绪的作用，情绪能量强度会随着时间的延长而衰减。如果用某种方式控制了最激烈的场面，随着时间的延长，最激烈的场面一般不会再次发生。在实际生活中，开导疏泄法、空间疏泄法、时间疏泄法可同时使用。

以上说的是暴发性劣情已经发生后采取的疏泄措施，在暴发性劣情将要发生或还没有达到最强烈的程度时，除了可以使用疏泄法，还有一种方法必须引起重视：反情绪催化法。"情绪催化"是笔者杜撰的新名词，也是一个很重要的概念。所谓情绪催化，是指沿着同一个情绪方向不断增加情绪能量、提高情绪烈度的过程。情绪催化有两种：情绪主体自催化和情绪客体他催化。情绪自催化过程是指下述情绪现象：越想越来气、越想越伤心、越想越没劲、越想越来劲、越想越可怕、越想越没信心等。劣情情绪自催化是很危险的，尤其是在情绪事件的现场，自催化会导致情绪能量的快速增加，高度聚集的情绪能量会冲破理智的束缚，或伤害自己，或伤害他人。

情绪客体他催化分两种：一是情绪事件的对立方他催化，二是情绪场景催化。

情绪对立方他催化一般发生在吵架、打架事件中，通常是双方相互他催化。在这些事件中，往往先是小吵，然后越吵越凶，就开始骂人，相互对骂，越骂越凶，再后来就发展到相互推搡，接着就开始打架了，而且越打越凶。在事件全过程中，情绪不断他催化，情绪能量不断增加，如果他催化得不到有效中止，后果将是很严重的。

情绪场景催化是指个人受到周围人的情绪感染而发生情绪激动的情况。当周围一片哭声时，置身其中的每一个人都会受到感染而悲恸起来；在强烈的欢乐气氛中，除了麻木不仁者，多数人都会投入欢乐的活动中。球迷闹事大多是情绪场景催化的结果，而较少为预谋事件。"铁人"王进喜在冰天雪地里领着工人们靠肩扛手推，移动、安装设备的场景感人至深。他们吆喝着、大喊着，一鼓作气地完成了十分艰巨的任务。如果没有场景催化，这些人可能无法完成繁重的任务。

情绪自催化、对立方催化和场景催化，都是十分常见的现象。情绪催化既有好的一面，也有不利的一面，关键看是何种情绪得到催化。如果是劣情情绪，就不能让它得到催化，而快乐情绪可适当地加以催化。此外，还要根据情绪发泄对象的性质，来确定是否应将情绪加以催化。如果发泄对象是主体自己，而且属劣情情绪，则坚决不让它（情绪）得到催化。如果情绪发泄对象是对立的人，则要根据不同情况采取适当的对策。当情绪具有有害性质时，应当反情绪催化。情绪催化的类型不同，则反情绪催化的方法也不相同。当我们处于越想越生气、越想越伤心、越想越恐慌等情绪状态时，就要问自己："我是不是正在情绪自催化？我是不是应该反自催化？"情绪对立方他催化一般发生在争执、吵架、打架等事件中，如果没有第三方劝阻，往往会闹得不可开交。一旦有第三方进行劝解，争执双方就应顺着台阶下来，使事件逐渐平息。当然，即使没有第三方介入劝解，当事人双方的任何一方也应采取克制的态度，避免使冲突升级。场景情绪催化的类型较多，难以简单概括。在通常情况下，如果是劣情场景催化，则应反催化；若是快乐情绪场景催化，则没有必要反催化。

反情绪自催化，主要靠自己的理智。情绪是非理性的东西，我们要给非理性的"野马"套上一条理性的缰绳，对它加以适当的控制。学习情绪理论，应学会控制自己，学会用理性控制非理性，这就是修身，就是修养。

2. 控制久抑性劣情（7.29）

$$久抑性劣情: \begin{cases} 内抑劣情\ [00111010]\ (8.58) \\ 外抑劣情\ [00111011]\ (8.59) \end{cases}$$
$$[0011101]$$

仍然以劣情作用的方向为尺度，将久抑性劣情辨析为内抑劣情与外抑劣情。内抑劣情是指向主体自己的，如焦虑、郁郁不得志、压抑、挫折感等；外抑劣情是指向客体的，如思念、担心、嫉妒等。

久抑性劣情与暴发性劣情的作用方式不同，但危害程度不相上下。久抑性劣情是指延续时间相对较长的某种劣情，其延续时间少则几个月，多则几年甚至几十年。长时间延续的某种情绪状态，称为"心态"，久抑性劣情又可称为"郁态"。长时间心情不好，甚至情绪恶劣，对身心的伤害是非常大的。暴发性劣情伤人，会使人出现危急症状；久抑性劣情伤人，会使人得慢性病，而慢性病远比急性病棘手。久抑性劣情发生的原因不同，其疏导的方法也不一样。久抑性劣情分为向内和向外两大类，每一类又可以进一步辨析。

$$久抑性劣情\ (7.29) \begin{cases} 内抑劣情\ (8.58) \begin{cases} 焦虑类劣情\ (9.116) \\ 自卑类劣情\ (9.117) \end{cases} \\ 外抑劣情\ (8.59) \begin{cases} 思悲类劣情\ (9.118) \\ 烦恨类劣情\ (9.119) \end{cases} \end{cases}$$

内抑劣情分为焦虑类和自卑类。焦虑类是对将要出现的困境的防备心态，如对于人、财、物等将会受到威胁或损失的局面，如果主体无力阻止其发生，就会产生焦虑。自卑类是指事业、竞争、计划、爱情等反复遭到失败后的颓废、灰心心态。外抑劣情包括思悲类和烦恨类。思悲类劣情是指发生天灾人祸或失去爱情等情况后的悲伤、悲痛和思念的情绪。烦恨类劣情是指主体受到不同类型的侵犯、怠慢、鄙视后的情绪，如厌烦、生气、嫉妒、憎恨、预谋报复等。久抑性劣情还可以继续进行细分。

如同慢性病比急性病难治一样，摆脱久抑性劣情比控制暴发性劣情要难得多。在探讨如何摆脱久抑性劣情之前，必须明白久抑性劣情与精神疾病是两个有一定内在联系，但又不完全相同的概念。有相当一部分精神疾病，或者说大多数精神疾病是由情绪失控引起的，但严重的劣情并不一定会导致精神疾病。

劣情的发生、发展有一个过程，强度各不相同，每个人的承受能力也不相同。只有在超过人的承受能力时，人才会得精神疾病。

摆脱久抑性劣情的方法只有对症开导。如果是由焦虑引起的，就要认真分析将要出现的困境或危险的每一个细节，看能不能防止；若不能防止，就要找到发生后的补救措施。在通常情况下，总是能找到防止措施或补救措施的，因为"世上没有过不去的坎"。每一个人都会产生焦虑情绪，但要控制它的强度，不能让它伤害自己的身体，要相信"车到山前必有路"，这是一条很有用的生活经验。思悲类情绪随着时间的推移，强度会逐渐降低，但如果思悲的对象是对自己来说很重要的人物，不测事件又是突然发生的，则往往很难释怀，这就需要亲人、朋友的经常性开导。久抑性烦恨类情绪对人的伤害也是很大的，不过这类情绪的治疗良方是时间，时间会消弭烦恼，磨平仇恨。

最难治愈的是自卑情绪。在累遭失败和挫折后，有些人对自己的能力或运气产生了怀疑，在失去自信心后就产生了自卑情绪。引起自卑的事件性质不同，自卑者的年龄、性别不同，恢复自信心的难度也不同。在恋爱上累遭挫折后，大部分人在好友的帮助下能较快地恢复自信，少数人在失望后会封闭自己，准备踏上独身之路。在学习技能上总不长进，一般情况下是不会产生自卑情绪的，因为可以选择学习其他技能。在事业上累遭挫折和失败后会不会自卑，就要看发生在什么年龄的人身上：如果是中年人或老年人，就很可能产生自卑情绪，而且要恢复他的自信心是相当困难的；如果是年轻人，往往就不会产生自卑情绪。自信心对人是极其重要的，对某一方面失去自信，就很难将这方面的事做好。自卑情绪对人的危害极大，不论遇到什么情况，都不要失去自信，不要自卑。这是生活中最重要的格言之一。

控制暴发性劣情和摆脱久抑性劣情是防止情绪对健康产生伤害的两个重要的方面，安神需要主要是指这两条，这对每个人来说都是极其重要的。我们的精神健康、躯体健康与安神需要息息相关。

（二）寻求快乐需要 [001111] (6.15)

$$快乐需要\ [001111] \begin{cases} 欢快需要\ [0011110]\ (7.30) \\ 怡态需要\ [0011111]\ (7.31) \end{cases}$$

人人都希望得到快乐，但大多数人对快乐的认识比较肤浅，只停留在"笑一笑，十年少"的认识水平上，而且在实际生活中，稍遇困难、挫折和冒犯就陡生劣情，将劣情危害丢到脑后。人们如果能充分认识快乐的有益作用和劣情的危害，并能掌握获得快乐的方法，对防止劣情的产生和恶化有直接作用，以良好的情绪对抗不良情绪是基于阴阳法的最积极有效的办法。

寻找快乐谁都会，如唱唱歌、跳跳舞、讲讲笑话等，要长时间保持快乐情绪恐怕就不容易做到了。仍以时间为尺度，将快乐辨析为欢快和怡态两大类。欢快是几分钟、几小时、几天的快乐，而怡态是几星期、几十天、几个月、几年、十几年，甚至几十年的快乐心态。这两种快乐都是我们渴望的。对短时间的欢快情绪，人人都在寻求；对长时间的怡态情绪，大部分人却忽略了，甚至当怡态情绪事件降临时，自己仍浑然不觉。前面说过，长时间的情绪状态用"心态"表示。长时间的快乐状态叫作"怡态"，长时间的劣情状态叫作"郁态"，即久抑性劣情状态。显然，怡态与郁态是极性相反的两种长时心态。心态对人的健康、工作效率、社会关系有重大影响。我们讲调节精神，不但要关注短时间的暴发性劣情和欢快情绪，更要注重长时间内的郁态和怡态。

1. 欢快需要（7.30）

$$欢快需要 [7.30] \begin{cases} 快感欢快需要 [00111100]（8.60）\\ 认知欢快需要 [00111101]（8.61） \end{cases}$$

以心理活动类型为尺度，将欢快辨析为快感欢快与认知欢快两大类。快感引起的欢乐是不需要经过思维判断就自然发生的，而认知欢快是要经过思维判断后才产生的。例如，听幽默故事时，我们常常会大笑，这种快乐情绪是经过思维判断后才产生的。快感欢快是阴子，认知欢快是阳子。

（1）快感欢快

快感欢快是最原始的情绪，是人类和动物共有的。快感是由各种不同的感觉器官感觉到信号后产生的快乐情绪。例如，味觉、嗅觉、体觉等直接器官接收到某些信号后，身体会产生一种快乐的情绪。快感不是思维的产物，所以快感不能用语言准确地表达出来，快感引起的欢快情绪也很难用语言描述出来。越是原始的需求，对人的作用力就越大。人人都喜欢美味佳肴，人们在享用佳肴时会不断发出赞美之词。狗在啃骨头时也会发出快乐的"呜呜"声。原始情绪,人有,狗也有。浓烈的香气能给人带来片刻的欢快,淡淡的幽香能使人回味无穷。触觉与体觉是指皮肤及肢体的感觉,其包括较多的内容,如柔软的沙发、松软的床、冬天的手炉、夏天的冰等,都会使人产生惬意的情绪。性快感也属于体觉快感,这种原始情绪也很难用语言准确描述。由于性快感是不可替代的快乐,所以会出现不惜一切代价冲破道德、法律、习俗的束缚以求获得性快感的事件,古今中外的各个民族中都时有发生。

值得一提的是,快感欢快在同一次刺激中,随着刺激时间的延长会慢慢地减弱,甚至麻木。这种现象叫作感觉适应,或称为司空效应。快感也有感觉适应现象。

(2)认知欢快

认知欢快的内容不胜枚举,要分辨它们需要进行多层阴阳辨析。

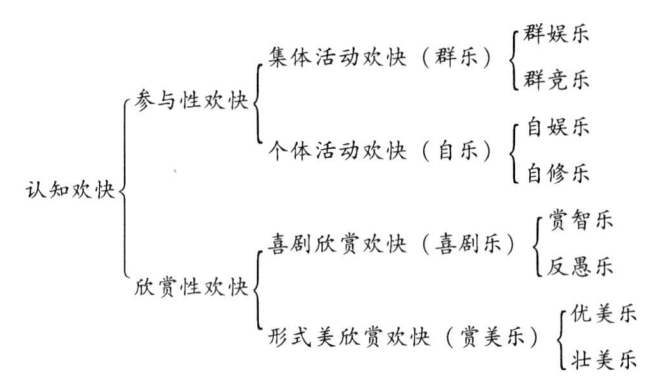

$$\text{认知欢快} \begin{cases} \text{参与性欢快} \begin{cases} \text{集体活动欢快(群乐)} \begin{cases} \text{群娱乐} \\ \text{群竞乐} \end{cases} \\ \text{个体活动欢快(自乐)} \begin{cases} \text{自娱乐} \\ \text{自修乐} \end{cases} \end{cases} \\ \text{欣赏性欢快} \begin{cases} \text{喜剧欣赏欢快(喜剧乐)} \begin{cases} \text{赏智乐} \\ \text{反愚乐} \end{cases} \\ \text{形式美欣赏欢快(赏美乐)} \begin{cases} \text{优美乐} \\ \text{壮美乐} \end{cases} \end{cases} \end{cases}$$

反愚乐是指从别人愚蠢动作(如搞笑动作)的表演中获得的快乐,自修乐是指自己从琴、棋、书、画等活动中获得的快乐。认知欢快内容繁多,限于篇幅,此处予以省略。

2. 怡态需要(7.31)

$$\text{怡态需要(7.31)} \begin{cases} \text{幸福怡态需要(8.62)} \\ \text{使命怡态需要(8.63)} \end{cases}$$

怡态是指时间跨度比较大的快乐情绪状态。在长时间(从几十天到几十年不等)内能保持快乐情绪,无疑是每个人所向往的。这是一个很有意义的话题。

  实际上，有两种人可以获得长时间的快乐情绪：一种是能正确理解幸福并得到了幸福的人，另一种是能正确理解人生价值并正为实现价值而奋斗的人。因此，将能正确理解幸福并得到幸福的人的快乐情绪定义为幸福怡态，将能正确理解人生的价值并正为实现价值而奋斗的人的快乐情绪定义为使命怡态。幸福怡态是获得性的，使命怡态是付出性的，两者构成阴阳对，显然，幸福怡态是阴子，使命怡态是阳子。这两种怡态是每个人都能够得到并应该得到的。但是，从两种怡态的定义可知，它们都与理解和认识有关，也就是说，如果理解、认识不正确，就得不到怡态情绪。关于幸福怡态和使命怡态，将在本卷第十二章的"感悟暗需要"中进行较为详细的讨论。

第二篇　延续自己的需要［01］（2.1）
——繁衍篇

续己需要［01］$\begin{cases}生命核延续需要（生养子女需要）［010］（3.2）\\心理核延续需要（寄托子女需要）［011］（3.3）\end{cases}$

辨析尺度：人的二元构成性。

下分辨析：以上述尺度将续己需要辨析为生命核延续需要和心理核延续需要，也称为生养子女需要和寄托子女需要，前者是阴子，后者是阳子。

生命核是指生物个体的全部遗传信息，即个体的全部基因。每个人的生命核都不相同（同卵双胞胎除外）。人们想要遗传的是自己的生命核，而不是别人的生命核，所以叫续己。有性繁殖的所有动物个体和人都摆脱不了死亡的命运。续己是为了实现物种的延续。

心理核是指人在后天社会化过程中获得的主要观念、经验。心理核对个人来说是指他的"精神大厦"，包括他的世界观、人生观、生活经验等。

续己需要处于需要金字塔的第二层，是很高层次的需要。层次越高，包括的次级层次就越多，需要的种类就越多。续己需要是人的四大需要之一。如此重要的需要，马斯洛的需要层次理论中却没有它的位置。

周延性分析：身体上的延续和精神上的延续都得到满足，续己需要就得到了满足。本次辨析是周延的。

第三章　生命核延续需要
——生养子女需要［010］(3.2)

生养子女需要［010］ $\begin{cases} 生育子女需要［0100］(4.4) \\ 抚养子女需要［0101］(4.5) \end{cases}$

辨析尺度：时间。

下分辨析：以时间为尺度将生养子女需要辨析为生育子女需要和抚养子女需要，生育在先，为阴子；抚育在后，为阳子。

周延性分析：生育和抚养子女，就完成了在身体上延续自己的任务。本次辨析是周延的。

生育与抚养并不总是联系在一起的。自然界中的一些动物只生不养，如昆虫、海龟、某些鱼类。还有更奇特的，如杜鹃把蛋下在芦苇莺的窝里，让芦苇莺去孵化并将雏鸟喂大。高等动物普遍既生育后代又抚养后代。

人类在生育问题上有一个从无知到启蒙、自觉，再到控制的过程。原始人类如同动物一样不知道女人为什么会怀孕，这种无知状态延续了很长时间。在希腊神话中，大地母神盖亚没有交合就怀上了乌拉诺斯。在《圣经》故事中，女人夏娃是用男人亚当的肋骨做成的。中国传说中也有感应怀孕的故事：附宝看到北斗星周围特别亮的闪电后，受到感应而怀了孕，生下了黄帝；简狄吃了玄鸟的卵后生了殷商的始祖契；姜嫄在野外游玩时，好奇地踩了一个巨人留下的脚印而怀孕并生下周朝的始祖后稷。在古代神话中，能使女人受感应怀孕的东西很多，如豺狼虎豹、梦境光影等，这大概是图腾由来的又一种解释。感应怀孕的传说，说明原始人开始探索怀孕的原因了，这比动物前进了一大步。

有一个人忽然猜测性交是怀孕的原因，这种猜测一经提出，自然经得起验证，这是一个惊人的发现。无论是狩猎、捕捞、种植、放牧等生产性活动，还是抵抗外族入侵或侵犯其他群体的活动，都是人越多越好，任何一个群体都渴望增加人口。当人们发现性交是怀孕的原因后，便出现了生殖器崇拜文化。考古学家在世界各地都发现了生殖器崇拜文化，例如，在我国新疆就发现了原始社会留下的生殖器崇拜的岩画。对于急切想增加人口的原始初民来说，崇拜生殖器是很自然的事。自从发现怀孕的原因后，原始初民很可能存在一个大规模乱交的阶段，其中，血亲婚配被记录了下来。在希腊神话中，乌拉诺斯是地母盖亚的儿子，却与母亲结了婚。此外，还有许多对兄妹夫妻，如最高神祇天神宙斯娶的就是自己的亲姐姐赫拉，他们的父母克洛诺斯和瑞亚也是一对姐弟夫妻，等等。在中国的传说中，伏羲与女娲也是兄妹夫妻。兄妹结婚不仅在神话中存在，在现实中也存在，如古代埃及人、印加人和夏威夷人，皇族兄弟必须娶自己的亲姐妹为妻。但血亲婚配很快就受到了坚决的禁止，皇族兄妹婚配只是文明史的例外。

不管乱伦禁忌发生的原因是什么，其意义都是极其重大的。禁止乱伦，就必须实行外婚制，这使得几个氏族通过婚姻联结在一起，组成了婚姻集团，即氏族集团，并逐渐发展成胞族、部落、部落联盟。外婚制是人类婚姻史上的巨大进步。几千年来，人类的婚姻形式多种多样，并不断经历变化，但不管怎么变化，外婚制的本质始终没有改变。

与怀胎十月相比，将孩子抚养成人是一项十分浩大的工程。尽管如此，人们还是有强烈的扶养子女的欲望。把子女抚养到什么年纪，父母才算完成了生养的义务，或者说尽到了繁衍后代的责任？这里有一个"将子女抚养成人"的标准问题，不同的标准有不同的年龄，具体可参照以下成人标准图。

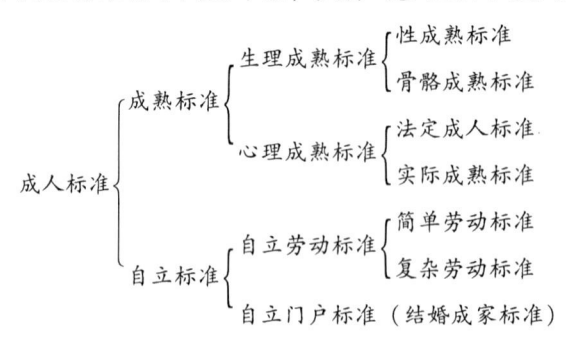

成人标准 {
　成熟标准 {
　　生理成熟标准 { 性成熟标准 / 骨骼成熟标准 }
　　心理成熟标准 { 法定成人标准 / 实际成熟标准 }
　}
　自立标准 {
　　自立劳动标准 { 简单劳动标准 / 复杂劳动标准 }
　　自立门户标准（结婚成家标准）
　}
}

成人标准有两种，即成熟标准和自立（自食其力）标准。成熟是一个非常复杂的问题。学者们找出了性成熟标准和骨骼成熟标准这两种生理成熟标准。心理成熟几乎找不到可以较为准确测量的指标。但是，心理成熟比生理成熟更为重要。只有心理成熟的人，才能对自己的行为进行符合社会规范的控制。法律上规定的成人标准年龄是综合生理成熟和心理成熟而制定的。

中国的父母除了用成熟标准来衡量抚养子女责任，还用子女自立的标准来要求自己。从成人标准图中可知，子女自立分为自立劳动和自立门户两种。在中国的传统中，父母们普遍将抚养的责任期限定为子女结婚，子女结婚后就算自立门户了。

第一节　生育子女需要 ［0100］（4.4）

$$\text{生育子女需要 [0100]} \begin{cases} \text{性爱需要} & \text{[01000] (5.8)} \\ \text{婚姻（争偶）需要} & \text{[01001] (5.9)} \end{cases}$$

辨析尺度：生育的条件。

下分辨析：以上述尺度将人的生育需要辨析为性爱需要（又称性欲）和婚姻需要，性爱需要是阴子，婚姻需要是阳子。人类将争偶需要演变为婚姻需要。性爱需要是生育的原动力，进化机制还设计了交配权竞争机制，以利于物种的进化。

周延性分析：从动物角度看，满足了性欲和争偶需要，就能满足生育需要了。当人类个体满足了性爱需要和婚姻需要，就满足了生育子女需要。本次辨析是周延的。

在性欲上，人与动物有些差别。雌性动物普遍有发情期，只在发情期接受与雄性动物交配；不在发情期时，雌性动物绝不允许雄性动物接近。雌性动物排卵是公开的。各种雌性动物在发情期会用其特定的信号方式，通知同种雄性动物前来进行交配。大部分动物在发情期会散发特殊的强烈气味，也有用声音或颜色等来吸引雄性的。这种特殊气味包含的物质是信息素（pheromone），又叫外激素。信息素的种类很多，所起的作用各不相同。人类是否散发信息素尚未有定论，即使有也是极微量的。人类与所有动物都不同。人类女性排卵是秘密的，甚至女人自己也不知道何时排卵，性交以后也不知道受精是否成功。直到最近几十年，人类才通过科学研究了解了大概的排卵时间。

人类女性为什么要秘密排卵呢？公开排卵既准确又省事，为什么在进化中不保留下来？人类秘密排卵似乎与进化规则矛盾。要解释这个"天问"，必须有新的思维。

性的问题可能是人类与动物的最大区别之一。除了倭黑猩猩这个特例，其他所有动物的性交都只有单一的生殖目的——繁殖后代；而人类性交的目的却有两个——生殖和愉悦，从性交次数上看，愉悦性交占绝对的优势。人类将性交的功能扩展到愉悦，且以愉悦为主，其中肯定蕴含着深刻的机理。如何解释愉悦性交？这里提出劳动性别分工说。随着原始社会生产力的提高，人类劳动的种类在逐步增多，人类劳动从单纯的狩猎和采集扩大到种植、纺织、制陶、捕鱼、驯养动物等。妇女由于承担着繁衍后代的重任，很自然地被分配从事轻体力劳动。随着生产力的进一步发展，轻体力劳动在体力劳动中所占比重逐渐增加，被怀孕和幼儿缠身的女性从事轻体力劳动的机会就越来越多，从此，女性的体能就逐渐落后于男性。随着人类生产力的发展，由劳动分工造成的两性体能差别在进一步加大。长期从事轻体力劳动，导致女性的骨骼、肌肉等运动器官承受力量的能力越来越弱，女性从力量型方向退化，而向轻巧灵活型方向发展，经过漫长的演化，就造成了人类两性体能的巨大差异。

女性体能的衰落，使她们在生产中的地位下降；生产力的发展导致部落战争增加，体能衰落的女性在战场上的作用越来越小，非但如此，女性还沦落到"战利品"的地位。

任何一种生物在面对恶劣的环境时，都要寻找生存策略，人类女性也要寻求生存策略。体能和社会地位下降的女性无法与强大的男性直接抗衡，于是采取了间接的、迂回曲折的、柔性的方式与男性进行抗衡。美悦男性就是女性的生存策略之一。如何美悦男性？途径有两条：一是女性向美的方向进化，二是在两性的汇合点——性交活动上，进化出强烈的性愉悦功能。这就是笔者要提出的性鼓励机制。个体在进化上鼓励、吸引异性进行性活动的生理特点和特性称为性鼓励机制。

仅有性鼓励机制是不行的。任何事物都有其制约机制，这是一条阴阳法则。在性的进化上，既然存在性鼓励机制，就必定存在性制约机制，这是阴阳学说的基本原理。如果没有性制约机制，能使人产生强烈性快感的性交活动就会泛滥，性的泛滥必定严重威胁人类自身。个体在进化上制约性活动的生理特点和特性叫性制约机制。要进行制约，是制约男人还是制约女人？女人的体能远弱于男人，制约女人达不到性制约目的，只有对男人进行性制约才能达到性制约目的。所以性制约主要发生在男性身上。笔者认为有以下三种性制约机制：第一，阴茎勃起制约。阴茎具有以下特点：既耐热又耐寒，既能大又能小，既能软又能硬；既受意志的支配，又不完全受意志的支配；既受植物神经（自主神经）的支配，又不完全受植物神经的支配。男性受到性刺激后阴茎可能很快勃起，这显然是受意志的支配；但也可能不勃起或勃起的时间不长，这又说明意志不能完全控制它。第二，性交体耗制约。男人在性交过程中似乎精力充沛，但事毕立即感到疲惫和困顿。一次射精量不过几毫升，身体却感到消耗很大。第三，性节奏制约。男性和女性性反应的速度与持久度有较大差别：男性的性反应速度可能很快，但持续的时间短；女性与男性恰恰相反，其性兴奋的速度较慢，一旦兴奋起来，则持续的时间较长。这就导致当男人很兴奋时，女人还未兴奋起来。人类两性性节奏的巨大差别，是导致性活动不和谐的主要原因，有相当一部分男人在完成丈夫的性责任方面感到力不从心，这就是对强大男人的一种制约。

除了人类原始初民的乱交时期，成年异性之间是不能随便发生性关系的，婚姻是人类繁衍中一项重要的社会活动。古代社会大体出现过血亲制、伙婚制、走婚制等几个阶段的婚姻制度。自进入文明社会以来，则以单偶制为主要的婚姻制度。

血亲制指兄弟与姐妹之间集体通婚的状况，这些兄弟姐妹既有嫡亲的，也有旁系的。血亲制是一种家庭内婚制。当然，我们并不能确定血亲制是否作为一种广泛制度存在过，以及其存在了多久。

伙婚制主要存在于氏族社会中。氏族一般是母系大家庭，通常有一个女性祖先，她的所有男女后代组成一个大家庭，即氏族，氏族内部禁止通婚。为了避免血亲婚配，通常由好几个氏族组成一个婚姻集团。多个氏族按一定的规则通婚，就基本上能避免兄弟姐妹之间、父母与子女之间的婚配。氏族通过婚姻组成一个婚姻集团，即胞族，胞族扩大为部落。可见部落是建立在性基础之上的。伙婚制是集体通婚，一群兄弟与一群姐妹相互通婚，没有固定的性伴侣。伙婚制进一步发展，就过渡到有相对固定的性伙伴的阶段。这种性关系不稳定，可以轻易地解除。这种婚姻制度有几个不同的名称，如"偶婚制""对偶婚制"等，取中国的用法，叫"走婚制"。"阿注婚"就是其中的一种，在这种婚姻中，男子夜晚到其看中的女方家过夜，天明回到母亲家中。女子不出嫁，只在家中或野外与男性伙伴过夜，所生子女都留在母亲家中。一个女子在与男子确定"阿注"关系期间，也可以与其他男子发生性关系，男子同样可以同时有几个性伙伴。任何一方都可以轻易地解除这种相对固定的性关系。"走婚制"是由群婚向单偶婚过渡的形式。

文明社会以单偶制（即一夫一妻制）婚姻为主体，其间也有过一夫多妻制、一妻多夫制。

回顾人类历史上曾经有过的主要的婚姻形式和制度，从中可以看到，缔结婚姻是人类历史上一项极为重要的社会活动，它甚至是整个古代社会的基础。婚姻的第一个社会功能就是确定成年男女双方性权利的合法性或合俗性（合乎民俗）。性权利是成年人的特权，但这个特权并不能随意使用，而要用婚姻习俗或法律来确立性特权的合俗性、合法性。婚姻的第二个功能是确定子女所有权及子女的合法性。子女的出生是否合法、合俗，子女归谁所有，是由特定的婚姻制度确定的。在母系社会中，子女都归女方氏族所有；在父系社会中，子女都归父方氏族或家庭所有。私有制确立后，婚姻的第三个功能是确定继嗣权和继承权。只有合法的子女才可能有继嗣权、继承权，母系社会和父系社会子女的继嗣是不同的。继承权包括财产继承、社会等级继承、权力继承等。

一、性爱需要 ［01000］（5.8）

性爱需要 ［01000］ $\begin{cases} 性吸引需要 ［010000］（6.16）\\ 性排斥需要 ［010001］（6.17） \end{cases}$

辨析尺度：性爱需要的基本形式。

下分辨析：以上述尺度将性爱需要辨析为性吸引需要和性排斥需要，前者为阴子，后者为阳子。异性间的性吸引在交配权竞争机制中必然导致同性间的性排斥。

周延性分析：性吸引与性排斥包括性爱需要基本形式和性爱需要方向。本次辨析是周延的。

性爱需要的来源是有性繁殖。除极少数动物（如蚯蚓等）外，有性繁殖动物都是雌雄异体的。要使雌雄两个动物个体走到一起并进行交配，必须有某种东西驱使它们这样做，这个东西就是性能量，也就是性欲。在动物身上，性能量是某些性激素所激发的状态，在人身上除了性激素，还可能是性觉知所激发的状态。人类性爱需要的来源已不仅有繁衍后代的需要，还有性愉悦的需要。性爱需要表现的基本形式是异性相吸、同性相斥，这是阴阳律的典型表现。

前面说了性生殖和性愉悦两大功能、性鼓励和性制约两大机制，现在讨论性吸引和性排斥两大表现形式。

异性间的性吸引和同性间的性排斥是非常平常的话题，为了保证理论上的完整和实践上的真实，现简单地加以阐述。

先看性吸引的表现。虽然异性间具有自然的吸引力，但在实践中，性吸引的表现形式是多样化的，基本有面吸引和点吸引两种。所谓面吸引，是指对周围所有（或大部分）成年异性有性兴趣的情况。面吸引没有特定的对象，只是出于本能对异性有浓厚的兴趣、爱慕和接近的欲望，是人性的自然流露，是正常的心理表现。一个充满活力的成年人，必定具有强烈的性吸引需要，这是一个人正常的心理反应。

性的点吸引是指有特定性吸引对象的情况。如果没有向对方表露自己的好感，则是暗恋；如果把内心的爱慕、欣赏向对方表露，那就是明恋了。

同性间的性排斥与异性间的性吸引，是一个问题的两个方面。同性间的性排斥也有点和面的区别以及暗和明的区别。

婚前性排斥表现力度较小，性排斥主要表现在婚后，无论男女，绝不允许其他人占有自己的配偶。婚后婚外性排斥力强，抑制了婚外性吸引的强度。

哺乳动物雄性间的争偶角斗，意味着排斥其他雄性繁衍后代的性权利，但雌性并不排斥雄性偷情者。人类与哺乳动物显然不同。每个男性都不排斥其他男性繁衍后代的权利，这意味着人类成员可以合作组成社会，否则人类成员就无法合作和协调。

性排斥是否由性激素引起，还有待讨论。雄性动物争夺生育权是不是性激素起的作用，目前尚未见过这方面的研究报道。人类同性之间的性排斥中，文化因素占主导成分。在古代社会集体通婚的习俗中，则没有同性间的性排斥。固定配偶制是私有制的产物。在漫长的历史演变中，婚后的同性性排斥就形成一种道德规范，被文明社会普遍采用。

由性激素导致的异性间的性吸引会使人类产生一种性泛爱的倾向，也就是前面所说的性的面吸引倾向。这种来自生物性的性泛爱倾向，在人类各个时代都存在。夫妻双方都使用性排斥手段来捍卫自己独占配偶的权利，其结果就是一夫一妻单偶制的产生。也许性泛爱最终会伤害人类自己，所以文明社会的各个民族都对它加以约束。

二、婚姻需要 ［01001］（5.9）

婚姻需要 ［01001］ { 择偶需要 ［010010］（6.18）
成家需要 ［010011］（6.19）

辨析尺度：婚姻的顺序。

下分辨析：以上述尺度将婚姻需要辨析为择偶需要和成家需要，前者是阴子，后者是阳子。

周延性分析：满足了择偶需要和成家需要，就满足了婚姻需要的全部。本次辨析是周延的。

人类在生育问题上比动物要复杂得多。人类既要极其慎重地选择配偶，又要举行隆重的婚姻仪式。进入资本主义社会以后，包办婚姻逐渐被推翻，自主婚姻逐渐取得主导地位，人类又回到自择配偶的社会。

不管是自择或代择配偶，择偶所考虑的条件大体是一致的。

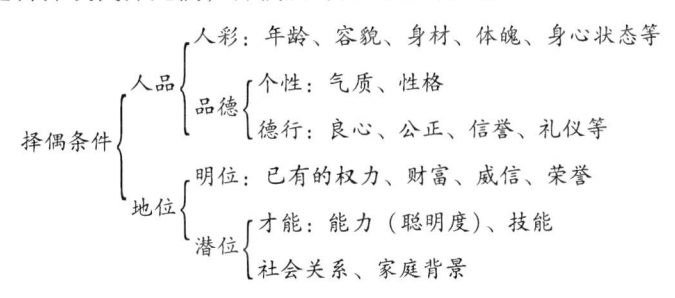

$$
\text{择偶条件}\begin{cases}
\text{人品}\begin{cases}
\text{人彩：年龄、容貌、身材、体魄、身心状态等}\\
\text{品德}\begin{cases}
\text{个性：气质、性格}\\
\text{德行：良心、公正、信誉、礼仪等}
\end{cases}
\end{cases}\\
\text{地位}\begin{cases}
\text{明位：已有的权力、财富、威信、荣誉}\\
\text{潜位}\begin{cases}
\text{才能：能力（聪明度）、技能}\\
\text{社会关系、家庭背景}
\end{cases}
\end{cases}
\end{cases}
$$

心智尚未完全成熟的青年，往往仅凭人彩择偶。心智比较成熟者择偶时，一看对方的人品，二看对方的地位。人品条件包括人彩和品德。人彩往往是择偶时首要的外观条件，品德是首要的内在条件，两者都是必要条件。地位有两种：一种是婚配者已经有的社会地位，称为明位；另一种是潜位，指婚配者将来可能取得的社会地位。这就要求一看婚配者的才能，二看其社会关系及家庭背景。

婚约包括契约和婚礼两方面内容。契约有书面和口头两种约定形式。还有一种预备婚约，即订婚。从订婚到正式结婚的时间，少则几十天，多则十多年，所谓"娃娃亲""童养媳"就是时间漫长的订婚。正式婚约生效后，一个新的社会细胞——家庭就诞生了。家庭是一个复杂的概念，其内涵和外延都比较复杂。从生物学角度看，家庭是夫妻的结合体，是夫妻相互满足性爱需要的一种固定关系，更是繁衍后代的场所。从法律和习俗角度看，家庭是维护夫妻性特权的工具，是监护儿童权利的工具。家庭还是一个经济组织，因为家庭还是从事生产和商品（物品）交换的经济单位。同时，家庭也是一个政治单位，一个道德、情感的载体。家庭是最小的生存要域，人们在其中诞生、成长、成熟，成年后也依靠它展开社会活动。

第二节　抚养子女需要［0101］（4.5）

抚养子女需要［0101］ { 抚育子女需要［01010］（5.10）
扶立子女需要［01011］（5.11）

辨析尺度：儿童成长的身体—精神维度。

下分辨析：以上述尺度将抚养子女需要辨析为抚育子女需要和扶立子女需要，抚育是指让子女在身体上成长起来，扶立是指让子女获得自食其力的能力，这属于精神方面的需要。前者为阴子，后者为阳子。

周延性分析：既使子女在身体上成长起来，又使子女获得自食其力的能力，抚养子女的任务就基本完成了，从而完成续己在生和养方面的任务。本次辨析是周延的。

将呱呱坠地的初生儿抚养到能自食其力的成人，是一项十分艰巨的任务，家庭和国家都进行了巨大的投入。笔者认为儿童有两个重要阶段值得每个家长特别关注：一是儿童学语言阶段，时间为一岁半至三岁前后；二是少年阶段，时间为十一二岁至十四五岁。语言对于人类智慧来说具有决定性作用。前文提出了智慧之门的概念，儿童一旦错过学习语言的最佳时机，则人类的智慧之门对这个儿童就永远地关上了。

少年阶段是狂躁多变的时期，在这三四年中，少年在身体和精神上都发生着其一生中最显著、最重大的变化。身体上有两大变化：首先是性成熟。第一性征和第二性征相继出现了，随之出现了第三性征——性心理。第二大变化是脑容量基本达到了成人的水平，大脑生理上的发育成熟为精神上的成熟准备了物质基础。理性与非理性的分化过程主宰着整个少年阶段。❶ 有时可能是理性驾驭着性心理，有时又可能是非理性操纵着性心理。生理上已成熟的大脑开始探索人类社会，开始对社会事件、社会规范等社会问题产生兴趣，并企图以自

---

❶ 夏军. 非理性世界［M］. 上海：上海三联书店，1998.

己的认识做出解释,于是社会意识逐渐形成了。同样,有时是理性指导着其社会意识,他们能按照家长和学校的教导对待社会事件;有时是非理性主宰着其社会意识,他们会以破坏的形式参与社会活动。少年阶段是人精神上的阴阳混沌期,是阴阳逐渐分化的过程,如果管教得当,少年就能成才;如果管教不当,则可能进入罪犯行列并很难挽回。精神上成熟后,青年则告别阴阳混沌体而成为阴阳合一体。

一、抚育子女需要 [01010] (5.10)

抚育子女需要 [01010] $\begin{cases} 哺养子女需要 [010100] (6.20) \\ 伺护子女需要 [010101] (6.21) \end{cases}$

辨析尺度:儿童身体成长的充分必要条件。

下分辨析:以上述尺度将抚育子女需要辨析为哺养子女需要和伺护子女需要,前者是阴子,后者是阳子。哺养是给儿童提供食物方面的需要,伺护是护理和保护儿童身体方面的需要。如果没有食物供给,伺护就失去意义,没有伺护,哺养也会失去意义,哺养和伺护是相辅相成的。

周延性分析:有了食物供给,又有护理和安全保护,儿童就可以在身体上成长起来。本次辨析是周延的。

将抚育需要辨析为哺养和伺护,其理由是显而易见的。但需要知道,人类的食物有阴阳两种,即营食和信食。所以,哺食分为哺阴食和哺阳食。营食的重要性不言而喻,信食对儿童成长的重要性不亚于营食。信食不仅是建构儿童"精神大厦"的材料,而且会影响其大脑发育。美国加利福尼亚大学的心理学家克列治等人将刚断奶的幼鼠分两组分别放入两种笼中。A 组的多层笼中有梯子、轮子等多种设施,小鼠可以任意玩耍;B 组的小笼子中空无一物,且光线暗淡,寂静无声。饲养 80 天后,经解剖发现,A 组鼠的大脑比 B 组鼠的大脑平均重 4%。[1] 据报道,南京的一个精神障碍者因怕孩子受外人欺负,将三个

---

[1] 王义炯. 动物谋生术 [M]. 南京:江苏教育出版社,1999:219.

孩子关在屋中抚养，窗户都用铁皮钉着，只有正门中央有一条长约5厘米、宽约1厘米的门缝。1989年，三个孩子被人发现时，19岁的老大智力不如5岁儿童，15岁的老二智力低于3岁儿童，11岁的老三智力只与1岁婴儿相当。❶这些真实的事例告诉我们，信息对儿童的智力发育、成长具有关键性作用，父母一定要与孩子多说话、多接触、多交流。每个孩子都渴望父母的拥抱，喜欢与其他孩子玩，玩具、游戏、画画甚至是打架、吵架等都是儿童精神成长的重要工具和手段。

照料、保护子女是另一项重要的抚育任务。只有食物，缺乏照料，不足以将子女抚养成人。子女在婴儿期基本上由亲人照料，从幼儿期开始，就以由亲人和保姆共同照料的形式为主了。

几乎所有的脊椎动物尤其是哺乳动物和鸟类，在护幼方面都表现得十分勇敢和机智，在危急时母亲还会做出牺牲自己、保全子女的举动。动物这样做是有充分理由的，因为求偶、筑巢、怀孕或孵化、哺食等已经付出了极大的代价，若幼仔被猎杀，则续己"计划"中断，前功尽弃。动物生存的主要"目的"就是延续本物种，所以从这个"目的"出发，母亲宁可牺牲自己，也要保全子女。

人类社会非常复杂，护幼任务仅靠父母是很难完成的。从进入幼儿园起，孩子大部分时间就不在家中了。护幼思想已深入现代社会各个国家公民的道德意识之中，护幼成为当然的道德行为。很多国家都制定了许多保护儿童的法律法规。但仅靠法律法规还不行，还要靠全体成人护幼的爱心、自觉护幼的觉悟，一个国家尊老爱幼道德水平的高低，直接反映了该国公民道德水平的高低。

二、扶立子女需要 ［01011］（5.11）

扶立子女需要 ［01011］ $\begin{cases} 培育子女能力需要 ［010110］（6.22）\\ 辅佐子女立业需要 ［010111］（6.23）\end{cases}$

辨析尺度：扶持子女自食其力的条件。

---

❶ 夏军. 非理性世界［M］. 上海：上海三联书店，1998：237.

下分辨析：以上述尺度将扶立子女需要辨析为培育子女能力需要和辅佐子女立业需要，前者为阴子，后者为阳子。

周延性分析：满足上述两个条件，子女就可以自食其力了。本次辨析是周延的。

所谓扶立需要，是指父母扶持子女自食其力、成家立业的欲望。子女如果不能自食其力（家庭又没有雄厚的资产），就不具备婚配生子的条件，则续己目标的实现将中断。对子女进行培训，使他们获得劳动能力，从而能自食其力。仅有这些还不够，还要对子女成家立业进行扶持，数千年来，中国的父母都是这样做的。一些孤儿长大后很晚结婚或独身一辈子，就是因为缺乏家庭的辅佐。

一些发达的福利国家已接过本由家庭承担的扶立儿童的重任，全部免费或大部分免费地负责未成年人的教育。从人类社会的发展看，父母扶立的责任在全面减弱，国家扶立的责任在逐渐增强。

第四章　心理核延续需要
——寄托子女欲望［011］（3.3）

心理核延续需要［011］$\begin{cases}内向观念传承需要　［0110］（4.6）\\外向观念传承需要　［0111］（4.7）\end{cases}$

辨析尺度：以家庭为基准的内向和外向关系。

下分辨析：用上述尺度将人的心理核传承需要辨析为内向观念传承需要与外向观念传承需要，前者为阴子，后者为阳子。内向观念就是家庭观念，外向观念是指向家庭以外关系的观念。人的心理核是由一系列价值观念组成的，是一个人的"精神大厦"，这个大厦主要由内向观念和外向观念构成，两者相互影响。家庭观念传承是指希望子女将来能使家庭兴旺发达起来的寄托，简称兴家寄托需要。外向观念传承是指通过教育和感化（教化），使子女在与外界交往时继承自己对外界事物的看法及处理方式，即继承自己的外向观念。这种教化往往以自己的认识为模板，所以也可以简称为自范教化欲。

周延性分析：内向观念和外向观念已经包括了人的心理核中的所有观念。本次辨析是周延的。

第一节　内向观念传承需要
——兴家寄托需要［0110］（4.6）

兴家寄托需要［0110］$\begin{cases}家业寄托需要　［01100］（5.12）\\家声寄托需要　［01101］（5.13）\end{cases}$

辨析尺度：兴家寄托的主要内容。

下分辨析：以上述尺度将兴家寄托需要辨析为家业寄托需要和家声寄托需要，家业是经济方面的，家声主要指荣誉、威望、名声等，一实一虚，实者为阴，虚者为阳。《辞海》中"家声"的词解是"家庭或家族的声誉"。每个家庭都会注意自己的名声，要求家庭的每个成员都自律，希望子女维护并光大家庭的声誉。

周延性分析：希望子女将来能振兴家庭经济和家庭名声，就包括了兴家寄托的全部内容。本次辨析是周延的。

第二节　外向观念传承需要 ［0111］（4.7）

外向观念传承需要 ［0111］ { 微观观念传承需要 ［01110］（5.14）
宏观观念传承需要 ［01111］（5.15）

辨析尺度：人的外向观念在宏观与微观上的关系。

下分辨析：以上述尺度将人的外向观念传承需要辨析为微观观念传承需要与宏观观念传承需要，前者是阴子，后者是阳子。对子女的宏观观念传承教化包括世界观教化和人生观教化。世界观是人对整个物质世界、人类社会、精神世界等的认识，人生观包括对生命、生活意义的认识等。微观观念指人对微观外部世界的认识，主要包括对个人与个人、个人与集体、最小要域与最大要域等关系的认识以及采取的态度。从教化的角度看，主要包括对子女的离恶教育和培善教育，即道德的教化。宏观认识对微观认识有直接的影响，有什么样的信仰和理想，就有什么样的德行和认识，进而就会朝着已认识的方向去实践。反之，微观认识也会对宏观认识产生影响。人们从与别人的交往中，会体会到只有按道德规范去活动，才能与周围人和睦相处，才能从别人那里学到很多东西。这对于个人思想认识的提高有极大帮助，因为人的思想认识不是凭空产生的，人的信仰和理想是在吸取了别人的认识的基础上产生和发展的。

周延性分析：宏观观念与微观观念已概括了所有的外向观念。本次辨析是周延的。

下部　美在性需要［1］（1.1）

美在性需要［1］ $\begin{cases} 美满生活（美生）需要［10］（2.2）\\ 展示价值（美展）需要［11］（2.3） \end{cases}$

辨析尺度：世俗价值中价值受体的区别。

下分辨析：以上述尺度将人的美在性需要辨析为美生需要和美展需要。美生需要是人对美满生活的渴望，是人的内向价值的体现，价值载体是自己，价值受体是自己及其最小生存要域（家庭）。美展需要是人展示自己外向价值（社会价值）的欲望，价值载体是自己，价值受体是其所属的最大生存要域（国家）、社会大众、全人类。美生需要的价值贡献向内，是阴子；美展需要的价值贡献向外，是阳子。

周延性分析：人的求美价值只有内向价值和外向价值两种。本次辨析是周延的。

美在性需要其实就是人希望展示自己价值的欲望。但价值是一个多义的概念，本书不取它的哲学、经济学含义，而将其定义为世俗价值：以人受用事物的载体和受体的关系为辨析尺度，将世俗价值定义为由价值载体与价值受体辨析构成的价值阴阳合一体，其中，价值载体是阴子，价值受体是阳子。可见世俗价值是一种二元关系：一个是对人具有一定用途的事物，另一个是使用该事物的人。床对人具有价值，因为床可以供人睡觉、休息，将床称为价值物或价值载体，将使用床的人称为价值受体，因为人得到了价值物的好处（价值）。价值物（载体）与价值受体是世俗价值关系中两个不可分割的元素。凡是对人有作用的事物，就说它对人具有价值。一种事物如果不被人利用，它对人就不具有价值，或者说它只对人具有潜在价值。

世俗价值与经济学中的商品价值有极大区别。商品价值必须通过商品交换才能体现出来，没有商品交换，即使是有用的事物（即具有经济学中的"使用价值"），也不具有价值。自己种自己吃的菜、人们自然呼吸的空气，都不具有经济学中的价值，但具有世俗价值。

当明白了价值载体（价值物）与价值受体的关系后，就能讨论人的价值和人的美在性需要了。刚才说过，事物可以充当人的价值物，其实，每个人也可以充当其他人的价值物。例如，张三给李四开车，张三充当李四的价值物，而李四是价值受体；老板雇用工人，老板是价值受体，工人是老板的价值物，是价值载体。价值受体不仅可以是个人，还可以是团体、机构、国家、全人类。

个人的价值是个人作为价值载体对价值受体具有的价值。因此，判断个人的价值首先要看价值受体是谁。价值受体可以是自己及家庭（最小生存要域），以及家庭外的个人、公司、国家（最大生存要域）、全人类（全域生存要域）。所以，个人的价值分五个层次，其中对自己及家庭的价值是内向价值，其他都是外向价值。人的外向价值被学者们称为人的群体价值或人的社会价值。

世俗价值是一种二元关系，即价值载体和价值受体的关系。内向价值看似只有一个元素，构不成二元关系。但在数学集合论中，自身与自身也能形成关系，称为自反关系。所以，内向价值又可称为自反价值。自我欣赏、自爱就是肯定自身价值的表现。美生需要就是自反（内向）价值需求。普通人如何认识自己存在的价值？如何认识人的生命的意义？在群众中大致有两种认识角度：第一种是个人角度，即从个人的需要、欲望能否得到满足的角度来判断个人存在的价值；第二种是社会角度，即从个人对他人、最大生存要域、全人类是否做出贡献的角度来判断个人存在的价值。因此，在人群中的确存在自反关系的个人价值观。一些人认为生活得好就"值得"，吃到了、喝到了、玩到了、享受到了，被视为活得有意义。

不过要特别注意，如果你没有使用那张床，那张床对你来说就没有价值，而只具有潜在价值。世俗价值存在于价值载体与价值受体相互作用的界面上，或者说，价值发生在价值二元素交互作用并产生效果之时。价值二元素没有发生交互作用，价值就不存在。每个人都有价值，这里的价值通常是指除了自反价值，人具有潜在价值。如果一个人没有任何行动，他就没有任何社会价值。人作为价值载体，只有当他与价值受体发生交互作用并产生效果时才会体现出其价值。一个人不论具有多大的才能，如果终日游手好闲，除了自反价值，他就没有任何社会价值。

价值有正负之分。价值载体对价值受体起到了积极的效果，体现的是正价值；反之，如果起到了消极的效果，就是负价值。

以上提到了一个极重要的概念：生存要域。生存要域简称要域，是一种对人的生存起着决定作用的归宿性社会组织，人们在这个组织中诞生，并依靠它成长和发展，而且以它为基础进行各种社会活动，当人们失去了它的支持和保护时，必将面临严重的生存危机。笔者对生存要域的定义是：保护人们赖以生存的归宿性社会组织，所谓归宿是指休养生息的归宿，感情的归宿，文化的归宿，道德、价值的归宿，等等。最小生存要域是指以外婚制婚姻和血缘为基础的个人归宿的最小社会组织。最大生存要域是指以共同地域为基础的保护人们赖以生存的个人归宿的最大社会组织。生存要域可以说是人类社会中最重要的社会组织。生存要域是最重要、最基本的概念，关系到一系列根本性的观念，如公与私、善与恶、美与丑、是与非等观念；关系到一系列重大的历史和现实问题，如政治、战争、经济、文化、艺术、法律、道德等。最小生存要域有一个最基本的职能，就是人类繁衍的组织职能。人类的婴儿是在最小生存要域中诞生并成长的，未成年人的生存紧紧依附于最小生存要域。人的社会化首先是在最小生存要域中进行的，一个婴儿将来会成为什么样的人，与其生活的最小生存要域有着直接的关系。最小生存要域不仅对未成年人的生存至关重要，对生活在其中的成人也至关重要。

最小生存要域不仅是一个繁衍组织，也是一个经济组织。在劳动者成为流通商品以前的人类社会中，氏族、家庭是最重要、最基本的生产和经济组织。最小生存要域中，全体有劳动能力的成员都必须参加由要域组织的劳动，以获得生活资料，供养其全体成员。作为一个繁衍组织，最小生存要域必须以经济为支撑。在人类社会还没有发展到以家庭之外的社会组织来大批抚育婴幼儿的阶段，家庭仍将作为人类繁衍组织而继续存在，最小生存要域仍是家庭。不过，在劳动者成为商品后，家庭作为物质资料生产单位的职能受到了削弱。社会发展到今天，城市家庭大部分已失去了生产职能，但家庭在农村仍是物质资料的生产组织。

个人的几乎所有思想和行动都与生存要域直接有关，当然与人的价值直接相关。

阴阳关系：美生需要与美展需要是紧密联系在一起的两个爻子，美生需要是获得性的，美展需要是付出性的。获得性的为阴，付出性的为阳。求美需要也是人的人生观。一个人的人生观并不是单纯的，它是由阴阳两部分组成的：追求美满生活的欲望反映了享乐人生观，美展需要反映了事业人生观。享乐人生观以福利享受及情感满足为目的，事业人生观以贡献为目的，两者也构成了一个阴阳对。美满的生活需要个体自己去争取，要凭自己的智慧和才能以劳动或服务的形式去获得，这就需要个体向社会展示其才能，展示其（社会）价值。具体的美生目标是建立在自我发展基础上的。人在一定时期只具有有限的能力，其美生目标就只能建立在这个有限的能力上。每个人的美生目标可能都不相同，这是因为每个人的自我发展水平和自我发展方向不同。美生需要与美展需要是紧密相连的，是相辅相成的。一个人只有将自己作为价值载体向社会付出其社会价值，才能从社会中获得物质财富性的回报和精神性的回报。从另一个方向说，生活富裕，就可以较好地发展自己，自我发展水平提高了，就可以为社会做出更大的贡献，而做出更大的贡献又可以获得更多的回报，这样就形成了良性的循环。反之，则会形成恶性循环。

关于自由

美生和美展是人的两大理想，理想的实现会受到现实的极大制约，实现理想的过程就是不断克服制约的过程。现实对理想既有助益作用，又有阻碍作用。一方面，现实中有许多有利条件使理想、欲望能部分地得到实现，否则，理想就可能是幻想或不切实际的构想。另一方面，现实中有许多不利条件使理想不能全部实现，甚至大部分不能实现。这些不利于理想实现的条件、因素被称为约束。笔者认为，在活在性需要得到基本满足的基础上，展示自我价值——美生价值和美展价值才是人的目的，自由仅是实现目的的条件而不是目的本身。一切生物都受到环境的约束，人还受到社会的约束，想不受任何约束，获得完全的自由，在现实中是不可能的。

自由与约束是相对的。人究竟受到哪些约束？约束是以人与事物的关系表现出来的，几乎每一种关系都对人有约束。对与人有关的各种关系，理论家们做过多种划分。最简单的划分只有两根轴（两个维度）：人与环境的关系、人与自己的关系，即环境对人的约束和人对自己的约束。此外还有三维划分：人与自然的关系、人与社会的关系、人与自己的关系；五维划分：人与自然的关系、人与他人的关系、人与群体的关系、人与传统的关系、人与历史的关系。[1] 这些划分是学者们根据自己研究课题的需要进行的，无所谓优劣。

本书做四维及二维划分：四维是指人与自然、人与社会、人与时间（历史）、人与自己的关系，分别简称为自然轴、社会轴、时间（历史）轴和自我轴；还可将前三轴合称客观轴，将自我轴称为主观轴。将这个四维空间称为自由—约束空间。自由与约束是同一个关系的两个方面，自由多了，说明约束少了；约束多了，自由就少了。

人们还生活在另一个性质的四维空间中，即四维物理空间中。它由三维几何空间和一维时间组成。自由—约束空间与物理空间有一个重复的轴，即时间轴。

现在简单讨论四维自由—约束空间。人在时间（历史）轴上的自由是最少的，无论个人或人类都无法抗拒时间（历史）对自己的约束。从个人的成长过程来看，未成年人无法摆脱不成熟在各方面对自己的束缚；青年期、壮年期是人一生中自由度最大的黄金时期；到了老年期，自由度会减少，而且越来越少，直到为零。从个人所处历史或人类所处历史来看，没有任何人能突破历史的制约，即使最伟大的人也不能摆脱历史的局限性。每个人都受到了时间（历史）的制约，且都无力摆脱。既然人人都无法摆脱时间的约束，本书就将时间维度从讨论中略去，或者说人们只能从三维空间中争取自由。虽然略去了时间轴的讨论，但千万不要忘了它的存在，它可是对人的最大约束，而且是人

---

[1] 许苏民. 人文精神论[M]. 武汉：湖北人民出版社，2000：31-55.

无法摆脱的约束。

至于三维几何空间对人的约束可以纳入自然对人的约束。

人类受到自然的制约是显然而易见的，时间越往古代推去，自然对人类的约束就越大，人类初民几乎完全受自然的摆布。人类在劳动实践中逐步积累和提高了认识能力与经验智慧，他们认识自然，改造自然，获得了越来越多的自由。人们展示才能的强烈欲望中就有摆脱自然约束的目的。

除了时间轴和自然轴，还有社会轴和自我轴，这是约束人类的两个主要维度。社会约束像无形的蛛网一样将人们紧紧地包裹着，人们只能在蛛网的弹性范围内活动，没有任何人能在社会中获得完全的自由。个人面对社会时，显得十分渺小，即使伟大的人物，他们的社会自由度也极小。个人在社会轴上的自由度与自己所在的最大生存要域的经济文化发展水平及社会管理进步程度有直接的关系。国家经济文化发展水平高、社会管理进步程度高且效率高，每个人在社会中能获得的自由度就高。国家越落后，个人在社会中能获得的自由度就越低。社会轴自由度还与公民的社会道德（境德）水平有直接的关系：境德水平高，公民从社会轴上获得的自由度就高，反之就低。因此，个人在社会轴上能获得的自由度取决于两个方面：一是国家的经济文化发达程度、社会管理进步程度及管理效率，二是公民的社会道德（境德）水平。

自由的四个维度是相互关联的，它们既相互制约又相互助益。自我轴对其他三根轴的制约和助益特别显著，也就是说，自我轴的能量特别大。因此，一个人要想获得较大的自由度，首先要提高自我轴的自由度。本卷第二部"人的暗需要"将详细讨论自我觉悟问题。

第三篇　美满生活（美生）需要［10］（2.2）
——生活篇

美生需要［10］ $\begin{cases} 生活幸福需要［100］（3.4）\\ 社会尊重需要［101］（3.5） \end{cases}$

现在讨论美满生活问题，首先要对"生活"这个概念略加讨论。"生活"不是科学名词。《辞海》解释"生活"是"人的各种活动""生计""工作"等。人们的一切活动都可以称为生活，衣食住行是生活，娱乐休闲是生活，工作劳动是生活，打仗竞赛是生活，坐牢受刑也是生活，还有政治生活、军旅生活、文化生活、物质生活等。本书所讲的生活，或者说人们希望享受的生活，是指衣食住行情感等日常生活。它不包括付出性的生活，如政治生活、职场生活、军事生活等。

辨析尺度：获得性美满生活内容。

下分辨析：以上述尺度将美满生活需要辨析为生活幸福需要和社会尊重需要，前者是阴子，后者是阳子。美满生活需要是内向价值的体现，是获得性需要。对于美满生活来说，人们要获得什么呢？一是要获得财富以使生活过得幸福，这是自己给予自己的；二是要获得社会尊重，这是他人和社会给予自己的。前者为阴，后者为阳。

周延性分析：对美满生活而言，除了生活幸福和社会尊重，再也没有其他获得性的东西了，本次辨析是周延的。

生活显然有美满的和不美满的两个方面，人们想得到的当然是美满的生活。什么样的生活才是美满的？笔者认为，一是日子要过得好，也就说生活要幸福，二是要得到社会尊重，两者缺一不可。日子过得好当然是最基本的，但是，如果得不到他人和社会的尊重，没有任何尊严，那么不论多么富裕的生活，也不可能是美满的。

第五章　生活幸福需要［100］（3.4）

生活幸福需要［100］$\begin{cases} 富裕保利需要［1000］（4.8）\\ 幸福感情满足需要［1001］（4.9）\end{cases}$

人人都希望自己生活幸福，而关于什么是幸福和如何衡量幸福等问题，人们的认识各异，观点众多。各国政府都在制定幸福指数指标，并颁布幸福指数，但各国幸福指数的指标不尽相同。指标不同，指数必定不同。幸福指数高的国家，其居民真的很幸福吗？恐怕未必。国家颁布的幸福指数与居民的生活幸福是一回事吗？两者有什么关系？笔者在研究幸福问题时，面对的是极其复杂的局面。现在简单列举笔者从网上搜集的一些主要观点。

美国经济学家 P. 萨缪尔森提出了一个幸福公式：效用/欲望＝幸福指数。他认为，欲望是一种缺乏的感觉与求得满足的愿望，按照马斯洛的需求层次理论，它分为五个层次。效用是从消费品中得到的满足程度，是对欲望的满足。效用也是一种感觉，因人、因时、因地而不同。欲望由人的观念来决定，每个人的欲望因观念的不同和所期望的层次不同，所以即使同处一种环境中，幸福与不幸福也是因人而异的。所以，这个方程式得出的结果是因人而异的。

后现代经济学的观点认为，幸福首先是价值，而不是效用。美国国民幸福指数编制者卡尼曼在价值论上主张"回到边沁"，即从效用回到价值，来重新理解幸福问题。福利经济学把福祉建立在总效用最大化的基础上，从根本上就偏离了价值核心。在工业社会，幸福与效用的矛盾还不明显；但对于信息社会来说，这就造成了根本误导，富有不等于快乐，GDP 高不等于幸福，这就是幸福与效用矛盾的突出表现。

心理学家对主观幸福感的探讨更多地来自生活质量、心理健康和社会老年学三个学科领域。主要包括：经济因素，如就业状况、收入水平等；社会因素，如教育程度、婚姻质量等；人口因素，如性别、年龄等；文化因素，如价值观念、传统习惯等；心理因素，如民族性格、自尊程度、生活态度、个性特征、成就动机等；政治因素，如民主权利、参与机会等。

经济合作与发展组织（以下简称"经合组织"）于2011年5月24日在巴黎发布了一项名为"幸福指数"的在线测试工具，"幸福指数"涉及的11个因素为：收入、就业、住房、教育、环境、卫生、社区生活、机构管理、安全、工作与家庭关系以及对生活条件的整体满意度。时任经合组织秘书长安赫尔·古里亚在介绍这一指数时说，这个测算工具可谓一项"创举"，专家研究了10年时间才取得这一成果，但指标还需进一步完善。另外，物价也影响着幸福指数。

体验论幸福感的观点认为，幸福是人们对现实生活的主观反映，它既同人们生活的客观条件密切相关，又体现了人们的需求和价值取向。幸福感正是由这些因素共同作用而产生的个体对自身存在与发展状况的一种积极的心理体验。体验论幸福感的内涵可以从形式和内容两个方面来加以理解。从形式方面讲，幸福感是一种心理体验。这种体验并不是某种转瞬即逝的情绪状态，而是基于主体自觉或不自觉的自我反省而获得的某种切实的、比较稳定的正向心理感受。作为一种体验，幸福感既包含认知的成分，也包含情感的成分。从内容上讲，幸福感是人们所体验到的一种积极的（或非常满意的）存在状态。这种体验到的存在状态，反映的是人们是否作为一个正常的人而存在，以及这个正常存在的人在物质和精神方面所达到的合乎价值的程度与水平。哪些因素影响人们的幸福体验？研究者们的注意力主要集中在财富、人格、年龄、婚姻等因素与幸福感的关系上。

积极心理学对个体幸福感的研究注重以下因素：

1）身体状况。个体身体状况的好坏与幸福有关联作用，身体健康程度高，个体对幸福的体验性也高。锻炼可以促进情绪的变化，而且长期的适度锻炼能产生更强的幸福感。

2）人格特质。所谓人格特质就是一个人的人格特点，即人们平常说的个性，包括气质、性格和能力等要素。幸福感高的人，一般都具有性格外向、乐观、高自尊和内控等人格特质，而且情绪指数（个体情绪波动的变化指数）

相对稳定。

3）文化。不同的文化和社会政治因素在决定一个人幸福与否中扮演着重要角色。民主社会、开放文化和公平环境更容易给个体带来主观幸福感。

4）环境。个体的积极情绪与自然环境密切相关，人们在有植被、水和树木绿荫的地方积极情绪更多，好的天气能带来积极情绪，房屋质量与幸福也有关联。

5）职业。职业与幸福感有关，因为职业与角色定位、人际交往、成就、社会地位、价值观和经济保障有关。

6）教育。受教育水平与幸福感呈正相关关系，一般而言，受教育程度高的人，其幸福感也高。

7）人际关系。人际关系是个体获得信任、归属需要和社会支持的主要途径。良好的人际关系可以提升个体的幸福体验。

8）休闲。休息、放松和业余活动都对幸福感有积极影响。人们在休闲放松情境下有更多的积极情绪、更少的焦躁，而且这些活动还可以满足发展兴趣的需要。

9）消极的对比。个体的幸福程度受到个体对自己当前处境的评价的影响，这种评价既包括与个体自己的近期处境相比较，也包括与别人的处境相比较。而当个体从消极的心态、方面去比较，判断出自己不能成功地达到某种标准的生活水平时，就会体验到低自尊和不快，长此以往会形成习惯化的比较心理，影响个体对幸福的感受。

网上还有一些观点，这里就不一一列举了。从以上的列举中，读者可以看到幸福问题的复杂性。面对如此复杂的问题，笔者还是运用阴阳辨析的方法进行解答。用阴阳辨析的方法研究生活和幸福，需要明晰以下几个问题：

第一，要区分活在性需要与美在性需要。首先要明白，幸福是美在性需要，而不是活在性需要，幸福是在活在性需要得到满足后才实际追求的目标。要追求幸福，必须首先满足活在性需要，即解决幸福的基础问题。由此，应将就业、健康、安全、一定程度的受教育水平、自然环境和社会环境、住房等指标都纳入幸福的基础中，而不是纳入个人幸福指标中。

国家要解决的是居民幸福的基础问题，而不是居民直接的幸福问题。民众要想得到幸福，国家提供的基础是最基本的条件。各国政府都宣称要为民谋福祉，不就是为民众建立幸福基础吗？例如，国家首先要解决教育和就业问题，这是两个优先的基础。国家要提供的其他基础，就是缔造良好的环境：安全环境、生态环境、文化环境、法治环境、道德环境、社区环境等。所以，现在各国制定的幸福指数应该改称幸福基础指数，国家提供的只是缔造幸福的基础，而非居民幸福本身。

第二，要区分美生需要和美展需要。幸福属于美生需要，是获得性需要；为社会做贡献是付出性需要，其得到的快乐是使命怡态，而不是幸福怡态。

第三，要区分幸福的明需要和暗需要，解决幸福领悟问题。幸福感是一种领悟。领悟属于悟觉❶思维，是暗需要。幸福条件具备了，能不能获得幸福感还取决于懂不懂得领悟。如果不懂领悟，那么即使所有的幸福条件都具备了，也体会不到幸福。本书在暗需要部分将讨论幸福领悟问题。

经过对以上三个区别的说明，笔者将以往学者提出的关于幸福的指标、条件、含义、范围等复杂的内容组织了起来，将散落一地的幸福构件搭成了一个立体的幸福宫殿。这座宫殿几乎囊括了以往所有关于幸福的观点，将那些矛盾的观点用阴阳辨析的方法统一起来，并增加了一些新的概念和观点。

幸福理论是两千多年来一直困扰历代学者之未解难题，这里采用阴阳辨析法来解决这个难题。

辨析尺度：获得幸福生活的条件。

下分辨析：由于本书在前面将生活限定在衣食住行、情感等方面，要获得幸福生活，就必须满足两个条件，即富裕的物质生活和感情需要得到满足，两者缺一不可。富裕的生活是物质性的，感情满足是精神性的，所以前者是阴子，后者是阳子。

人类社会自从私有制产生以来，由于财富分配不均，财富的安全问题始终无法完全解决，这样，富裕的需要及财富安全的需要就结合在一起，将其称为富裕保利需要。安全问题涉及很多内容，如人身安全、财富安全、名声安全、隐私安全等。人身安全已被列入人的健康需要中。对于幸福生活而言，这里的

---

❶ 悟觉见第二卷第二章第二节。

安全只指财富的安全，并将财富安全需要换称为富裕保利需要。

周延性分析：幸福生活的充分必要条件是富裕保利需要和感情需要同时得到满足，所以它是周延的。不过要注意，我们对生活的概念在外延上做了限定，超出了这个限定，周延性就可能被质疑。

读者可能发现，笔者对"幸福生活"的概念做了限定和诠释。在物理学的研究中，需要对研究对象做种种限定。例如，研究力学时，将物体视为刚性的，即完全不可压缩的。其实，完全刚性的物体是不存在的。又如几何学中的直线、平面概念，也是做了限定的，在现实中是不存在几何学中的直线、平面的。类似这样抽象的限定，在物理学、数学等学科中比比皆是。对于什么是幸福、幸福的条件有哪些，每个人有不同的理解。对这样理解各异的问题，如果不做出限定，就无法进行研究。研究人的欲望和需要，幸福问题又是无法回避的，故笔者必须对幸福生活在外延上做出限定。

第一节　富裕保利需要 ［1000］（4.8）

富裕保利需要 ［1000］ $\begin{cases} 富裕需要 ［10000］（5.16）\\ 保利需要 ［10001］（5.17） \end{cases}$

辨析尺度：富裕保利需要内容。

下分辨析：以上述尺度将富裕保利需要辨析为富裕需要和保利需要。富裕需要就是致富及对物质生活的需要，保利是保护财富不受侵犯的需要。富裕在先，保利在后，在先为阴，在后为阳。人们既要富裕，又要保住财富，两者缺一不可，才能过上幸福生活。否则，幸福只能以欲望的形式存在于脑中。

周延性分析：由于富裕保利需要是笔者将富裕需要及财富的安全需要归纳在一起的合称概念，现在又将这个合称概念的外延分开来当然是没有任何遗漏的。

人们对利益的追求有很大的不同，有的人为一日三餐而奔波，有的人则为奢侈享受而忙碌。卡尔·马克思认为人的需要有三类：生存需要、发展需要和享受需要。生存需要是活在性需要，是刚性利益；而发展需要和享受需要是美在性需要，是弹性利益。

活在性需要包括存己和续己需要，这与动物大体相同。活在性需要是有限度的，通常吃饱了就不能再吃，穿暖了就不必再加一件衣服，有一个居所就足够了。刚性利益是不可压缩的、缺一不可的，缺少任何一项都会给生存带来威胁。

弹性利益是无限度的，是无法完全满足的。幸福生活所追求的利益主要是弹性利益。弹性利益的无限性正对应着人类欲望的无限性。

一个人的欲望有很多，有的比较实际，有的仅是空想、幻想而已。哪些弹性利益是人们真正切实追求的？为了探索这个问题，笔者提出生活半径的概念。人的生活半径是指人的日常工作、生活、休闲娱乐的活动半径。人们对现实的弹性利益目标的确定，通常是根据其生活半径内的有关模板进行的。将以上心理机制取名为生活半径模板法则，简称半径模板法则。例如，20 世纪 70 年代，当我们听说国外有电视机时，可能并没有认真想过要买一台电视机；20 世纪 80 年代的某一天，生活半径内的某个家庭买了电视机，这一模板的出现对左邻右舍产生了影响，在这个生活半径内的人们购买电视机的欲望就会被激发。模板从何而来？有的来自商家推销，有的来自生活半径内的左邻右舍，有的来自富裕家庭的活跃行动，还有一些独立性比较强的人也常常走在潮流的前头。

距离生活区越远的模板，对人们的作用力就越小。现在媒体十分发达，遥远地方发生的事，人们很快就知道了，但人们仅仅将那里的事当作趣闻或新闻看待，对激发自己的弹性利益欲望并没有多大作用。

不过，生活半径随着社会发展步伐的加快而迅速扩大，这是非常引人注目的现象。在改革开放前，中国大部分人的生活半径是乡镇或县城范围。改革开放后没过几年，生活半径就扩大到地级市，20 年后，许多人的生活半径已达到全省范围，还有少数人的生活半径达到全国范围。生活半径的迅速扩大涉及许多重大问题，如政府发展规划的制定，治安、交通、教育、卫生等的管理，企业的生产、营销和员工管理，个人和家庭的发展设想，等等。

一、富裕需要［10000］（5.16）

$$富裕需要［10000］\begin{cases}高收入（张利）需要［100000］（6.32）\\高消费（享受）需要［100001］（6.33）\end{cases}$$

辨析尺度：利益的增减。

下分辨析：以上述尺度将富裕需要辨析为高消费需要和高收入需要，高收入在先，为阴子；高消费在后，为阳子。

周延性分析：物质生活除了利益的增减，再没有其他内容了，本次辨析是周延的。

阴阳关系：高收入是阴子，是富裕生活的基础；高消费是阳子，是富裕生活的体现。要知道，高收入并不是富裕生活的目的，而是基础、条件，高消费才是目的。有高收入却没有高消费，就不算生活富裕；反之，有高消费却没有高收入，则是举债消费或寄生生活，是虚假的富裕。高消费是指超出本地居民平均消费水平的消费。各国各地的平均消费水平不同，高消费水平也就不同。高收入和高消费是人们在物质上的主要欲望，将收入和消费活动合称为易利活动。

建立高收入和高消费条件就是建立物质幸福条件，没有这些幸福条件，一般来说就得不到幸福感。当然，具备了这些幸福条件，也不一定就得到了幸福感，因为还要懂得正确领悟。

前文已经讨论了生活半径内模板对人们生活的影响，其实，不仅模板有影响，生活半径内任何人的易利活动对所有人都有影响。生活中普遍存在一种心理压力，笔者将它称为比照压力。在同一个生活半径内，某个家庭或某个人易利的增加对其他家庭或个人形成的心理压力称为比照压力。别人每一次易利的增加，都会对自己形成心理压力；同样，自己每一次易利的增加，也会对周围的人形成心理压力。某人的同事或邻居的月薪提高了，这个人无形之中会感到一种压力；反过来也一样，这个人的收入增加了，也会对其周围的人造成心理压力。

比照压力的概念能真实地反映人们在互动过程中的心理反应。比照压力来源于人的超群心。大部分人都有超越别人的欲望，所以比照压力也就普遍存在，它是由于主体处于落后状态时超群心受到不良刺激而产生的。"比照压力"中的"比"含有攀比、比赛、比较等含义，"照"含有照视、观照内心的含义。比照压力是在比照关系中形成的，所谓比照关系是指在同一生活半径内，各成员之间因为弹性利益的差别及变动而形成的对照关系。比照压力的对象是比照关系中的落后者。弹性利益范围内的比照关系是一种重要的比照关系。易利过程中的比照压力是最重要的心理压力之一，是许多心理活动产生的根源。

嫉妒心就来自比照压力。承受比照压力的落后者（很可能是暂时落后者）的超群心受到了伤害后，主体的第一反应很可能是奋起直追。若在不太长的时间内能摆脱落后状态，那当然好；若花了很长时间都追赶不上，不同的人就会有不同的心态。冷静的人会认真分析追赶不上别人的原因，如主观原因和客观原因、先天原因和后天原因、必然因素和偶然因素等，然后承认机遇和差别，如果能这样认识，则能保持比较好的心态。不能正确对待比照压力者就会产生嫉妒心理，轻微的嫉妒无关大局，严重的嫉妒则会产生严重的后果，有的人寻找"绊脚石"以泄愤，有的人甚至会直接攻击别人，害人又害己。

自卑心也是比照压力的产物。有些人在累次失败后，将失败的原因归结为自己，认为自己天生不如人。自卑心会使人失去自信心，而自信心对一个人的影响是很大的。

不但要注意比照压力对自己的影响，还要关注别人在比照压力下的动向。家庭成员是首先要关注的对象，要关注他们是否受到了比照压力，压力来自何人，他们对比照压力的认识，对施压者（包括不自觉的施压者）的认识，最重要的是他们如何应对比照压力。如果发现其对比照压力的认识不太正确，就要帮助其端正认识，协助其缓解甚至解除比照压力。不明智地火上浇油是很危险的。其次，要关注周围的同事、好友是否受到了比照压力，如果发现了，也应帮助他们缓解比照压力。最后，要分析自己是否对别人形成了比照压力、可能对哪些人产生了比照压力。当你在易利过程中有所提高时，就很有可能对某些人形成比照压力。这时应谨慎地改善与他们的关系，尤其在言行方面要格外慎重，不能让对方感觉你有得意、傲慢的表现。

比照压力也有好的产物，那就是上进心。比照压力能催人奋进，形成你追我赶的良性循环。

通常人在比照压力下会产生两种心理状态，即积极比照态和消极比照态。人在积极比照态下，有上进心，拼搏、奋进，努力追赶先进者，并将先进者作为榜样。人在消极比照态下，易产生嫉妒心、自卑心，不是向先进者学习，而是"红眼病""窝里斗"，或悲观、自卑、自暴自弃。

比照压力不仅存在于个人之中，也存在于家庭之间、团体之间、地区之间，甚至国家之间。承受压力者可能同时处在积极比照态和消极比照态之下，但总以某种状态为主。

是不是每个人都有比照压力？许多思想深刻的人并不在乎周围的人群，他们按照自己的理念、计划行事，走自己的路，不管别人说什么。即使一时有比照压力，也仅是在极个别方面，而且绝不会让比照压力来困扰自己。一个人的生活应该以自我比较为主、参照别人为辅，绝不能主次颠倒。相反，有些人被比照压力支配，事事都要与别人比，总想在所有方面超过别人。我们要向思想深刻的人学习，凡事要有主见。我们要学会控制比照压力，既不要使自己生活在消极比照态下，也不要忽视亲朋好友、家人可能处在消极比照态下的事实。要努力使比照压力促发积极比照态，振作精神，向先进者学习，奋力追赶。

（一）高收入（张利）需要［100000］（6.32）

$$张利需要\begin{cases}正当谋利欲\\不当谋利欲\end{cases}$$

辨析尺度：获利的手段。

对张利欲进行阴阳辨析可以使用多种尺度中的某一种尺度，这些尺度包括张利的目标、内容、用途、手段等。因为张利的目标、用途、内容都难以区分，故本书选择了以手段为辨析尺度，将张利辨析为正当谋利和不当谋利两个爻子，前者是阴子，后者是阳子。获利的手段是一个极其重要的社会问题。

下分辨析：以获利的手段为辨析尺度，将张利需要辨析为正当谋利欲与不当谋利欲。谋利的手段何谓正当，何谓不正当？这要看用什么标准来衡量。最常用、最实用的标准是法律。以法律为衡量尺度时，凡是以合法的手段去扩张利益的欲望都叫合法谋利欲，凡是企图以非法手段去扩张利益的欲望都叫非法谋利欲。可惜历史上的法律不一定都是公正的。是否可以公正为尺度将张利手段辨析为公正谋利与不公正谋利？答案也是否定的，因为人们必须遵守法律，而法律并不都是完善的。

本书为什么要用正当与不正当作为尺度？因为这个尺度同时兼顾了法律和公正两个尺度。既符合法律又符合公正原则的谋利行为是正当谋利行为；符合法律但不符合公正原则，或符合公正原则但不符合法律，或法律和公正原则两者都不符合的谋利行为是不正当谋利行为。法律是每个人都必须面对的现实，但是，人类在追求美好生活的时候不能放弃建立公正社会的理想。本书同时使用法律和公正两个尺度，其用意就是既要面对现实，又要追求理想。

周延性分析：谋利手段除了正当与不正当，再无第三种了。本次辨析是周延的。

在私有制中，资本是获利的手段，而且资本所获得的利益远远大于劳动和服务所获得的利益。在实际生活中，正当谋利欲当然是主要的，但不正当谋利欲也广泛存在。

在公有制中，劳动和服务几乎是获利的唯一途径，但作为不当谋利的欲望同样存在于人们的脑中。不过，其仅停留在欲望阶段，而没有发展到动机和行为阶段。但只要有条件，这种欲望就会变为行动。所以，公有制中同样有腐败、经济犯罪发生。

（二）高消费（享受）需要 [100001] (6.33)

[辨析一]

$$享受需要\begin{cases}物质性享受需要\\精神性享受需要\end{cases}$$

[辨析二]

$$享受需要\begin{cases}实用性享受需要\\奢侈性享受需要\end{cases}$$

弹性利益的消费就是享受。可以从多种角度对享受需要进行辨析，如物质性享受/精神性享受、舒适性享受/紧张性享受、新颖性享受/重复性享受、奢侈性享受/实用性享受等。上述四种尺度可以组成四重金字塔，完全阐述其需要大量的篇幅，本书并列地讨论物质性享受与精神性享受、奢侈性享受与实用性享受，其他两种辨析穿插于其中。

辨析尺度及辨析：以物质与精神的性质差别为尺度，将享受需要辨析为物质性享受与精神性享受；以消费的用途为尺度，将享受需要辨析为奢侈性享受与实用性享受；以感觉类型为辨析尺度，将享受需要辨析为舒适性享受与紧张性享受；以消费次数为辨析尺度，将享受需要辨析为新颖性享受与重复性享受。

奢侈性享受与人的活在性需要无关，但它是衡量生活水平高低的标志之一，因为它纯属弹性利益。奢侈性享受门类极广，追求舒适就是其中之一。所谓舒适，是指身体或精神得到放松、舒展从而产生快感和美感。

这里提出生活悠闲需要。人们从悠闲活动中能获得悠闲感，生活悠闲感是对休闲活动进行领悟而体验出来的满意心态，它是幸福感的重要组成部分。生活悠闲需要其实就是玩和休息的需要。工作和学习是有任务、有时限、有压力、有责任的高度紧张的活动，要耗费大量的脑力或体力；而玩是一种无压力、无责任、无限时、自由自在的、很放松的活动。悠闲感需要是自由需要的体现。人们既需要紧张的工作和学习活动，也需要放松的悠闲活动，一张一弛，是阴阳之道，也是生命之道。

生活悠闲感按照悠闲的等级分为生活闲散感和情志抒发感，生活闲散感是低级的悠闲感，情志抒发感是高级的悠闲感。

当代人有闲散的需要，且闲散的形式不胜枚举，总的来说有游戏和散漫活动两种。游戏大多是有规则的活动，散漫活动是没有规则的活动。在科技发达的今天，玩这一古老的闲散需要得到了极大的发展，玩的工具和形式几乎每天都有新的创造。商家投入了大量资金，用于研发、生产和销售玩具，创造了大量的财富。当代社会，从小孩到老人，几乎任何人都有玩的工具。散漫活动包括睡懒觉、逛街、逛公园、看电视、看电影和文艺演出、上茶楼等。人们在游戏和散漫活动中得到了悠闲的感觉。

情志休闲活动主要指在业余时间施展爱好的活动。人们的情志爱好五花八门，各有所好，如琴棋书画、唱歌、跳舞、种养、手工、体育活动、摄影、旅游、读书等。情志休闲活动比散漫休闲活动的要求高一些，因为情志活动需要一定的基础。

8小时工作制、5天工作制就是人们悠闲需要的典型诉求。随着生产效率的提高，劳动者的工作时间在不断缩短，每周40小时工作制，甚至更短的工作制都出现了。劳动时间的缩短为人们的悠闲活动提供了时间上的保障。

根据阴阳学说，人既然能从舒适性中得到享受，那么也能从紧张性中得到享受，实际情况正是如此。坐过山车、蹦极、攀岩、冲浪等活动紧张激烈，甚至充满危险，一些人却认为这些活动其乐无穷；惊险的杂技表演等紧张刺激，但一些人也非常喜欢观赏这类表演。

奢侈性享受的另一个重要作用是满足人的虚荣心。人们喜欢用各种装饰品、化妆品来妆饰自己，从而在精神上获得享受的感知。它也分为内外两个方面：显外方面，通过妆饰来显示美；显内方面，通过妆饰来显示身份和地位。人们在虚荣心享受方面花费了很多钱财和精力。"虚荣心"似乎是贬义词，但美的含义极广，爱美与虚荣心不能画等号，凡事都应有度，满足虚荣心也应有度；适当的梳洗打扮、适合时宜和场合的穿戴、一定的礼仪等都是非常必要的；如果过度地讲排场、摆阔气，则是不应该的。

实用性消费的对象是生活上需要的东西，人们在实用性消费中追求新颖性。新产品不仅样式新颖，更重要的是其必定有新的功能，这种新功能也必定是人们所需要的，它们或者给人们带来便捷，或者给人们以新的享受。

人们追求弹性利益表现得永不满足，这在追求新颖性方面体现得淋漓尽致。人们的享受是多方面的，正是享受的多样性促使人们去发明、创造。人类社会的物质生活和精神生活丰富多彩，其根源是人的享受的多样性。弹性利益是无限的，享受目标也是无限的，享受的无限性建立在人的发明创造能力的无限性之上。

二、家庭利益安全（保利）需要 [10001]（5.17）

家庭利益安全需要 [10001] $\begin{cases} 财产安全需要 [100010]（6.34）\\ 收支稳定需要 [100011]（6.35） \end{cases}$

辨析尺度：保利需要的形式，即静态利益和动态利益。

下分辨析：以上述尺度将保利需要辨析为财产安全需要和收支稳定需要。

家庭有两种利益需要保护：一是静态利益，二是动态利益。静态利益是指已经具有的利益，如财产、储蓄、现金等。动态利益是指现有的生活水平等，生活水平处于不断变化中，人们总是希望维持生活状态的稳定，防止生活水平下降。静者为阴，动者为阳。

周延性分析：静态利益和动态利益包括家庭全部经济利益。本次辨析是周延的。

阴阳关系：保护既得利益和稳定生活状态是任何人进行社会活动的基础，也是幸福条件之一。保护既得利益是最基本的，但稳定收支、保持和提高生活水平也很重要。收支不稳定，财富就不安全。家庭富裕起来了，保利就显得十分重要。人们一般都有或多或少的保利需要，保利欲反映了人的保守性，可保的利益越多，保利需要就越强烈，保守性就越强；可保的利益越少，保利需要就越不强烈，保守性就越弱。可以根据可保利益的多少将人群划分为两类：一类人的可保利益较多，保守性较强，称其为稳定性人群；另一类人的可保利益较少，保守性较弱，称其为非稳定性人群。保守性越强，革命性、变革性就越弱。

家庭责任性是最主要的保守性来源。但是，任何事情都不是绝对的，当家庭利益，尤其是家庭的刚性利益受到威胁时，保守的人也可能变成冒险的人。在保护物质利益安全方面，家庭和个人的努力是很有限的，主要靠国家来保护。国家在保护公民的物质和精神利益的安全上既制定了很多法律、法规，也设立了各种各样的机构，投入了巨大的财力和人力。安全环境是国家为民谋福的重要任务，是民众幸福的基础之一。在旧中国，老百姓处于国内外反动派的残酷剥削压迫下，过着朝不保夕、牛马不如的生活，已到了无利（主要是刚性利益）可保的地步。是反动统治将保守性最强的农民变成最不怕死的革命者，全国犹如架起了干柴，只要有火种点燃，必将燃起熊熊大火。毛泽东准确地看到了这一点，适时地作出了"星星之火，可以燎原"的著名预言。

使动态利益保持相对稳定的需要称为稳定需要。虽然西方动机理论家对其关注较少，但政治家、经济学家比较关注人们经济利益的稳定状况。动态利益主要指生活状态，包括生活水平和生活条件。生活水平就是消费水平，生活条件主要包括谋生方式、住所等。生活状态不像家具、房屋等静态利益那样保持不变，它处于不断变化之中。人们希望它能保持动态的平衡，也就是说，希望生活状态的变化保持在一个不大的波动范围内，这个波动范围是家庭和个人能承受的。但是，一个人的生活状态不可能一辈子不发生大的波动，有的波动是自己主动调节发生的，有的波动是社会强迫发生的。自己主动调节生活状态一般是向更高的水平变化，而社会强迫波动的一般会造成短时的或长期的危机。保持消费水平的稳定是至关重要的。生活水平逐年提高，人人都高兴；一旦生活水平下降，人们就会恐慌、焦虑。所以，就业是极为关键的需要。为了应对临时性或意外的支出，人们普遍采用储蓄的办法来稳定消费水平。收入、支出、储蓄三者密切相关，其目的就是稳定和提高生活水平。

稳定生活水平的另一个重大事情是养老问题。退休人员仍然希望保持以前的消费水平，这是一个尖锐的矛盾。在封建社会，养儿防老是唯一的途径，现在许多国家仍然依靠家庭养老。在发达的资本主义国家，养老已由国家承担了。我国自改革开放后也逐步实行社会化养老。

稳定谋生方式是人们最强烈的需要之一。掌握一种谋生方式需要多年的学习和实践，人们当然不能轻易变换谋生方式，许多人一辈子只以一种谋生方式获取生活资料。但是，社会总是处在不断变化之中，个人也处在不断变化之中。在社会剧烈变动时，许多人要保持原来的谋生方式将相当困难。

从新中国成立到现在的几十年中，我国从生产资料私有制过渡到生产资料公有制，又从公有制向混合所有制（即私有制和公有制混合）过渡，经历了两次所有制的巨变，这在人类历史上是绝无仅有的。这对人们的谋生方式、思想模式、道德规范、人性、人际关系等的剧烈冲击,非亲身经历者是无法想象的。

现在第二次巨变已基本完成。在改革的开始阶段,一批国有企业倒闭,尤其是县级国有企业倒闭的速度最快,这些国有企业的职工过去手捧"铁饭碗",不愁吃、不愁穿;现在"铁饭碗"没有了,生活来源断了,一些人感到恐慌、痛苦。生活迫使他们寻找新的谋生方式,如打工、做小生意、创办自己的企业等。一些人逐渐掌握了新的谋生手段,但能创办自己的企业的人毕竟很少,绝大多数人仅能勉强糊口,以致国家要给他们补助。

谋生方式的转变也并不全是被动的,有些人根据国家政策的变化,能迅速认清形势,主动转变谋生方式。例如,在改革开放初期,有些国有企业的职工最先接触到"开放",最先理解"开放",他们选择主动丢掉"铁饭碗"下海经商并成功了。

从这些事例来看,谋生方式的变化不全是坏事。人有强大的适应能力,会去寻找生存空间、生存机会,去奋斗,去拼搏。这是一个痛苦的过程,而一旦成功,也是令人倍感自豪的过程。

稳定需要涉及的内容相当广泛,是人的重要需要之一,要把握好稳定与变化、保守与发展的关系相当不易。抛开稳定的生活投入激流之中,一般人是难以做到的,通常到了万不得已才为之。

第二节 幸福感情满足需要 [1001] (4.9)

幸福感情满足需要 [1001] { 生存要域感情满足需要 [10010] (5.18)
人际交往感情满足需要 [10011] (5.19)

辨析尺度:感情发生的方式。

下分辨析:以上述尺度将人的感情需要辨析为生存要域感情满足需要与人际交往感情满足需要。生存要域是指氏族、家庭、部落、部落联盟、国家。生存要域感情是从自己与自己所属的生存要域组织的互动中产生的;交往感情则是除要域感情以外的感情，即从与（家人以外的）外人、社会团体的交往活动中产生的。这是两种性质完全不同的感情。生存要域感情向内，属阴；交往感情向外，属阳。

由于发生的原因不同，要域感情与交往感情对个人的重要性也就不同。

1）用真假尺度去衡量。生存要域感情总是最真诚的，没有半点虚假；而交往感情往往真假难分，正所谓知人知面不知心。如果父母与子女在个人利益上发生冲突，双方仍有和好的可能；但交往感情中一旦发生严重利益冲突，则几乎没有和好的可能，交往双方从此成为敌对关系的也不乏其例。

2）用贡献与回报作为尺度进行衡量。人们对生存要域做贡献不图回报，对社会团体做贡献通常需要回报。

3）用感情的浓度来衡量。要域感情比交往感情显然要强烈得多，要域感情是人间最强烈、最深沉的感情，交往感情通常达不到要域感情的强度和深度。

4）用时间和空间作为尺度来衡量。要域感情是持久不变的感情，但交往感情难以经受干扰而持久。交往感情的变化性较大，即使没有发生过利益冲突，也会随着空间距离和时间的增加而衰减。例如，两个很要好的同学，毕业后天各一方，失去了面对面交流的机会，对对方现实处境的不了解，给思想交流带来了困难，双方感情就会慢慢减弱。但是要域感情不同，它可能受到时空距离的不利影响，但影响不大；甚至可能情况相反，即距离拉得越远，要域感情越强烈。例如，一些生活在国外的人，对祖国更加怀念，爱国感情更加强烈；子女或配偶离家越远，思念之情越加强烈。

阴阳关系：要域感情与交往感情都是每个人不可或缺的感情，缺少任何一种，都将发生感情危机。要域感情是最基本的，但人们在社会活动中主要是与同事及社会大众交往，所以交往感情是主要的。

周延性分析：排除人与动物、人与非人的事物的交往产生的感情，只有要域感情和交往感情，本次辨析是周延的。

一、生存要域感情满足需要 ［10010］（5.18）

生存要域感情　　⎰家庭（最小生存要域）感情满足需要 ［100100］（6.36）
满足需要 ［10010］⎱国家（最大生存要域）感情满足需要 ［100101］（6.37）

辨析尺度：生存要域的类型。

下分辨析：以上述尺度将生存要域感情满足需要辨析为最小生存要域感情满足需要和最大生存要域感情满足需要，前者是阴子，后者是阳子。

周延性分析：在人类没有实现大同之前，生存要域只有两种，本次辨析是周延的。

生存要域是人的归宿性社会组织。归宿感是人对家的那种感觉，人对生存要域的感觉应为归宿感的本来含义。人们对终身或一生中大部分时间工作于其间的工作单位也有家的感觉，而对短期工作和生活于其间的单位通常没有家的感觉。

人们对自己学习和工作的单位有集体荣誉感，这种荣誉感不是归属感，而是认同感，或称归属感。不同的人进入同一个单位后，有一个相互认同的过程，人与集体也有相互认同的过程。认同感使人们产生同属于一个集体的感觉，这种感情使人们热爱这个集体，并维护它的利益和荣誉。认同于一个集体与归宿于一个集体不是一回事。"归宿"主要是"从外边回到家"的意思；而"认同"是指原来互不认识的人走到一起，相互了解、沟通、熟悉的过程。在集体中工作，可以归属于这个集体，而归属感则表示从感情上认可了这个集体。

人回家后是什么感觉？人们回家后精神和身体都放松了，尤其是精神放松的感觉很好。回家后的感觉分两个方面：一是人在家外的压力解除了，二是可以享受家内温情。人在家外有两种压力：既要遵守人际交往的种种规则，面对工作本身的压力；又要防备受伤害、侵犯。家内的温情表现在很多方面，如亲人的关心、自由的活动等。从国外回国后，也有回家的感觉，因为来自国外的压力解除了，又可以享受国内的温情了。虽然人们对家和国的感情有差别，但归宿感是相同的。

阴阳关系：人们对大小两个要域的感情和利益的态度既有联系，又有区别。人们几乎每天都要在利于国家与利于家庭之间做出选择，即要在利公与利私之间做出选择。前文已经指出，笔者是以最大生存要域的利益为标准来划分公与私的。公与私的问题，是每个人每天都会遇到的问题。国家将年轻力壮的青年送往战场，与敌人浴血奋战，人们热烈歌颂那些为国捐躯的英雄。"誓死不当亡国奴"这句口号最能体现国家利益和感情的至高无上的地位，因为当了亡国奴，就失去了生存的保障。最大生存要域的存亡与其每个成员的存亡息息相关，这就是生存要域的含义。"要域"中的"要"是指至高无上的重要性。

最大生存要域利益有正义与非正义之分，侵略者的利益就是非正义的。划分最大生存要域利益是正义或非正义、正当或不正当时，有两种尺度。一种是以最大要域中绝大多数人长远的根本利益为尺度，称为国内尺度；另一种是以全世界所有国家的共同利益为尺度，称为国际尺度。以国际尺度来衡量，一切侵略战争都是非正义的。

这样看来，某些政府的行为不一定能代表其全体国民的根本利益。腐败的政府只顾自己官僚集团的利益而损害大多数国民的利益，侵略别国的政府给国民带去的灾难则更加深重。

利己与利他是另一种利益划分，它是以个人利益为尺度来划分的，是西方学者普遍使用的尺度。个人主义理论是西方许多重大理论的基石。如果说利己与利私可勉强混用，而利他与利公则是绝对不能混用的——公只属于国家利益和全人类利益。

（一）家庭感情满足需要 ［100100］（6.36）

$$家庭感情满足需要\begin{cases}夫妻感情满足需要\\血缘感情满足需要\end{cases}$$

西方学者通常以核心家庭来讨论家庭问题。所谓核心家庭，是指由夫妻及其子女组成的家庭。在核心家庭内，亲属关系只有两种，即夫妻关系和血缘关系。故家庭感情也只有两种，即夫妻感情和血缘感情。夫妻关系先产生，血缘关系后产生，在先为阴，在后为阳。

从世界和历史范畴来看最小生存要域内的亲属关系，是一个极其复杂的问题，没有任何一种家庭结构具有普世性。例如，当代中国的纳人（摩梭人）家庭就是无父无夫的母系家庭，其家庭内的亲属关系就与当今世界的绝大多数家庭内的亲属关系不同。如果说当今纳人家庭是个例外，那么世界上绝大多数家庭的结构也不像核心家庭那么简单。例如，在中国家庭中通常还有丈夫的父母或妻子的父母，三代家庭很普遍，甚至还有四世、五世同堂的家庭。不妨将所有结构不同的家庭内的亲属关系分为姻亲和血亲两种关系，即使是母系的纳人家庭内也只有这两种亲属关系。为了周延性的完美，我们可以用多种尺度将家庭亲属关系分析清楚，在此基础上，家人之间的感情就能分析清楚。例如，血亲关系可分为直系血亲关系和旁系血亲关系，姻亲关系可分为夫妻关系和连亲关系。这样做，需要大量的篇幅来说明。笔者认为，在本书的讨论中没有这样做的必要，故略去。在现实中，连亲关系之间、旁系血亲关系之间的感情，普遍没有直系血亲关系和好的夫妻关系之间的感情那么深厚。

最小要域感情是人的最重要的感情之一。家庭成员之间感情的表现形式很多，如和睦、相依、关切、爱恋、交心等，而"和睦"是人们常用来表示家庭关系及其感情状态的概念。家庭和睦当然是美好生活的必要条件之一。家庭不和睦，任何物质享受都索然无味，也很难体会到生活的美好。家庭存在和延续的基础有两个：一个是经济基础，另一个是感情基础，两者缺一不可。

夫妻关系是非常特殊的亲属关系。有的夫妻情深意笃亲如一个人，其感情深度不亚于直系血缘关系；有的夫妻貌合神离势同水火，其紧张度不亚于家庭与其外的仇敌关系。都是夫妻关系，怎么会在两个极端之间游动呢？让我们来分析一下夫妻之间主要的感情作用力。

$$夫妻感情力 \begin{cases} 情（引）力 \begin{cases} 性美引力 \\ 人格引力 \end{cases} \\ 依力 \begin{cases} 经济依力 \\ 居家依力 \end{cases} \end{cases}$$

夫妻感情状态是由上图中的四种力决定的。情力就是爱情的力量，依力是夫妻互相依赖的力量。婚恋爱情要经历几十年风风雨雨的考验，要始终保持强大的力量，确实有些难度。随着岁月的延续，性美引力呈下降趋势。原因有二：其一，人会一年年衰老，性美引力自然会下降；其二，性的魅力和美的魅力都是建立在感觉体验基础上的，人的感觉体验有一个显著特点，就是感觉适应现象，同一种刺激次数多了，时间长了，就变得不那么刺激了，甚至会变得麻木。

在夫妻感情上，人在感觉适应现象面前完全无能为力吗？情力是由性美引力与人格引力组成的，人格引力通常会随着岁月的延续而增加，性美引力却呈下降趋势，正因为如此，就需要在增强和延续性美引力方面下功夫。现在研究性的著作多起来了，夫妻应该利用专家们的研究成果，不断提高性生活的质量，提高性美引力，这对于夫妻和睦是至关重要的。

情力的第二个成分是人格引力，它不仅不随岁月流逝而衰退，恰恰相反，它会逐渐增强。年轻夫妇双方的性美引力都很强，但进入中年后，在不正确的性观念的束缚下，夫妻双方的性美引力都会有所下降。此时，人格引力在情力中的比重逐渐上升。前面说过，人们希望保持良好的社会形象，在配偶面前也应如此。在家庭内部，角色形象很重要。夫妻双方各自完成家庭角色分工的责任，对于任何一个家庭来说都是最重要的。善良、通情达理是夫妻间人格引力的重要内容，而凶恶、蛮不讲理则是夫妻关系之忌，也是为人之忌。直观形象、道德形象、角色形象、智慧形象等在夫妻之间都很重要，都是人格的重要内容。夫妻任何一方都要以自己的人格引力增强爱情的力量。笔者认为，每一对夫妻从结婚时起，就要在不断提高自己的人格引力上下功夫。

依力是笔者提出的新概念，是指个人之间、团体之间甚至国家之间相互依赖的力量。依力是极常见的社会现象，这里指的是夫妇之间的依力。

一个男人与一个女人结合了，即阳与阴合一了，于是一个新的家庭诞生了。在这个阴阳合一体中，阴阳是互补的、相互依赖的，所以依力是强大的。夫妻之相依，如唇齿之相依。依力与情力都是夫妻感情的基础，情力中包含着依力，依力中也包含着情力。家庭中经济上和居家上的相互依赖是主要的家庭依力。

家庭经济活动有收入、支出和积累三种。家庭经济活动每天都会发生，各个家庭的情况都不完全相同。但是，不管形式多么不同，夫妻在家庭经济活动方面都是相互配合、相互依赖的关系，这对于保持和加强夫妻感情是相当重要的。

在家务活动方面，夫妻通常也是相互配合的。家务活动是世界上最琐碎的活动之一，看上去细小，似乎微不足道，其实意义极其重大。将婴儿抚养成人，是需要耗费无数心血的浩大工程，它就是通过家务活动完成的；一日三餐看似平常，其实关系着全家人的健康和精力状况。居家过日子，夫妻必须相互配合、相互依赖，缺少任何一方都将遇到极大的麻烦。居家依力是夫妻感情的重要基础之一。

夫妻是否和睦取决于四种力的状况。在青年、中年和老年三个主要阶段，四种力的此消彼长情况都有所不同。青年夫妻性美引力作用强，有了孩子后，居家依力突然增强。进入中年后，人格引力超过性美引力。孩子长大一些后，家庭开支增加很快，依力作用上升。进入老年后，性美引力弱而人格引力强，居家依力发挥主要作用。

家庭不和睦时，不仅要分清家庭处在哪个阶段，更要辨清哪一种力被削弱了。情力与依力相比，情力是主要的。只要情力存在，通常依力也存在。当情力衰微或依力衰微时，夫妻感情就处于危机中。当情力已绝但依力尚存时，有的夫妻关系会因为各种原因还维持着。当情力和依力都绝时，则夫妻恩断义绝，通常会各奔东西，但也有少数夫妻仍然维持着法律上的夫妻关系，这是名存实亡的夫妻关系。

血缘关系及血缘感情比较简单，直系血缘之间的感情是最牢固、最真诚的感情之一。父母与子女的感情比较单纯。说母爱是伟大的爱，这当然没有任何疑义；说母爱是无私的爱，在笔者看来，是一个有争议的问题。因为笔者是以国家利益为尺度划分公与私的，其只就国家与家庭之间而言，而不能在家庭内部使用。在这个尺度下，家庭内部成员之间的利益分不出公与私。所以，说母爱是无私的爱是不准确的。

母爱有什么特点？德国心理学家弗洛姆（E. Fromm）对母爱的理解值得借鉴。他认为母爱的主要本质就是关切和责任心，而且爱是"生产性的"。所谓生产性的爱，就是劳作，关心对象的成长，对此负有责任感。婴儿从出生起，母亲就开始为他劳作，在孩子整个成长过程中，母亲每天无微不至地照顾他。"母爱并不以孩子长大后会爱母亲为前提条件，它是无条件的，仅仅依据孩子的恳求和母亲的反应。所以母爱成为艺术和宗教中爱的最高形式的象征是毫不奇怪的。"❶

父母对子女的爱通常胜过子女对父母的爱，这是何故？父母对子女的爱是出于续己的活在性需要，具有遗传上不可抗拒的力量。子女对父母的爱是出于接受了抚养、帮助以及由此产生的感情。

亲情有一个特点，亲人们天天在一起的时候并没有感觉到它特别重要，而一旦离开或永远失去，立即会受到强烈的心理冲击。将这种情况称为失亲劣情症或失亲危机症。亲人离别后，关心、挂念、思念之情油然而生，若亲人长期分离不能团聚，感情脆弱者会因长期思念而抑郁成疾。失去亲人，特别是夫妻失去配偶或父母失去子女，会立即发生暴发性劣情。前面说过，暴发性劣情严重时，会使人精神崩溃，甚至造成昏迷、死亡，可见亲情的力量何等强大。即使当时没有精神崩溃，也会在以后很长时间内痛切地思念失去的亲人，这种久仰性劣情对人的精神和肉体的伤害是很严重的。精神病患者患病的原因大部分是感情受挫，其中主要包括爱情、血缘情和夫妻情。爱情和亲情上的满足是享受美好生活的重要内容。一旦非正常地失去，美好生活就失去了，至少在短期内失去了。

家庭感情的满足是幸福生活的必要条件之一。

（二）国家感情满足需要 ［100101］（6.37）

$$国家感情满足需要\begin{cases}民族自豪感需要\\民族忧患感需要\end{cases}$$

爱国感情是个人在与外国及外国人的交往中产生的。在闭关锁国的状态下，国民对外界一无所知，因此不知道爱国。当侵略者的炮火轰击国门时，当外国商品潮水般涌进国内市场时，人们才知道爱国的重要性。当今世界主动地或被动地实行锁国政策的国家已经极少，各国之间的交往比较频繁，在这种形

---

❶ 马斯洛，等. 人的潜能和价值 ［M］. 林方，主编. 北京：华夏出版社，1987：234-237.

势下，爱国感情不仅涉及的人很多，而且涉及的内容极其广泛。爱国成为全民的迫切需要之一。

爱国感情的种类很多，如国家荣誉感、为国效力的义务感及责任感等，但民族自豪感和民族忧患感是最主要的。国家荣誉感可以从民族自豪感中衍生出来，对国家效力的义务责任感可以从忧患感中衍生出来。

民族忧患感就是要看到本国、本民族的短处和现实处境的困难，克服盲目夜郎自大的思想，理智地看清本国与外国的强弱对比态势以及各国间的合纵连横趋势，做到知己知彼，防危险于未然。民族自豪感能使人看到本国、本民族的长处，克服民族自卑感，扫除崇洋媚外的奴气，提高建设强国的自信心。缺少了民族忧患感，就会妄自尊大，身处危险之中而不察；缺少了民族自豪感，就会妄自菲薄，觉得外国的月亮都比本国的圆，对外国人奴颜婢膝，丧尽人格和国格。民族忧患感能引起忧郁、自我否定的情绪，民族自豪感能引起愉快、自我肯定的情绪，两者一阴一阳，缺一不可。

民族自豪感和民族忧患感都不是天然具有的，而是要从儿童时期开始逐步培养。没有经过民族自豪感和忧患感培养的人，或者虽经培养但还没有真正具有这两种爱国感情的人，在与外国人交往时，往往举止言谈不当，或者奴气十足，或者盲目自大，或者不知所措。

怎么培养这两种性质相反的爱国感情？要从历史和现实两种渠道去培养。那就是让全民具有民族历史自豪感和民族现实自豪感、民族历史忧患感和民族现实忧患感。

对于民族历史自豪感，要通过对历史的学习，了解本民族在历史上对人类进步事业的伟大贡献，如科学技术方面的贡献、文化艺术方面的贡献、政治法律方面的贡献、军事方面的贡献、思想哲学方面的贡献等，从而提高民族自豪感。

过去我们只讲中国的四大发明对人类进步事业的贡献，英国李约瑟教授经过对浩繁的中国古籍的研究，指出中国有数千项发明创造曾领先于世界，有些甚至领先达千年以上，为人类的发展做出了重要的贡献。中国还有很多瑰宝需要发掘：鉴真东渡、郑和下西洋等重大的历史活动，仍需要认真地进一步考察；中国考古成就辉煌，但还有很多活的文化"化石"存在于民间。现在中国迎来难得的历史机遇，已经有条件开展全面"发掘中国"的活动。

还有一个重要的问题：要让青少年了解本民族的"根"，以及民族的融合、变迁和发展的历史，"根"的教育是归宿感、归属感、自豪感的基础。

民族现实自豪感也是通过教育逐步培养起来的，各国政府在这方面都下了大力气。对于国家在当代取得的各项成就、在社会发展各阶段取得的巨大进步、在提高国际竞争力方面取得的进展，人们每天都可以通过新闻渠道看到。宣传是必要的，因为这样可以极大地提高全民的民族现实自豪感，可以彻底扫除媚气、奴气，树立自立于世界民族之林的信心和豪气。不过，宣传要真实，要实事求是，否则就是欺骗民众。

说到民族历史忧患感，难免令人心情沉重。世界各民族都是历经磨难，跌跌撞撞地走到今天的，战争一直伴随着人类，几乎给所有民族都带来过灾难。有些是由自己的衰弱造成的，叫衰弱因灾难；有些是由外侵造成的，叫侵外因灾难。提出民族历史忧患感这个概念，是想让人们记住两点历史教训：第一，永记国耻，提高警惕，发愤图强，保家卫国；第二，要从历史的灾难中吸取教训。衰弱因灾难和侵外因灾难的历史教训是不同的。经历过衰弱因灾难的国家，要分析衰弱的原因并分析战败的过程，从中寻找强国之路、团结全民之策。经历过侵外因灾难的国家在吸取历史教训上好像特别困难，因为有一个古老的观念在困扰着它们，即开疆拓土光荣论。说它古老，是因为从人类形成起，它就发挥着巨大作用。日本之所以至今都走不出历史的阴影，就是因为开疆拓土光荣论观念还广泛存在于国民的意识中，尤其是存在于一些政治精英的头脑中。那些没有接受侵外因灾难教训的国家，仍将侵外战争的历史看作光荣强大的历史，将侵外战争的策划者、统帅者看成民族英雄。但联合国的成立，使侵占别国领土变得困难了。

现实忧患意识更为迫切且至关重要，笔者认为现实忧患感应被看作爱国感情的主要内容。现实忧患感涉及面很广，国家在政治上、军事上、经济上、文化上甚至国内治安上等都可能受到威胁，或者侵害已经发生，但人们可能还没有觉察。现在国际政治形势纵横捭阖、波谲云诡，武器技术水平差距扩大化正在加剧，经济交往敌我难分、暗流汹涌，文化交流范围日益扩大，价值观念激烈碰撞，文化的国际性与民族性的矛盾交织难辨，各个领域中都存在弱肉强食规则。

在这个快速变化的世界中，没有现实忧患意识或现实忧患意识淡薄都极其危险。

二、人际交往感情满足需要［10011］（5.19）

人际交往感情满足需要［10011］ $\begin{cases}$ 团体感情满足需要［100110］（6.38）\\ 人际感情满足需要［100111］（6.39）$\end{cases}$

辨析尺度：交往感情的类型。

下分辨析：以上述尺度将交往感情辨析为人际感情与团体感情。人际感情是指个人与个人之间的感情，团体感情指个人与社会团体之间的感情。这两类感情都是在交往中产生的，都是人不可缺少的感情。虽然人与团体关系的重要性大于人际关系的重要性，但团体毕竟不是人。"在家靠父母，出门靠朋友"，何况人与团体的关系也是通过人（人事部门的）的关系实现的。所以人的团体感情是阴子，人际感情是阳子。

周延性分析：人的交往感情只有人际感情和团体感情，本次辨析是周延的。

阴阳关系：每个人都生活在各种各样的社会关系中，每个人都需要与别人交往，都怕被周围的人孤立，怕被社会组织孤立。社会交往是每个人的需要，人们在交往中寻求利益和感情上的满足。人在一生中，有些社会关系是不能选择的，如家庭关系、民族关系等；有些关系是可以选择的，如朋友关系、自由恋爱关系、买卖关系等。社会越发展，个人对社会的依赖程度就越高。在现代社会中，每个人的绝大部分需要都是在社会交往中获取的。无处不在的道德准则在规范着人际交往，严厉的法律在约束着人际交往，生产关系在安排着人际交往。

人们每天的活动大部分是在与他人的交往中进行的，尽管与他人交往的性质各不相同，但只要有交往，就会有感情发生。在交往感情中要找出阴阳极性是很容易的，如喜欢与厌烦、爱与憎、亲近与疏远等，都具有明显的阴阳极性。由于交往的性质不同，感情表现的形式、程度也不同。人际情感关系是一种人与人在心理上的关系，这种心理上的关系具有吸引与排斥、亲近与疏远、聚合与分离的阴阳方向性。

(一) 团体感情满足需要 [100110] (6.38)

$$团体感情满足需要\begin{cases}成就感需要\\自洽感需要\end{cases}$$

团体的种类很多，规模悬殊。本书不讨论所有团体，只讨论与工作和学习相关的组织，因为对个人来说，这是最主要的集体组织。

人对自身工作于其中的团体有感情上的需要是不足为奇的，主要有自恰感需要和成就感需要。成就需要与成就感需要不是一回事：成就是一种客观事件；成就感是一种主观感情，是由自己所做出的成就事件激起的，两者有直接的关系。有些人以为取得了成就就自然会产生成就感，其实不一定。人们增长才干、发挥才干的欲望是很强烈的，一个人如果能从集体中得到发展自我的机会，有成就感上的满足，其对集体的向心力就会增强，就会发挥更大的作用，形成良性循环；相反，一个人如果感到在集体中得不到重视，没有发展才能的机会或才能发挥不出来，或者自己的成绩得不到肯定，甚至自己的成绩被领导据为己有，必然就会产生离心倾向，一有机会就想跳槽，甚至出于不满做出损害集体利益的事。

自洽是指自己感到和谐、融洽。人的自洽感是指人对自己与周围人和环境的相处感到满意的感情状态，是人们普遍追求的一种感情。不论身处哪种环境，人们都希望能获得自洽感。如果在与周围的人和环境的相处过程中能基本适应，就会产生自洽感；如果相处的感觉不好，就会厌烦、不开心，继而产生离开的念头，这就是没有自洽感。自洽感的产生有主观和客观两方面的原因。从客观方面说，集体要营造比较好的环境、人际关系和谐氛围。环境包括内外两种环境，外环境是指集体所在地的治安、交通、通信、商业、文化等情况，内环境是指集体内部的工作间环境、厂区环境、住宿环境等。一个单位的文化氛围也是环境要素之一。内外环境好，员工就容易产生自洽感。在人际关系中，上下级关系很重要，此外还有上下工序员工间的关系、同宿舍人之间的关系等。人际关系好，个人在遇到困难时能得到集体或他人的帮助，自然会产生自洽感。由此可见，集体对成员有很高的要求，成员对集体也有很高的要求，要使所有成员都有自洽感几乎是不可能的，因为自洽感的产生还有成员自身主观因素的作用，此所谓众口难调，但集体不能以众口难调为借口而忽略职工的自洽感需要。

团体心理学、管理心理学、社会心理学领域等的著作中都讲到群体中成员有归属感、集体自豪感等需要。关于归属感，许多著名的心理学家都强调过，他们认为个人对群体有归属感的需要。在计划经济时代，大批工作在国有企业的职工几乎都有归属感，因为当时的人们一生几乎只在同一个单位工作，能调动工作的人极少。在市场经济体制下，在企业工作的人，跳槽和被除名的情况时有发生。人们对所在工作单位还有归属感吗？在人才自由流动机制下，人归属于某一工作集体的感情是较难产生的。

集体自豪感恐怕不是每个成员都具有的，只有好的集体才能使成员产生自豪感。

在个人与集体的交往中，集体始终占主导地位，要调整好双方关系，主动权在集体。为了实现集体的目标，集体既要严格要求成员，又要满足成员在利益和感情上的合理要求。因此，在管理上应将有为而治与无为而治结合起来。有为而治主要有两个要求：一是要求成员严格保持整体性，即对内组织化和对外区别化；二是认真建设好工作环境和生活环境，使成员对环境感知良好。无为而治也有两个要求：一是创造自由竞争的人才机制，二是营造轻松愉快的人际关系和文化氛围。要鼓励成员多提合理化建议，适当地开展劳动竞赛，重奖改革和创新，提拔成绩显著者，绝不允许嫉贤妒能，更不允许将下属之功据为己有；提供业余文化娱乐活动场所，适当组织一些派对活动、艺术欣赏及评比活动等。成员的业余生活丰富多彩，人际关系谐和，都有利于增强员工的自洽感。

（二）人际感情满足需要 [100111]（6.39）

$$人际感情满足需要\begin{cases}利益互需感情需要\\个性互需感情需要\end{cases}$$

一些人必然地或偶然地聚合在一起，就必定要发生交往，有交往就必定会产生感情关系。由于人们在利益上和个性上不可能相同，交往感情必定存在亲近与疏远、吸引与排斥的阴阳两极现象，这取决于双方的交往需要是否相合，相合时就亲近，相反或不相合时就疏远。

因此，人际交往可划分为利益互需交往与个性互需交往。利益互需交往又分信息沟通与利益互助。利益互需就是利生情和情生利的互动过程。利益互需首先表现在信息沟通方面，人对新鲜信息的需要是极其强烈的，新鲜信息从哪儿来？一部分是从工作业务中获得的，另一部分是从各种媒体中获得的，还有一部分是从人际交往中获得的。媒体信息不但数量有限，也很少能解决现实工作中的问题。工作业务上的信息也是有限的，信息面很狭窄。从人际交往中获得的信息不仅数量大、涉及面广，而且往往是最新鲜的。人际沟通信息具有新鲜性、广泛性、实用性和感情性等特点，是媒体信息和业务信息无法替代的。

从人际沟通信息的角度来分析交往，对能提供沟通信息者亲近之，对不能提供沟通信息者则疏远之。有西方学者指出，相似性因素会使交往双方亲近，其中就包括相似者可以提供沟通信息的原因。同龄人、同性别者容易亲近，因为其能提供自己所需要的信息；假如不能提供信息，同龄人、同性别者也不能亲近。同职业者有许多共同的话题；不同职业者之间，隔行如隔山，共同话题较少。经历相似者之间有说不尽的话题。相似者之间只是容易亲近，不相似者之间只要能沟通信息，也会互相亲近。作家与农民是不相似者，但也能成为好朋友；忘年交就是老少之间的亲近。相似者如果不能沟通信息，就不会互相亲近。例如，同职业者之间出于竞争封锁信息，则不会互相亲近；同性别者之间出于嫉妒而不能沟通时，也不可能亲近；同地位者之间、同学历者之间，能沟通信息则互相亲近，否则就互相疏远。所以相似性因素仅是表面现象。

利益上是否互助是决定亲近与疏远的另一个重要原因。万事不求人的人是不存在的，每个人都需要得到别人的帮助和支持。人们在健康、工作、学习、生活、感情等方面都会遇到困难、困惑和认识上的障碍，非常需要其他人的帮助，"远亲不如近邻"说的就是互助需要。能互助者，必亲近之；有能力帮助而不帮助者，必疏远之。帮助的形式多种多样，如经济上的帮助，健康上的帮助，体力、时间上的帮助，出主意、想办法，分析问题，知识经验性的信息咨询，某些情况下的安慰和同情，等等。乐于助人者，朋友较多，反之则少；有能力又乐于助人者更受爱戴和尊重；志同道合者之间既有共同语言和沟通信息，又能互相鼓励和帮助，必然互相亲近，道不同者则不相与谋。

利益与情感关系很密切，利能生情，情也能生利；利能夺情，情也能夺利。在实际生活中，既然有利益交往，就不可能没有任何感情反映。情夺利是指有些人为了忠于感情而牺牲自己的利益。牺牲自己的利益帮助朋友、亲戚的事例很多；为了爱情而不顾一切的感人故事在每个时代、每个国家都有发生。利夺情是指为了争夺利益而置多年情义于不顾的情况，这种情况甚至可能发生在兄弟姐妹之间。例如，为了争夺皇位，皇室成员之间互相残杀的历史故事各国都有。

交往双方的品德对交往的发生和维持起着至关重要的作用。一个有良心、同情心的慈悲之人一般能得到周围人的尊重、友好、关心和爱护；而极端自私的人、处处打击别人抬高自己的人、凶恶歹毒的人等，则会受到人们的憎恨和回避，不可能有真正的朋友。尊重他人、理解他人的人，必有人亲近之；不尊重他人的人，必遭他人疏远。讲信用的人，人必亲近之；不讲信用的人，人必疏远之。谦虚者受人喜爱，骄傲者受人厌烦。讲团结友爱的人受人喜爱，善于挑拨离间的人受人指责。

个性互需是另一个重要的交往需要。个性互需比利益互需复杂得多。个性的内容极广，不能简单地说两人个性相同或不同。个性相同或相近时，有些人能相互吸引，有些人却彼此排斥；个性不同时，有些人能互补而相互趋近，有些人却互斥。情况非常复杂，本书只择其主要者进行讨论。

兴趣爱好是交往中的重要因素，爱好相同者就会经常在一起活动，既有共同话题，又能相互学习。可以把世界观、信念、政治立场、人生观相同的人与爱好兴趣相同的人归类在一起，同志同道又同乐，必相互趋近；相反，如果双方兴趣爱好不同、政治立场不同、信仰不同，就较难有共同语言，自然就疏远了。

从个性与个性之间的吸引和排斥角度，将个性大致分为两种，即难融个性与易融个性。具有难融个性的人，不论与个性相同或相反的人交往，都很难搞好关系。例如，极端自私、极端孤僻、气量狭小、行为古怪、极不负责、狂妄自大、支配欲极强、极其任性、势利媚上、挑拨离间、无事生非、疑心重、粗野暴躁等行为都是难融个性的表现。人们只与他保持表面上的融洽，不可能与之建立友谊，通常情况下人们会回避这样的人。

易融个性又分两种情况：同融与双融。同融是指与主要个性相同者亲近，与相反者疏远；双融是指与主要个性相同者或相反者都可以亲近。

同融个性：胆怯者不敢与勇敢者为伍，只与胆怯者相伴；散漫、懒惰之人很难交到自律、勤快的朋友；萎靡不振、极不活泼的人，只能找性格相同者谈心；心直口快者希望他人也心直口快，不愿与城府极深、含而不露的人来往。

双融个性：既能与个性相反者形成互补关系而互相亲近，又能与个性相同者形成同近关系而互相亲近。不善交际者既能与善交际者成为互补朋友，也可以与不善交际者成为同近朋友，善交际者也是如此。性急的人既能与性急者形成同近关系，也能与性慢者形成互补关系。冷静者既能与冷静者交朋友，也能与急躁者交朋友。轻率者更希望与稳重之人交朋友，但也不拒绝同轻率者交朋友。有主见者当然希望与有主见的人交朋友，但也不拒绝无主见的人与自己交朋友，甚至会成为知心朋友。谦虚之人、热情活泼之人、心地善良之人、容忍大度之人、诚实守信之人、办事负责之人等具有良好双融个性之人，大多都有个性各异的朋友。我们看到，双融个性中有两个主要的因素：品德和智慧。道德素质高的人，双融个性就多，这要靠学习和加强修养来获得。聪慧机敏、大智大勇之人能够海纳百川、广交朋友。

难融个性能不能改？当然也能改，首要的是加强道德修养，提高道德水平。一个人如果没有认识到个性难融的害处，就不可能去加强修养。这就需要聪明机智、心地善良之人去启发他，帮助他提高认识。

基于利益或个性的原因，人们之间形成了复杂的关系和感情状态，并据此采用不同的方式对待对方。对待朋友与对待敌人的方式当然不同。但是人们之间的关系非常复杂，人们的感情非常细腻，将所有的人仅以朋友和敌人来划分，显得太简单、太绝对化。人们在交往中，会在内心将交往对象划分成很多种类。对陌生人既没有好感，也没有恶感；对有些人仅有一点儿不顺眼，对有些人很看不惯；对有些人有一点儿好感，对有些人很有好感；等等。这些细小的差别都会影响交往方式。为了讨论的需要，笔者在朋友和敌人之间又划分出几个等级。注意：这是从感情角度，而不是从行政关系、亲戚关系、经济关系等角度来划分的。

喜友：互相谈吐投机，常在一起娱乐、聊天，小事上能互相协作，属于常在一起玩的人。

好友：比喜友进一步，能共谋划策，经常互相帮助、支持，近似知心朋友，但极少谈家务事、知心话。好友的兴趣爱好不一定相同，但他们对周围事件的认识通常比较一致。在团体中，好友并不多。

心友：有三种人，即直系亲人、知心朋友、少数旁系亲属。最重要的当然是直系亲人，知心朋友次之，旁系亲属再次之。但普通的亲戚关系不能纳入心友关系，因为本书是从感情的角度来划分人际关系的。

厌头：话不投机，性格不合，比较反感，很少在一起交谈，但能维持表面的礼貌，在特殊场合下能相互协作。

对头：在重大利益（权力、重大经济利益、重大感情问题等）上有冲突的交往对象，互相没有礼貌表示，甚至互相拆台、激烈竞争，即平常所说的"死对头"。主要有情对头和名对头两种。

敌人：在根本利益上尖锐对立的交往对象，这种对立已达到威胁生存、威胁生命安全的程度。主要有私敌人、社敌人和国敌人三种。

平士：介于喜友与厌头之间，彼此没有太大的好感，也没有太大的反感。平士亦可细分为三种：第一种是有淡淡的好感，称为甜平士（简称甜士）；第二种是有淡淡的反感，称为咸平士（简称咸士）；第三种是陌生人关系，没有明显的好感或反感，称为陌平士（简称陌士）。

虽然本书对人际交往中的各种感情关系做了比较详细的划分，但是实际情况更复杂。人们的喜怒哀乐大多是由人际感情引起的，因此，要享受美好的生活，就必须有良好的人际关系。

第六章　社会尊重需要［101］（3.5）

社会尊重需要就是人们关心的尊严欲望。失去了尊严，即使生活富足，也绝不能算人生美满，有的人将尊严看得比金钱、生命更重要。什么是尊严？人有哪些尊严？怎么维护自己的尊严？笔者试图用历史的眼光和阴阳辨析的方法对尊严、面子做尝试性剖析。

在《辞海》中，"尊严"有三个义项：①庄重而有威严，使人敬畏；②可尊敬的身份或地位；③对个人或社会集团的自身价值和社会价值的自我肯定和不可贬损性。《新世纪现代汉语词典》提出了三个义项：①尊贵严肃（容貌尊严，举止庄重）；②崇高不可侵犯（尊严若神）；③尊贵威严（维护宪法的尊严）。从上述的义项中，可以分离出两种成分：第一种成分是指由身份、地位标示的尊严；第二种成分是指举止庄重、威严。

先分析第一种成分：地位与身份的关系比较紧密，社会地位是实力的表征。社会地位、社会实力得到了尊重，就被认为得到了社会尊严，否则，就觉得失去了社会尊严。身份有很多种，有的身份与地位相关，有的身份与地位无关。与地位有关的身份当然就是实力的表征；与地位无关的身份，具有一种特殊性，而这种特殊性也要得到人们的尊重。例如，年龄是一种身份，未成年人的年龄是一种特殊性，这种特殊性就是一种特殊实力，应该得到尊重。由此看来，尊重身份、地位，实际上就是尊重社会实力。因此，尊严的第一种成分是实力尊严。

再分析第二种成分：行为要庄重，容貌要端庄。人的言行要被人认可、赏识，获得尊严就必须符合行为规范。行为规范有两种：一是硬性规范，二是软性规范。法律是硬性规范，道德、习俗、礼仪等是软性规范。软性规范从何而来？在原始共产主义社会，既没有法律，也没有伦理，只有道德风尚和礼俗习惯——两者合称风俗。这是一段相当漫长的历史时期。风俗用来调整人与人之间的关系，维护氏族和部落的共同利益。违反了道德风尚或礼俗习惯怎么办？那时唯一的约束力量就是舆论谴责。某人若被舆论谴责了，在人前就抬不起头来——不好意思将面孔展现于众人面前——这就叫没面子、丢了面子。遵循了道德风尚、礼俗习惯，就可以挺胸抬头地做人，理直气壮地展现自己的面孔，这就叫有面子。中国人将这种遵循道德礼俗，免受舆论谴责，抬头做人的社会心理称为面子。面子问题就是这么来的。由此看来，面子是一种对自己行为的约束力量，是希望自己的举止得到他人认可，从而使自己的社会形象良好的心理需要。面子要维护的是道德礼俗，符合了道德礼俗，就得到和维护了面子，就有了尊严；否则就失去了面子，失去了尊严。因此，尊严的第二种成分就是面子尊严。说中国人最讲面子，其实是说中国人最讲道德礼仪。中国是礼仪之邦，面子心理起到了重要的作用。

人有面子尊严的需要，反过头来再看实力尊严，这里把它命名为里子尊严，里子尊严就是实力尊严。任何一种实力都企图获得其相应的尊严。这样，人的社会尊严就由里子尊严和面子尊严构成。

$$社会尊重（尊严）需要 [101] \begin{cases} 里子尊严需要 [1010] & (4.10) \\ 面子尊严需要 [1011] & (4.11) \end{cases}$$

辨析尺度：尊严的类型。

下分辨析：以上述尺度将人的社会尊严需要辨析为里子尊严需要和面子尊严需要。里子和面子是一对配偶概念，显然，里子是阴子，面子是阳子。

阴阳关系：里子尊严当然是最基本的需要，没有一定的里子尊严，就不可能得到面子尊严。有了里子，就必然要寻求面子，而且通常也能正确地得到面子。有面子，就说明有一定的里子，如果没有一定的里子，就不可能得到面子。一个人很有面子，就说明他很有里子；但是，很有里子不一定很有面子。

周延性分析：由于尊严没有获得达成共识的定义，笔者将尊严限定为里子尊严与面子尊严两个方面是可行的。

第一节　里子尊严需要 ［1010］（4.10）

里子尊严需要 ［1010］ $\begin{cases} 身份尊重需要 & ［10100］（5.20） \\ 社会实力尊重需要 & ［10101］（5.21） \end{cases}$

辨析尺度：实力的状态类型。

下分辨析：以上述尺度将里子尊严需要辨析为身份尊重需要和社会实力尊重需要。身份在相对较长的时间内是稳定的、不变的或变化极小的，可以把它看成相对静态的，所以身份尊严是静态性尊严；社会实力是经常变化的，所以社会实力尊严是动态性尊严。

周延性分析：人的实力要么是静态性实力，要么是动态性实力，没有第三种。本次辨析是周延的。

阴阳关系：身份有很多种，任何人都有某种或某些身份。人们在与他人交往时，首先要考虑的就是对方的身份：是大人还是小孩？是男人还是女人？是领导还是平民？等等。所以，身份尊重是最基本的。但是，对于里子尊严来说，关键是其实力大小：社会实力越强大，得到里子尊严就越容易；反之，就越难得到里子尊严。

一、身份尊重需要 ［10100］（5.20）

身份尊重需要 ［10100］ $\begin{cases} 自然身份尊重需要 & ［101000］（6.40） \\ 社会身份尊重需要 & ［101001］（6.41） \end{cases}$

辨析尺度：身份的社会性。

下分辨析：以上述尺度将人的身份尊重需要辨析为自然身份尊重需要和社会身份尊重需要，前者是阴子，后者是阳子。

阴阳关系：以人的自然性体现的身份是人的自然身份，以人的社会性体现的身份是人的社会身份。任何人都有某种自然身份，人的自然身份是人的社会身份的基础，是阴子；人只有达到成年阶段，才能获得社会身份。在未成年阶段，人只有自然身份，而没有社会身份。人的社会身份是人的身份的主导，是阳子。人的社会身份是获得和维护尊严的最主要的元素。每个成年人都同时具备这两种身份及其尊重需要。

周延性分析：人的身体体现的是自然人，人的社会地位、价值观等体现的是社会人。因此，每个人都同时具有自然人的身份和社会人的身份。本次辨析是周延的。

（一）自然身份尊重需要［101000］（6.40）

$$自然身份尊重需要\begin{cases}年龄辈分身份尊重需要\\性别身份尊重需要\end{cases}$$

辨析尺度：构成自然人尊严的主要元素。

下分辨析：以上述尺度将人的自然身份尊重需要辨析为年龄辈分身份尊重需要和性别身份尊重需要。年龄与性别看似没有多大关系，其实年龄是自然人的基础因素。医生面对的是自然人，他们在治疗和用药时首先考虑的是患者的年龄，其次才是性别。未成年人进入少年期才开始性别的真正分化，一旦性别分化成熟，就进入了成人阶段。在成人阶段，性别的重要性超过年龄。所以，性别身份是阳子，年龄身份是阴子。

周延性分析：对自然人来说，人与人之间的差别很多，如身高、体质、性格、气质、年龄、性别等，但从自然人具有的尊严的角度来看，只有年龄和性别的差别是最主要、最基本的差别。其他差别对自然人的尊严来说影响不显著，本次辨析是周延的。

年龄辈分身份尊重有绝对和相对之分。年龄差距大或辈分不同是绝对差别，年龄差距小或同辈分之间是相对差别。在相对差别的人之间，人们不太讲究人的年龄尊严；在绝对差别的人之间，人们就相当讲究人的年龄身份尊严，这就是尊老爱幼的道德要求。年龄身份与辈分身份并不总是一致的。在家族和家庭内，以辈分身份为主；出了家族和家庭，即在社会上，人们则以年龄身份为主。显然，社会大众要远远多于家族和家庭内的人数，年龄身份更为广泛和重要。即使在家族和家庭之内，人们只在举行族内仪式时才讲究辈分；在不举行仪式时，通常还是要注意年龄身份的。

儿童一出生，就具有人的自然身份和自然尊严，文明国家都有保护儿童的特别法案，每个成人都要检查自己是否处处保护了儿童的权利和尊严。这样做不但维护了儿童的权利和尊严，同时也维护了自己的权利和尊严。一个人如果侵犯了儿童的权利和尊严，就同时剥夺了自己的尊严。

尊重老人的权利和尊严，是建立尊严社会的重要文明举措之一。动物社会是遗弃年老者的，人类社会与之不同。人类社会为什么要尊重老人呢？因为人类文明是积累性的，今天的文明是在昨天文明的基础上发展而来的，没有昨天的文明，哪有今天的文明？所以应尊重、关心、保护和抚养老人。

自从人类进入父权社会以后，女性就成为弱势群体。父权社会与生产资料私有制是同时诞生的，在私有制社会，妇女工作的权利或同工同酬的权利受到了忽视或剥夺，就是这种经济权利的被忽视或剥夺，使妇女沦落为弱势群体。新中国成立后，妇女获得了不受歧视的、与男性同等的经济权利。妇女解放的程度是社会解放程度的鲜明标志之一：妇女地位越低，说明社会文明程度越低；妇女社会地位越高，说明社会文明程度越高。

女性承载着人类的两大任务：一是人类繁衍的活在性任务，二是建立人类知耻文明的美在性任务。人类繁衍的生物性任务进化性地落到了女性的身上，女性的身体结构和慈爱的柔和特性正是孕育和抚养人类后代的最佳条件，这是通过漫长的进化形成的。人类要讲文明、讲尊严，就要尊重女性的身体和女性的特性。遗憾的是，在生活中侵犯女性自然尊严的事情时有，尤其是在职场或公共场所，性骚扰现象仍以各种公开的或隐蔽的形式存在。

动物不懂羞耻，唯人类讲知耻，因为人类有悟觉，动物没有悟觉。人类的知耻文明是从尊重女性身体的文明基础上发展而来的。在知耻文明中，女性承载着特殊的建基（建立基础）使命。什么是尊重女性身体？一是隐蔽女性身体和隐蔽性交行为，二是不侵犯女性身体。为什么女性要隐蔽自己的身体，同时男性也认同并尊重这一隐蔽行为呢？这里需要分析女性要隐蔽的究竟是哪些部位和行为。女性要隐蔽的都是与生殖及哺育有关的身体部位及行为，这恰恰与人类繁衍行为相关，可称为生殖哺育隐蔽，或简称生殖隐蔽。这是为什么？人类生殖隐蔽是人类觉醒的表现。人类初民不会生殖隐蔽。人类进化出悟觉后发现，人的性交行为与动物的性交行为一样，因此心理上感到非常不适，这种心理不适就是羞耻感。羞耻感产生后，人类将生殖器崇拜文化转化为生殖隐蔽文化。可见，知耻感最先起源于人与动物的对比。在知耻文明的起源中，女性的生殖隐蔽起了奠基作用。所以，从人类知耻文明的角度，也要充分尊重女性的身体。女性最讲究知耻，母亲对我们从小就进行知耻教育。在知耻中，我们建立了道德观念、知义知廉的观念和礼仪行为模式。所以，笔者认为在知耻文化中，女性不仅起着奠基作用，而且起着直接的建设作用。

男性也有自然身份尊严，这个尊严主要是从尊重女性的自然尊严中获得的。如果一个男性不能尊重女性的自然尊严，也就失掉了自己的自然尊严。人类初民从生殖崇拜文化进化到生殖隐蔽文化时产生了知耻感，就是因为有了知耻感才产生了自然身份尊严观念。女性之间是不需要隐蔽的，隐蔽是针对男性而言的。生殖隐蔽文化的产生，是女性和男性共同协作的结果，而不是女性单方面行为的结果，由生殖隐蔽产生的知耻感是在同时代男女两性的灵智中同时产生并延续下去的。但是不得不指出，仍有一些男性不尊重女性自然尊严。男性也有隐蔽生殖器及隐蔽性交行为的需要，因为这也与人类繁衍直接相关，也是生殖隐蔽文化的一部分。

（二）社会身份尊重需要 ［101001］（6.41）

$$社会身份尊重需要\begin{cases}公民身份尊重需要\\职场身份尊重需要\end{cases}$$

辨析尺度：人在社会组织中是否具有等级性。

下分辨析：以上述尺度将人的社会身份尊重需要辨析为公民身份尊重需要和职场身份尊重需要。社会组织只有两大类：一是国家，二是社会团体。人在国家中的身份是公民身份，人在社会团体中的身份是团体身份。所有人的公民身份都是平等的，但人的职场身份是有地位高低之分的。

周延性分析：成人参加工作后，只有这两类组织身份。本次辨析是周延的。

每个国家都在宪法中明确规定了公民的权利和义务，尊重了这些权利和义务，就尊重了公民身份。但是，侵害公民权利的事件在各个国家都会发生。

与人人平等的公民身份不同，职场身份是有等级高低之分的。所谓职场身份，是指员工在某职场中被赋予的职场职务，职场职务标志着职场权力。所占层次越高，所负职责越广，权力就越大，反之就越小。职场权力大小标志着职场身份的高低。

在职场中，每一个职务的职责范围、内容及其所负责任大小都有明确的规定，但是，在实行过程中往往发生偏差。上级在管理时，如果要求下级员工从事的工作内容超出了其职责范围，就侵犯了下级员工的职场尊严。有些公司的负责人要女员工陪酒、陪舞、陪乐等，这就侵犯了员工的尊严。"受气包"、被"穿小鞋"的人的职场尊严都受到了严重侵犯。

二、社会实力尊重需要［10101］（5.21）

社会实力尊重需要［10101］ { 财富尊重需要［101010］（6.42）
势力尊重需要［101011］（6.43）

辨析尺度：个人社会实力的类型。

下分辨析：以上述尺度将个人社会实力尊重需要辨析为财富尊重需要和势力尊重需要。

财富是个人社会实力的最基本要素，势力是社会实力的另一个要素。势力在这里主要指家庭背景势力、团伙势力、宗族势力等集体力量，还包括个人的武力、体力等个体力量等。势力与财富、身份、地位都有一定关系。没有高的身份地位的人或没有财富的人，很难有强大的集体势力为其撑腰。相反，高身份地位的人或经济实力雄厚的人，其势力则雄壮。具有雄厚财富实力或强大背景势力的人，必定想要获得其相应的社会尊重，这种尊重就是里子尊严。

周延性分析：个人的实力，或者叫个人的硬实力，除了经济实力、（家庭、集团）背景势力、个体武力，就没有其他形式了。本次辨析是周延的，没有遗漏主要的因素。

用实力获取的尊严有两种：一种是正道尊严，另一种是邪道尊严。这是两种性质完全相反的里子尊严。在汶川地震救助中，大批的富人、穷人都伸出了援助之手，这些捐赠者都获得了正道尊严。用实力获取邪道尊严的事情存在于世界各个角落，但是邪道尊严只能赢得其同党的赞赏，而绝不会受到大多数人的认可和赏识，因而是虚假的、邪恶的尊严。

第二节　面子尊严需要［1011］（4.11）

$$面子尊严需要［1011］\begin{cases}道德面子需要［10110］（5.22）\\礼义面子需要［10111］（5.23）\end{cases}$$

辨析尺度：道德与伦理规范的关系。

下分辨析：以上述尺度将人的面子尊严需要辨析为道德面子尊严需要和礼义面子尊严需要。德行由道德与悖德构成。将道德规范化就是伦理，伦理的范畴很广，礼义是伦理的一部分。礼义虽然不是伦理最重要的部分，但在人际交往、国际交往、团体交往中是非常重要的。面子需要是使自己的行为符合社会规范的需要，是获得和保持良好社会形象的需要，因而是社会文明进步的表现。

周延性分析：因为伦理是道德的规范化，所以道德是伦理的深层结构，伦理是道德的表层体现。从道德与伦理的关系来看，伦理应该全部涵盖道德的外显，道德高尚者从理论上讲应该遵守了伦理规范，也就有了面子尊严，所以理论上是周延的。但实际上，伦理规范很难完全涵盖道德诉求。礼义是伦理的一部分，也是道德的外在表现之一，仅仅因为它重要，所以本书特地单独列出阐述而已。

一、道德面子需要［10110］（5.22）

$$道德面子需要［10110］\begin{cases}孝道面子需要［101100］（6.44）\\善良面子需要［101101］（6.45）\end{cases}$$

辨析尺度：道德的层面。

下分辨析：以上述尺度将道德面子需要辨析为孝道面子需要和善良面子需要。孝道专指子女对父母的关爱，善良是指对民众的关爱，是点与面的关系。

没有家庭内部的孝道,就不可能有面对社会大众的善良;一个能对社会大众善良的人,对父母肯定也能尽孝道。

周延性分析:道德的内容范围很广,本节只讲善,辨析不太周延,但抓住了主要内容。

中国最早的一部解释词义的著作《尔雅》以"善事父母为孝"。孝子贤孙受人尊敬,不肖子孙受人鄙视和厌恶。"百善孝为先",孝是善的起点和标志之一。一个连自己的父母都不爱的人,怎么可能是善良之人呢?出了家庭,人在社会上希望得到善良形象评价的欲望也很强烈。人们当然愿意与善良之人交往,而不愿与邪恶之人交往。与善良之人交往,可以放松防备之心,减轻心理负担,有益于集中精力做事,也有益于健康。与邪恶之人交往,要处处提高警惕,极大地加重了心理负担,消耗了很多精力,对健康也造成了无形的损害。以心换心,以己度人,善待我者,我亦善待之,人们从交往中也感受到善的重要性,从而培养了善良之心。

二、礼义面子需要 [10111] (5.23)

礼义面子需要 [10111] {礼俗面子需要 [101110] (6.46)
情义面子需要 [101111] (6.47)

礼、义在儒家伦理中的含义非常宽泛,没有准确的定义。因此,本书用现代的意义来理解礼俗和情义:礼俗指礼节和习俗,情义指人情和义气。

遵守了礼节和习俗,就不会被别人谴责;违背了礼节或习俗,就会遭到周围人的议论或谴责,就失了面子,失了尊严。遵守礼节和习俗在生活中极其重要。人在人际交往中处处都被无形的礼节或习俗约束着,绝不能随心所欲。各地各民族的礼俗都不完全相同,入乡随俗很重要。习俗会随着社会的发展而较快地变化,过去认为"丢人现眼"的事,今天人们也许会觉得很正常。

人情面子在中国是一个影响较广的软性约束力量,其有利也有弊。义气主要指为人公正、忠义、仗义等。讲义气,与人情相似,都属于礼节习俗;公正、仗义又属于道德。义气面子虽不如人情面子影响那么广，但也是重要的面子。哥儿们义气在青年中的作用是很大的：讲义气，大家就一团和气；不讲义气，就会被团体谴责，甚至被惩罚。

本节没有做阴阳辨析，因为礼俗与情义之间没有分明的逻辑关系。

对社会尊重小结如下：

（1）现在我们已经明确了什么是面子，基本完成了本章开头提出的任务。面子就是遵循道德礼俗，免受舆论谴责，抬头做人的社会心理，是希望自己的举止得到他人认可，从而使自己的社会形象良好的心理需要。要面子，就是要求自己遵守道德和礼俗。面子文化建立在知耻心理的基础上，是一种对自己行为的内在约束力量，是人类道德文明巨大进步的表现。

（2）仅有生活幸福，还并不美满，只有同时得到社会尊重，才是人生美满，才是美生需要的完整实现。要得到社会尊重，就既要得到里子尊严，又要得到面子尊严，缺少任何一个，尊严就不完整，就会心感缺憾。与面子尊严相比，里子尊严更实在、更基本，因为里子是由身份和社会实力构成的，两者至少要有一个强，才能保住起码的里子实力。没有里子作为基础，要想得到面子尊严是很困难的。这并不是说面子尊严不重要，每个人都想得到面子尊严，要抬头做人，这个欲望极其强烈。中国有句俗话："死要面子活受罪"，这是在里子不强的情况下争面子的写照。

第四篇　展示社会价值（美展）需要［11］（2.3）——价值篇

美展需要［11］ $\begin{cases} 资才展示需要［110］（3.6）\\ 品德展示需要［111］（3.7） \end{cases}$

美展需要是人向国家、社会大众、全人类贡献自己价值的欲望，是人体现自己的社会价值的欲望，也是体现自己生命意义的欲望。这个欲望不是可有可无的，而是一定存在的。原因或理由有二：一是美展与美生的阴阳辨析关系驱使人们展示自己的社会价值，二是人的展示特性也驱使人们展示自己的社会价值。首先，从美生与美展的阴阳关系看，美生需要希望得到幸福生活和社会尊重，是获得性欲望，有付出才能有获得，这个付出性的欲望就是美展需要。美生与美展是阴阳互动、相辅相成的，有美生就必定有美展，有美展就必定有美生。其次，每个人都有展示特性。人的展示特性很强烈，这个特性驱使每个人都希望将自己的优势、实力展示出来。个人的优势是个人的美，这个美叫优势美，它的范围很广，如优势体能、优势技能、优势才干、优势力量、优势智慧、优势财富、优势地位、经验、美貌等。人在展示自己的优势实力时，通常是为了得到某种利益，但有时并不是为了得到某种利益，而只是为了将优势实力展示给别人。所以，美展是人的需要，也是人的特性之一，是人的行为动力之一，只有展示自己的优势实力和自己的美，才能证明自己的价值所在。

每个人都想实现自己的社会价值，但是价值有正负之分。为社会做出了积极、进步贡献，就实现了正的社会价值；如果对社会起了消极、破坏、反动作用，就实现了负的社会价值。存在差异的原因是人的品德有好坏之分。人的品德也是要展示出来的。有才能好不好？这要看情况，要看贡献的是正价值还是负价值。有人通过勤学苦练掌握了开锁的绝技，就会想把这个才能展示出来。怎么展示？是干好事还是干坏事？这就取决于他的品德。他可以到公安局办理许可证、到市场监督管理局办理营业执照，通过为其他人服务收取报酬，实现正的社会价值；也可能去干行窃的勾当，取得更丰厚的"报酬"，实现负的社会价值。

辨析尺度：展示自身社会价值的使役关系。

下分辨析：以上述尺度将人的社会价值展示需要辨析为品德展示需要和资才展示需要。人的资才和品德都是需要展示出来的，品德展示是控制方，资才展示是被控制方，被动为阴，主动为阳，所以品德展示是阳子，资才展示是阴子。

阴阳关系：品德展示与资才展示是相互关联的两个爻子。没有资才，品德就展示不出来；资才不强，品德展示就不充分，资才越强，品德展示就越充分。

周延性分析：体现人的社会价值的只有品德和资才两种因素，本次辨析是周延的。

第七章 资才展示需要［110］(3.6)

资才展示需要［110］ { 资源发挥需要［1100］(4.12)
才能展示需要［1101］(4.13)

辨析尺度：资才的构成。

下分辨析：以上述尺度将个人的资才展示需要辨析为资源发挥需要和才能展示需要两个阴阳配子，前者是阴配子，后者是阳配子。注意：以上采用的辨析尺度是资才发挥的必要条件，而非充分条件。这就是说，如果一个人既有才能，又有相关的资源，但是没有施展出来，就空有资才。所以，资才被品德主导。

阴阳关系：人参与任何社会活动，都必须以自己的资源为基础，以自己的才能为主导，从而创造价值，二者缺一不可。经过未成年时期的学习，每个人都具有一定的才能。但要施展自己的才能，必须具备相关资源，相关资源越雄厚，才能发挥得越充分，创造的价值就越大；相关资源越薄弱，才能发挥得越不充分，创造的价值就越小；如果没有任何相关资源，即使才能再大，也无法发挥作用。对此，每个人都有深切的体会，这就是阴配子的基础作用。个人资才是阳配子，是阴阳合一体的主导，主导着人们创造价值的活动。在具有一定资源的情况下，才能越多，创造的价值就越大；才能越少，创造的价值就越小；没有才能，就不能创造价值。对于个人创造价值来说，个人资源丰富，可以弥补其才能的不足；个人才能卓越，也可以弥补其个人资源的匮乏。这是阴阳配子相互补充的关系。

周延性分析：个人资才是由其具有的资源和才能构成的，本次辨析是周延的。

第一节 资源发挥需要 ［1100］（4.12）

资源发挥需要 ［1100］ $\begin{cases} 人彩资源发挥需要 & ［11000］（5.24） \\ 社会背景资源发挥需要 & ［11001］（5.25） \end{cases}$

辨析尺度：生理性资源与社会性资源的差别。

下分辨析：以上述尺度将个人的资源辨析为人彩资源和社会背景资源，前者为阴，后者为阳。人彩资源包括人的身体、年龄、性别、容貌、健康水平等生理性元素；社会背景资源包括个人及家庭的经济实力、社会地位、权力、社会关系实力、荣誉等。

人彩资源是进行社会活动的基本资源。各人的人彩资源不同，发挥社会背景资源的效率也就不同。相对于人彩资源，人的社会背景资源显然更重要，是其进行社会活动的主要资源。

周延性分析：个人除了人彩资源和社会背景资源再没有其他资源了，本次辨析是周延的。

一、人彩资源发挥需要 ［11000］（5.24）

人彩资源发挥需要 ［11000］ $\begin{cases} 弱人彩发挥需要 & ［110000］（6.48） \\ 强人彩发挥需要 & ［110001］（6.49） \end{cases}$

以强弱为辨析尺度，将人彩辨析为强人彩和弱人彩，前者为阴，后者为阳。注意：这里不包括未成年人和退休老年人。

人彩强弱的主要含义是针对其从事的某一个社会活动类型而言的。例如，对脑力劳动者的体魄有一定的要求，但不一定要求其具有能够格斗的体魄；装配线上的工人大多是年轻女工，而不是中年女工或男性员工；演员的选取是根据其相貌与所扮演角色的匹配程度而定的，而不是一律选择容貌美的人。每个人应该根据自己的优势人彩特点选择适合自己的行业和岗位来展示自己。

二、社会背景资源发挥需要 ［11001］（5.25）

社会背景资源发挥需要 ［11001］ $\begin{cases} 家庭背景资源需要 ［110010］（6.50）\\ 个人背景资源需要 ［110011］（6.51） \end{cases}$

显然，家庭背景是基础，个人背景是主导。在私有制下，对于绝大多数未成年人来说，家庭背景对于其成年后的社会活动成效几乎具有决定性作用。当然这不是绝对的。出身贫苦家庭的人在个人奋斗和机遇的共同作用下，成为卓越者的例子也有不少，但绝大多数人没有这么幸运。刚踏入社会不久的青年，家庭背景资源发挥主要作用，但不久后就以自己积攒的资源为主了。

第二节　才能展示需要 ［1101］（4.13）

才能展示需要 ［1101］ $\begin{cases} 能台需要 ［11010］（5.26）\\ 能志需要 ［11011］（5.27） \end{cases}$

才能是才干和能力的总和。发挥自己的聪明才智，是每个人的强烈欲望。世界上的每一个角落都闪耀着人类智慧的光芒，每个人都在用自己的聪明才智向社会、向他人展示自己存在的价值。不要把展示才华看得那么遥不可及，每个人每天都要进行大量的活动，这些活动大部分都已圆满完成，这就是成绩，就是才能的体现。实际上，施展才能是最日常的活动。

当然，才能有高低之分，活动有难易之分，成果有多少之分，贡献有大小之分。人们总是希望展示自己出众的、最高的才能，以取得最丰富的成果，做出最大的贡献，来体现自己最高的生命价值。

怎样才能展示自己的才能？如果你认为自己歌唱得好，应该去哪里提高和展示自己的这种才能？人们常讲英雄无用武之地，寻找用武之地的欲望可称为能台需要。把才能的学习、增长和施展的活动平台称为能台。要发掘、提高自己的才能，就要进学校学理论，进工厂、公司实习，那么学校、工厂、公司就是学习的能台，人们活动的任何场所都可以称为能台。能台的种类很多，大能台中有许多小的能台，而且每种能台都有很多台阶。

人的成就欲、展才欲的实现，首先需要能台。对于年轻人或失业者来说，找到一个职业岗位是迫切需要，这是能台需要的第一个含义，将获得一个能台的欲望称为能台进占欲望。能台需要的第二个含义是，人们希望从当前占有的能台向上级能台升迁，这叫能台晋级欲望。将能台晋级欲望与能台进占欲望合称为能台欲望或能台进晋欲望。

获得了能台就能充分施展自己的才干吗？不见得。有了能台仅是具备了展才的物质基础，能否展才并取得成就还要看主观努力。例如，进了学校不一定学习学得好，当了农民不一定能种好庄稼，进了研究所不一定能取得研究成果。主观上是否努力是决定成功与否的又一关键因素，将这一主观因素称为能志需要。"志"在此处有两个含义：一是立志，二是意志。"人无志而不立"，就是说明立志的重要性。但任何成绩的取得都不是轻而易举的，意志不坚强，即使占有一个较好、较高的能台，也很难有所作为。

辨析尺度：才能展示的充要条件。

下分辨析：以上述尺度将才能展示需要辨析为能台需要和能志需要，能台是客观的、物质性的、实的，是阴子；能志是主观的、精神性的、虚的，是阳子。没有能台，能志就无用武之地；没有能志，即使占有能台也无所作为。缺少任何一个爻子，才能展示需要都不能实现。

周延性分析：能台和能志是展示才能的充分必要条件，因而是周延的。

一、能台需要 [11010] (5.26)

能台需要 [11010] $\begin{cases} 能台背景需要 [110100] (6.52) \\ 形才实力展示需要 [110101] (6.53) \end{cases}$

辨析尺度：能台进晋的充要条件。

下分辨析：以上述尺度将能台需要辨析为能台背景需要和形才实力展示需要。实力是决定性条件，是阳子；背景是辅助性条件，是阴子。没有背景，极难实现能台需要；没有实力，不可能得到能台或实现能台晋级。

周延性分析：实力和背景是能台进晋的充要条件，本次辨析是周延的。

（一）能台背景需要［110100］（6.52）

$$能台背景需要\begin{cases}环境背景需要\\人际关系背景需要\end{cases}$$

能台所处的背景是每一个能台进晋者必须认真考虑的客观条件，它分为环境背景和人际关系背景。

环境分为大环境和小环境，大环境是指国家、省市、城乡等地域性环境，小环境是指进晋者供职的单位的情况。环境背景对进晋者来说，有的是可选择的，有的是不可选择的。在以市场经济为主的国家和地区，求职者可以对能台环境背景进行选择。"人往高处走，水往低处流"，什么叫高处？如果把财富、权力、信息、文化、人才等都看作社会能量，那么高处就是社会能量比较集中、比较高的地方或者说高社会能量的地方。仿此，还可以有以下名词：高能量城市、高能量团体、高能量职位、高能量人等。能台晋级就是"人往高处走"的表现。高（能）处大多是比较先进的地方，在那里人能真实地感受到时代前进的步伐。这种步伐会激发人的斗志，催人奋进，使人真切地感到生命的可贵、自身价值的可贵和紧跟时代步伐的自豪感。

不过，如果一个人的目标主要不是经济和权力这两种利益，他就不一定要往高处去。例如，植物学家长年累月地奔走在深山老林，考古学家忙碌于荒郊野外，保家卫国的战士更是将生死置之度外。大部分人从低能区流向高能区，而一些可敬的人却不为利益所动，处低能区之中而能自乐。

"人往高处走"的处世原则曾受到老子的批判。他认为人应该像水那样处于低处，应"处众人之所恶"，即到众人都不愿意去的地方，这才符合道。《后汉书》中说"峣峣者易折，皎皎者易污"，意思是站在高的地方很容易摔下来，过分洁白的东西就很容易被弄脏。

"朝里有人好做官"，有关系网与没有关系网是大不一样的。人人都知道关系网的利害。有的人善于营造关系网，有的人不善于营造关系网；有的人热衷于营造关系网，有的人对关系网任其自然，不刻意去营造。人们非常讨厌溜须拍马之徒，这当然是对的。但如果不分青红皂白地对所有上级都反抗、厌恶，天生一副"反骨"，那也不值得称道。只要不是出于为己所用的目的，不丧失人格，将上级与同事一样看待，增进与上级的友谊则无可厚非，而且应予鼓励。

但是，一些人害怕因与上级亲近而被别人讥为阿上、媚上，希望与上级保持一种纯粹的工作关系，将自己的才能作为一种有用的物品被动地供上级挑选。"拍马屁"三个字对许多有才之士有较大的威慑力。不少有才之士不善于，也不愿意与上级"套近乎"。有些人确因无人举荐不能晋级，从而对其人生造成一定影响。身正不怕影子歪，在人际关系问题上，应冲破不必要的束缚。

（二）形才实力展示需要 ［110101］（6.53）

$$形才实力展示需要\begin{cases}形象实力展示需要\\才干实力展示需要\end{cases}$$

能台进晋的形才实力包括形象实力和才干实力。此处的形象是指进晋者的个性形象和道德形象。

道德形象是主要的。善良是道德的根本和基础，信用是人际交往最重要的原则，进晋者的道德水平会给别人留下或好或坏的印象。个性形象则无好坏之分，只是每个人的风格不同。但不应轻视个性对进晋的作用，许多行业对员工在个性方面都有一定要求。有些行业注重外观形象，如文艺、媒体、外交、模特等行业；有些行业对个人特质有特殊要求，如有的要求细心、耐心，有的需要敏捷灵活，有的要求沉着冷静，有的要求勇敢、粗犷，等等。因此，某些个性也是一种特殊的进晋实力。求职者应寻找适合自己个性的行业，这对用人单位和自己都好。进晋者绝不能忽视形象的重要性，要在提高形象实力方面下功夫。进晋失败，往往不是才能不够，而是因为给领导留下的印象不佳。

二、能志需要［11011］（5.27）

$$能志需要［11011］\begin{cases}立志需要［110110］（6.54）\\ 砺志需要［110111］（6.55）\end{cases}$$

辨析尺度：能志成分的构成顺序。

下分辨析：以上述尺度将能志需要辨析为立志需要和砺志需要，立志在先，为阴；砺志在后，为阳。没有立志，就不可能自觉地进行意志的磨炼，能志需要就成为一句空话；同样，仅有立志，没有自觉地对意志进行磨炼，就会成为一个意志薄弱的人，能志需要几乎也是一句空话。

周延性分析：能志的构成成分是本书限定的，当然是周延的。

订立奋斗目标和计划是一切事业的开端。人无志而不立，不树立奋斗目标，人就会像无头苍蝇似的到处乱闯，无法成就一番事业。

准备认真实施的计划，才属于立志的范畴。人们以就业为起点，开始认真思考人生计划。计划有近期、中期和长远之分。奋斗计划通常不是用文字写出来的，而是在头脑中构思好的。从事业的角度看，人的一生大致经历以下五个阶段：自立阶段、发展阶段、自主阶段、自由阶段和退休阶段。青年走上工作岗位，是自立阶段的开始，它的标志是经济自立。经济自立是个人所有欲望、动机的基础，当然也是订立人生计划的基础。本阶段的计划是尽快熟悉业务，在工作上能独立完成任务并开始考虑恋爱、婚姻、成家，其他目标都排在上述近期目标之后。这个阶段从最初参加工作开始，到完全熟悉业务、能独立完成工作任务为止，需要 2~5 年的时间。发展阶段的主要目标是成为重要角色、获得权力和财富。发展阶段是极为重要的储备阶段，包括经济储备、技能储备、社会关系储备、信息储备等，这些储备为下一阶段即自主阶段的开始打下必不可少的基础。当一个人在本职工作中处处游刃有余，相信自己能独立干一番事业时，自主阶段就开始了，人生的长远计划也就开始构造了。人在自立阶段和发展阶段大多处于被位状态，从自主阶段开始转为主位状态。有强大储备者，会独立开创事业，在事业上成为自己的主人；没有独创自己企业的人，通常也能成为工作单位的领导，担任重要职务，独当一面，拥有较大权力，获得了较大的自主权，因此也可以说是处于自主阶段。国营企事业单位的高级领导占据着较高的能台，都可以列入主位者行列。自主阶段的目标是成就一番事业。在这个阶段，人的头脑中考虑的主要不是职位和权力，而是完成年度计划及中长期发展目标。第四阶段是自由阶段，它的标志是创新。处于此阶段的人已能超脱前人的认识、框架、理论而创造和构建自己的新认识、新框架、新理论、新方法或独创一种新的局面；做任何一件事，都不再人云亦云，不再循规蹈矩，凡事都有自己的见解和想法，具有敏锐的批判精神和创新智慧。自由阶段不是以财富多少、权力大小为标志，而是以智慧、经验和勇敢为基础，以批判和创新为标志。只有思想深刻而超脱的人才有可能进入自由阶段。许多事业有成的人因思想浅薄而无法进入自由阶段，因此能够进入自由阶段的人并不多。当然，还有一大批人止步于发展阶段，连自主阶段都进入不了。人生最后一个阶段是退休阶段，人们在这个阶段的思想和行为没有可比性，有些人乐于安度晚年，有些人还在继续耕耘，还有少数人大器晚成。

  从五个阶段来看，立志主要在发展阶段和自主阶段。当然，也有不少人在自立阶段就开始思考人生长远计划，但大多数青年正忙于近期计划。在发展阶段必须有计划，这些计划对于储备来说是极其关键的，没有计划就不能进行有方向性、针对性的储备，而没有储备就无法进入自主阶段。各种储备都与自己所占的能台性质和能台高度有关：做生意的人积累的是商业方面的才能、社会关系和信息，从事建筑行业的人积累的是建筑方面的才能、社会关系和信息。不论占据何种性质的能台，所占能台越高，积累得就越多。发展阶段是人生最关键的阶段，因此，发展阶段的立志就显得格外重要。经过一二十年的奋斗，如果仍然没有多少储备，在立志问题上就面临两难抉择，这种两难抉择称为中年窘境。在两难抉择面前，有些人继续拼搏，因为他们将成功看作一个奋斗过程，而不是确定的目标，只要奋斗着，就认为生命有意义；有些人却就此意志消沉，打消了奋斗的念头，将自己的人生理想寄托在子女身上。立志念头消失殆尽的中年人是较多的。

  订立计划是首要的，但不是最重要的，最重要的是有没有坚定的意志去完成计划。学习知识、提高才能、施展才能、成就事业都不是轻而易举的，都要经过艰苦的努力，克服巨大的困难才能达到目标。意志是人的最重要的素质之一，一个意志薄弱的人很难有所作为，几乎所有的成功者都是意志坚定的人。

什么是意志？意志是悟觉能动性的表现形式之一，是不达目的决不罢休的心理状态。意志并不神秘，每个人都具有一定程度的意志力。例如：有人约你一同去网吧，你坚持完成作业才去；有人约你去打麻将，你坚持做完家务才去。这些都是意志力的表现。幼儿园的小朋友也有一定的意志力，否则他们就不可能参加集体活动，他们是在克服了自己想单独玩某个玩具的念头以后服从了老师的安排。用专家的话来说，"意志一定表现在动机冲突之中"，"以高层次需要为背景的动机，战胜了以低层次需要为背景的动机，这就是意志坚强"❶。坚强的意志不是凭空产生的，而是在实践中逐步磨炼出来的。儿童的意志比大人弱，因为儿童的认识水平较低，对许多问题分不清重要程度，所以不会以高级动机战胜低级动机。革命志士遭受敌人严刑拷打而不招供，因为他们认为保守革命的秘密比保全自己的生命更重要，因此决定用慷慨赴死的决心战胜被拷打的痛苦。可见认识水平、觉悟水平与磨砺意志有直接的关系。只有能分清高级动机与低级动机，才有可能克服低级动机。

在动机冲突中，人们一般能够分清主次。例如，贪玩与好学、上进与颓废等，人们都知道哪个更重要。但意志薄弱的人偏偏选择了次要的，这是为什么？因为低级动机比高级动机具有更大的表现能量和诱惑力。低级动机更接近人的原始需要，如怕痛、怕苦、怕累、怕饿、怕死以及贪图安逸、闲散等，这些原始需要之所以被称为低级需要，是因为动物也有这些需要。趋乐避苦是动物行为的法则，所以弗洛伊德将"我"分成"本我"和"超我"。本我是由原始冲动组成的，它是天生的、野性的、难以克制的。磨砺意志首先就要控制这些低级动机。一切胸怀大志者，必须首先从战胜苦、累、痛、饿、烦、贪玩、闲散、胆怯、怕死等原始动机开始，逐步提高意志力。所以磨砺意志的过程必定是痛苦的过程。

为什么有些人怕苦、累、痛，而有些人不怕呢？不怕的人有什么诀窍吗？答案是否定的。如果说有诀窍，诀窍就是：不怕痛是从怕痛开始的，不贪玩是

---

❶ 张述祖，沈德立. 基础心理学［M］. 北京：科学教育出版社，1987：191.

从贪玩开始的，意志是逐步磨炼出来的。胸怀大志的人往往主动磨砺意志，他们迎着困难上，明知山有虎，偏向虎山行。不过，被动地磨砺意志也是重要的。

意志是不达目的决不罢休的心理状态，但不包括蛮干。凡事要遵循客观规律，而不能随心所欲地蛮干。不顾客观规律地蛮干是唯意志论的表现，唯意志论认为人的意志可以超越客观规律而决定一切。坚强的意志是事业成功的必要条件，但不是充分条件，意志是精神动力，它不能代替客观条件。"没有条件，创造条件也要上"的口号是对的。所以，在鼓励人们磨砺意志，向着既定目标坚韧不拔迈进的时候，还要提醒人们，要尊重客观事实和客观规律，科学地苦干加巧干，绝不能单凭意志和热情一味蛮干。

第八章　品德展示需要［111］（3.7）

$$品德展示需要［111］\begin{cases}利己展示需要［1110］（4.14）\\利他展示需要［1111］（4.15）\end{cases}$$

辨析尺度：个体利益取舍的方向性。

下分辨析：以上述尺度将人的品德展示需要辨析为利己展示需要与利他展示需要。利己向内，为阴；利他向外，为阳。利己与利他是一对性质相反的阴阳子，二者相互协助、相辅相成，共同构造了人在个体利益上的立场和态度。利己中包含着利他，利他中也包含着利己。没有利己，人就不能生存，从而也就无法利他；没有利他，人们之间就无法协作，人就会孤立于社会，从而也就无法利己、无法生存。因此，人既是利己的，又是利他的，每个人都是如此。缺少利己、利他中的任何一项，人都不能生存。

周延性分析：人在个体利益取舍上要么利己，要么利他，本次辨析是周延的。

第一节　利己展示需要［1110］（4.14）

$$利己展示需要［1110］\begin{cases}恶性利己需要［11100］（5.28）\\善性利己需要［11101］（5.29）\end{cases}$$

辨析尺度：善恶评价维度。

下分辨析：以上述尺度将利己展示需要辨析为恶性利己需要与善性利己需要，恶性利己是阴子，善性利己是阳子。以伤害他人利益为己谋利的行为称为恶性利己，以合法合理的手段为自己谋取利益的行为称为善性利己。

周延性分析：利己行为要么是善的，要么是恶的，必无其他。本次辨析是周延的。

本次辨析说明，虽然人人都需要利己，但其有善恶之分。本次辨析还说明，人既是善的，同时也是恶的。我们要知道，善是没有程度差别的，而恶是分等级的，轻度的恶叫不良或不善，严重的恶叫恶毒。所以，恶性利己是有程度差别的，而且差别很大。

一、恶性利己需要 [11100] (5.28)

$$\text{恶性利己需要 [11100]} \begin{cases} \text{损民利己需要 [111000] (6.56)} \\ \text{损国利己需要 [111001] (6.57)} \end{cases}$$

辨析尺度：损害对象的类型。

下分辨析：以上述尺度将恶性利己需要辨析为损民利己需要与损国利己需要，前者是阴子，后者是阳子。民众与国家是紧密相连的，没有民众利益就没有国家利益，民众利益是国家利益的基础，国家利益是民众利益的集中，所以，民众利益是阴子，国家利益是阳子。阴子与阳子是不可分割的，严重地损害了民众利益也就损害了国家利益。

周延性分析：恶性利己只表现在伤害民众利益和国家利益两个方面，本次辨析是周延的。

二、善性利己需要 [11101] (5.29)

$$\text{善性利己需要 [11101]} \begin{cases} \text{合法合理利己（正当利己）需要 [111010] (6.58)} \\ \text{合法不合理利己（特法利己）需要 [111011] (6.59)} \end{cases}$$

辨析尺度：谋利手段的合法合理性。

下分辨析：以上述尺度将善性利己需要辨析为合法合理利己需要与合法不合理利己需要，前者为阴，后者为阳。合法合理地谋取利益的行为是正当利己行为，它是大众最基本的生存手段，因而是阴子。合法但不合理的谋利行为称为特法利己行为。

周延性分析：善性利己需要要么通过合法合理的途径实现，要么通过特法途径实现，本次辨析是周延的。

第二节　利他展示需要［1111］（4.15）

利他展示需要［1111］ { 恶性利他需要［11110］（5.30）
善性利他需要［11111］（5.31）

辨析尺度：利他受益者的善恶。

下分辨析：以上述尺度将利他展示需要辨析为恶性利他需要与善性利他需要。"利他"从字面上看好像都是善的，其实不然。利他要看那个"他"是善的还是恶的。帮助坏人或帮助别人干坏事，是恶性利他；帮助好人或帮助别人做好事，是善性利他。

周延性分析：利他只有恶性和善性两种，本次辨析是周延的。

一、恶性利他需要［11110］（5.30）

恶性利他需要［11110］ { 助劣行需要［111100］（6.60）
助劣政需要［111101］（6.61）

辨析尺度：利他受益者的类型。

下分辨析：以上述尺度将恶性利他需要辨析为助劣行需要与助劣政需要。助劣行是指帮助别人干坏事，助劣政指帮助坏政策或坏政府干坏事。助劣行需要为阴子，助劣政需要为阳子。帮助别人干坏事、干不对的事是常见的现象，例子不胜枚举，无须多言。帮助坏政策或坏政府干坏事的现象遍布全世界。如果世界上没有坏的国家政府，侵略战争就不会存在，如果没有坏的地方政府，地方保护主义就不会存在；如果没有坏政策，无辜居民的财产、生命受到严重伤害得不到昭雪的事就不会发生，所谓"政策失误"就不会发生。人类社会中损人不利己的事就事实存在着,而且经常发生。笔者在"情义面子需要"中说过,人情面子和义气面子对人们有广泛的约束力,助劣行需要就常常出于这类需要。坏政府干坏事前总要编造各种歪理或谎言为自己的劣政鸣锣开道,一些辨别能力弱的人被歪理、谎言所迷惑,就助纣为虐了。坏政策的实施,其伤害的对象必定是某类民众的利益,而且往往是大部分民众的利益。坏政策总是为少数人服务的。

周延性分析:利他要么利个人,要么利政府,别无其他。本次辨析是周延的。

二、善性利他需要［11111］(5.31)

善性利他需要［11111］ { 利民需要［111110］(6.62)
利国需要［111111］(6.63)

辨析尺度、下分辨析、周延性分析见恶性利己需要。

善性利他行为在救灾救急中、在扶危济困中、在公共场合中、在社区生活中、在职场学校中、在社会的各个角落,都有数不胜数的感人例子。

人性善的一面在善性利他中得到了充分展示,人的社会正价值,即利民利国的正价值就是通过善性利他得以实现的。人类的道德水平在不断提高,其内在动力就是人的善性利他性。

第五篇　明需要的演化及相互关系

明需要总表

人的生存明需要总表								
活在性需要（求生需要）[0]								
保存自己的需要（存己需要）[00]				延续自己的需要（续己需要）[01]			
能量代谢需要 （食物需要） [000]		能量调节需要 （健康需要） [001]		生命核延续需要 （身体克隆） [010]		心理核延续需要 （精神克隆） [011]	
营食 （阴食） 需要 [0000]	信食 （阳食） 需要 [0001]	防护 需要 [0010]	防病 需要 [0011]	生育 子女 需要 [0100]	抚养 子女 需要 [0101]	内向观念 传承需要 [0110]	外向观念 传承需要 [0111]
觅食需要 / 争位需要	输入信息需要 / 输出信息需要	防自然伤害需要 / 防人为伤害需要	养身需要 / 调神需要	性爱需要 / 婚姻需要	抚养子女需要 / 扶立子女需要	家业寄托需要 / 家声寄托需要	微观观念传承需要 / 宏观观念传承需要
体能需要／技能需要／自身实力需要／社会关系帮助需要	好奇心需要／好学心需要／信号表达需要／符号表达需要	防气候伤害需要／防天灾伤害需要／防无意伤害需要／防故意伤害需要	强身需要／和身需要／控制劣情需要／寻求快乐需要	性吸引需要／性排斥需要／择偶需要／成家需要	哺养子女需要／伺护子女需要／培养子女能力需要／辅佐子女立业需要	守业寄托需要／创业寄托需要／守誉寄托需要／争誉寄托需要	子女离恶教化需要／子女培善教化需要／子女世界观教化需要／子女人生观教化需要

续表

人的生存明需要总表														
美在性需要（求美需要）[1]														
美满生活需要（美生需要） （人的自反价值）[10]								展示社会价值需要（美展需要） （人的社会价值）[11]						
生活幸福需要 [100]				社会尊重需要 [101]				资才展示需要 [110]				品德展示需要 [111]			
富裕保利 需要 [1000]		幸福感情 满足需要 [1001]		里子尊严 需要 [1010]		面子尊严 需要 [1011]		资源发挥 需要 [1100]		才能展示 需要 [1101]		利己展示 需要 [1110]		利他展示 需要 [1111]
富裕需要	保利需要	生存要域感情满足需要	人际交往感情满足需要	身份尊重需要	社会实力尊重需要	道德面子需要	礼仪面子需要	人彩资源发挥需要	社会背景资源发挥需要	能台需要	能志需要	恶性利己需要	善性利己需要	恶性利他需要	善性利他需要
高收入需要	高消费需要	财产安全需要	收支稳定需要	家庭感情满足需要	国家感情满足需要	人际感情满足需要	团体感情满足需要	自然身份尊重需要	社会身份尊重需要	财富尊重需要	势力尊重需要	孝道尊重需要	善良面子需要	礼俗面子需要	情义面子需要	弱人彩发挥需要	强人彩发挥需要	家庭背景发挥需要	个人背景发挥需要	能台实力展示需要	形才实力展示需要	立志需要	砺志需要	损民利己需要	损国利己需要	正当利己需要	特法利己需要	助劣行需要	助劣政需要	利民需要	利国需要

第九章　明需要的发生和消亡

经过上部和下部的论述，人的明需要体系已经建立起来，见"明需要总表"。

将各种需要在取舍、竞争中表现的强弱态势定义为需势。需要总表中的各种需要是分层次、类别的，各种需要的需势是不同的，出现需势差异的原因大致有以下五个方面：①需要本身的差异；②不同人群优先取舍次序上的差异；③人生各个阶段变化产生的差异；④个人的特殊性产生的差异；⑤其他原因产生的差异。

第一节　明需要的产生
——未成年阶段的需势变化

未成年人的需要是根据发育、成长的顺序逐步产生的。

一、幼儿期

婴儿一出生，其生理需要立即启动，即在需要的第一个层次上，生物性需要先于社会性需要而产生了，需要注意的是，阴性需要先产生。在第二个层次上，生物性需要包括存己需要和续己需要，这两个需要中最先产生的，也是阴性需要——存己需要。续己需要到成年时才会启动，在整个未成年期，续己需要都潜伏着。在第三个层次上，存己需要的两个次级需要即食物需要和健康需要，也是阴性爻子先产生。在第四个层次上，在食物需要的两个次级爻子中，营养食物需要略先于信息食物需要产生。在未满月期间，婴儿的信息食物需要很微弱，而营养食物需要很强烈。营食需要的次级需要是觅食需要和争位需要，显然，阴子觅食需要先产生了，而争位需要几年后才产生。

从学走路开始，幼儿的好学心就明显地表现出来。在这之前，大约半岁，小孩就喜欢玩具了，通常他只把玩具摔到地上、把纸张撕碎。学会走路后，幼儿的动作能力得到大幅度提高，如学用餐具等。这时，幼儿（第五个层次）的觅食需要明显地产生了，他会伸手去要或去拿食物，这是觅食的表现。

至此，未成年人的营食需要到第五个层次就告一段落。觅食需要的次级需要——增强体能和技能的需要，要到青年前期才会产生。

在婴儿还不会走路之前，信食需要的次级需要不仅已产生，而且越来越强烈，即输出信息需要和输入信息需要越来越强烈，也就是说，信息需要已扩展到第五个层次。婴儿从出生到学说话阶段，其营食需要的需势远远强于信食需要的需势。但这并不是说，这期间婴儿不需要信息。生理刺激会引起婴儿啼哭，这是向外发出信息的表现。接收信息则要稍晚一些。当婴儿能与大人进行简单的交流时，就是接收信息的表现。婴儿大约从满月起，接收信息需要就萌生了。大人逗他，他有时会微笑。不到8周的婴儿就既能接收信息，又会发出信息了，只是其信息需要表现得很微弱，远没有营食需要那么强烈。半岁前后，幼儿的输入信息需要中的好奇心就表现得很明显，他已经对玩具产生兴趣，喜欢大人抱自己到户外去玩，会很专注地观察大人的嘴部动作，等等。人在近20年的未成年期，好奇心表现得极其强烈，原因是不断发育的大脑对信息有极其强烈的需要——信食需要。

在学会说话之前，幼儿向外输出信息只有信号方式，从学说话开始，就进入符号方式了。至此，未成年人的信食需要已达到第六个层次。未成年人不仅好奇心强，好学心也同样强烈，也就是说，他们的信食需要极其强烈。信食需要在幼儿期就已经扩展到第六个层次。

健康需要对幼儿来说只到第三个层次，没有扩展到第四个层次，也就是说，低层次的需要还没有形成。从这里可以看出，从初生儿到成人，人的生物性需要是从高层次到低层次逐渐形成的。这是一个重要的结论。

二、少儿期

学龄前儿童的健康需要已经开始向第四个层次逐渐扩展,因为在大人的教育下,少儿有一定的防护和防病的自我保护意识。少儿对父母依赖性很强,就是保护意识或身体安全需要的表现。他们不像幼儿那样不知道害怕,他们怕黑暗、怕生人、怕动物等。但少儿的健康需要并没有扩展到第五个层次,因为他们不知道什么是防自然伤害、防人为伤害、养身、调节精神。

少儿期最惊人的表现是社会性需要萌芽的产生,其表现是少儿懂得了表扬,并能记住表扬。希望得到表扬,是荣誉的需要,是最低价值层次——个人价值层次的需要。少儿也有情感需要,例如,他们爱父母,依恋父母,不允许别人说他的父母不好。价值需要是美展需要的内容,情感需要是美生需要的内容,社会性需要的两个次级需要都萌生了。

三、少年期

少年期是人的一生中最多变的时期。在这一时期,少年性生理和脑生理发育接近成熟,这两大生理上的接近成熟都给少年带来疾风暴雨式的变化,少年真正来到了人类社会的大门口,并且已经迈进了一只脚。少年生理和心理上的急变,如同任何一个混沌过程一样,是一个从无序逐渐走向有序的过程。据说,人的大脑到 14 岁时就发育成熟了。发育成熟的大脑开始帮助人们窥测五彩缤纷的人类社会,直观的价值观开始萌芽,个性开始搭建,社会性需要主要根据他的社会生活接触面的要素而凌乱地、易生易灭地产生着或消失着。所以,少年的思想和行为很不稳定,今天表现很好,明天又不好了,后天又变好了。少年期本身也是一个过程,有开始期、中间过程和结束期,前后延续七八年时间。在此期间,他们的社会性需要从混乱中产生,但逐渐趋向有序、稳定。

四、青年期

从实际情况看，青年期可分为青年前期和青年后期。我国将 18 周岁定为成年年龄。我们知道，十八九岁的青年，其思想和行为还很不稳定。青年前期的青年，还属于未完全成熟的人。少年末期和青年前期是最多变的时期，将这个时期称为发育激变期。在发育激变期，性生理的逐渐成熟给少年带来性心理的好奇和冲动，他们产生了性接触的需要和性爱的需要。前面说过，情感是一个多变的心理成分，它可以凌驾于任何需要之上。性爱是重要的情感之一，少年的性爱是在其心理还没有完全发育成熟情况下产生的情感，是没有理性强力约束的情感，所以纠正起来特别困难。

但是，当严酷的社会现实加之于青年前期的青年时，他们会迅速地成熟。例如，在社会大动乱时期，尤其是战争期间，他们不仅会迅速地成熟，而且往往身负重大的家庭责任或国家、民族重任。这种情况说明，一个人只要大脑在生理上发育成熟了，就有智力接受和理解所有的社会要素，并在此基础上建立其价值观，关键是与社会交流的广度、深度和性质。一个特定的社会的人，是他的遗传基因与他接触到的社会因素共同塑造的；他的各种社会需要，也是由他接触到的社会因素引发的。总之，到青年后期，人的价值观、人生观都已形成，人的所有需要，尤其是价值需要都已产生。

从未成年人的成长过程看，一般都是阴性需要先产生，阳性需要后产生。在同配面的阴子与阳子的关系中，阴子是基础，阳子是主导。人的成长过程，是阴子先产生，阳子后产生，这如同建大厦，总是先建基础，后建框架和房间。

第二节 明需要的消亡——老年阶段的需势变化

这里的老年是指退休后的老人。退休以后的时间长达二三十年甚至更长，应将它分为两个或三个阶段。对脑力劳动的退休者，以 70 岁为分界线，分为初期老人和中期老人；对体力劳动的男性退休者，以 65 岁为界限（女性退休者以 60 岁为界），分为初期老人和中期老人。

退休后，老人生理器官的功能逐渐减弱。骨骼肌肉系统功能的衰退，使老人的运动能力逐渐下降，动作的力量、灵活性、准确性、持久性等都越来越差，所以老人退出了体力劳动。他们不再奢望能提高体能和技能，只希望延缓体能和技能的衰退，也就是说，他们的体能需要（6.0）和技能需要（6.1）的需势越来越弱，直至熄灭。他们的争位需要（5.1）的需势也逐渐减弱直至熄灭。他们的营食需要（4.0）的需势也在逐渐减弱。他们的好奇心（6.4）和好学心（6.5）的需势也越来越弱。随着衰老程度的加深，一些老人越来越懒得听、懒得看、懒得说。他们的信食需要（4.1）的需势越来越弱，耄耋老人的阴食需要和阳食需要的需势都衰落下去，以致整个食物需要（3.0）的需势都在减弱。

但是，老人，尤其是初期老人的健康需要（3.1）的需势非但没有减弱，反而比壮年人的健康需要的需势更强，因为他们卸下了向最大和最小生存要域贡献经济力量的责任，有时间和精力来考虑自己的健康。壮年人是国家和家庭的顶梁柱，其负担最重，很少有时间和精力考虑自己的健康；加上其处于生命的鼎盛时期，身强力壮、精力充沛，累一点也能较快恢复体力和精力。

接近退休前，大多数人的生养子女需要（3.2）都已得到了满足，男人不希望再生孩子，女人绝经后无法生育。但他们的性欲还存在，还需要性生活，这是出于愉悦的需要。虽然老人生养子女的需要熄灭了，但寄托子女需要（3.3）的需势非但没有减弱，反而增强了。

我们看到了一个有趣的现象：食物需要（3.0）的需势在逐渐减弱，但健康需要（3.1）的需势在逐渐增强；生养子女需要（3.2）的需势逐渐减弱，寄托子女需要（3.3）的需势在逐渐增强。也就是说，在生物性需要的第三个层次上，阴性需要的需势逐渐减弱，阳性需要的需势逐渐增强。这使笔者想起了太极图中的旋转有正旋和反旋之分。不过，在衰老的过程中，部分老人智力有一个向下的折点，即脑力巨衰点——阿尔茨海默病的出现。阿尔茨海默病出现后，所有生物性需要的需势剧衰，社会性需要的需势也同样剧衰。

老人的社会性需要的需势不像生物性需要的需势那样比较快地减弱。只要没有得阿尔茨海默病，他们的社会性欲望的需势在高层次上基本没有减弱。低龄脑力劳动退休者社会性需要的需势丝毫没有减弱，许多社会精英是低龄老人，在政治、经济、科学、艺术等领域，低龄老人是精英中的精英，掌握着极大的话语权，担负着重大的社会责任。中期以上的体力劳动退休者，他们的某些低层次社会性欲望的需势普遍逐渐减弱，有些初期体力劳动退休者的某些低层次社会性需要的需势就开始减弱了。例如，他们的能台需要（5.26）和能志需要（5.27）都已熄灭，甚至被位认知需要和主位认知需要也已熄灭。

有一个引人注目的现象，老人的美生需要的需势在高层次上没有减弱，但美展需要，即社会价值需要的需势随着衰老程度的加深而逐渐减弱，绝大多数高龄老人的社会价值需要的需势已经非常微弱了，或者说已经完全熄灭了。

从未成年人需要的逐渐产生来看，人的需要最先从"人的明需要总表"的左上方（1.0）开始，然后继续沿着表的最左边逐渐向下扩展生成，进入存己需要（2.0）、（3.0）……（6.0），与此同时，逐渐向右扩展到健康需要的各次级需要。成年后，繁衍需要（2.1）才产生，繁衍需要的次级需要也是从上到下、从左到右逐步扩展的。社会性需要情况比较复杂，因为它的产生与个人的社会接触紧密相关，每个人接触的社会因素不同，其社会性需要的产生及其需势强弱都会不同。

从老人需要的需势逐渐减弱以致熄灭的情况看，人的生物性需要的需势减弱得比较明显和迅速，而社会性需要的需势在进入高龄以前并没有减弱的迹象，进入高龄以后，社会性需要的需势就迅速减弱，直至完全熄灭。

第十章　明需要的实现

第一节　明需要实现的环节

需要与动机之间的关系并不简单。第一，某种需要受到激发才会产生对应的动机。我们需要营养食物，但不是时时都想吃东西，只有受到饥饿的激发时，才会产生进食的动机。第二，某种需要与其受到激发后产生的某种动机并不是简单的一对一的对应关系。每种需要不仅是多层次的，而且每个层次都包含很多内容。例如营养食物需要，由于食物的种类很多，当感到饥饿产生进食动机时，可能会产生好几种进食对象的动机。不仅进食对象多，因进食对象的不同产生的食物来源、进食场所、进食方式、进食伙伴等因素也都进入了动机内容。

动机与动策之间的关系更为复杂。由于动机的内容很多，要付诸行动的环节很多，在众多的动机中选择一个真正的行动决策往往是很困难的。例如，能台需要产生就业动机，就业动机涉及很多内容，如就业行业、就业地区、就业单位、就业岗位、就业时间、行动路线、交通工具等。人们要就以上每个内容作出选择，产生一组或有次序的几组抉择，这就是动策。行动的决策产生了，行动就开始实施了。在需要与行动之间，最重要的是动策的抉择过程。参与和影响选择的因素涉及相关动机的很多内容，社会资源是最基本的因素，还有个人的个性、习惯、经验、能力、价值观、道德观等个人因素以及环境因素。

动策一经产生，行动就开始了，行动产生效果，效果要经过体验、评价，体验评价经过裁定产生继策，继策决定了行为是否继续，这就完成了从需要到满足的第一个过程。如果第一个过程没有完全满足，而只是部分地满足了该项需要，则在继策中会有下一步的抉择。需要—激发—动机—动策—行动—效果—体验和评价—继策，共有八个环节。

第二节 不同人群在需势上的差异

一、普通民众的美生需要优势

每个人都既想生活好，又想展示自己的人生价值，也就是说，每个人都既有美生需要，又有美展需要。但是，普通民众通常更重视美生需要，他们的美生需势比美展需势更强烈。因为大部分人是被位者，没有自主权，他们是为别人的目的而劳动的，无法按自己的意愿展示自己的价值，他们的美展需要受到了抑制。美展需要被迫削弱，美生需要就相对增强了。所以占人口绝大多数的普通民众只想过上好日子，很少考虑宏大的抱负、人生的价值等。主导其行为的几乎都是生活问题。正因为绝大多数人考虑的是过好日子，解决这个问题反而成为国家政治精英们最大的责任和任务。

普通民众倒不是完全不考虑展示自己的价值，只是在较低层面展示。人生的价值体现在四个层面：一级价值层——个人；二级价值层——最小生存要域家庭；三级价值层——最大生存要域国家；第四价值层——生存要域全域（全人类）。前两个是低价值层次，后两个是高价值层次。普通民众的价值主要体现在个人和最小生存要域，他们认为，人生幸福就是使个人和家人过上好日子，并将子女抚养成能自食其力的人、有用的人。此外，如果自己有某种特殊的才能，也希望能展示于人，以显示自己的个人价值，有时展示的目的是为家庭增加经济收入，并非千古留名或为全人类谋利。

二、社会精英的美展需要优势

社会精英是指政府高官、拥有自主权的主位者、社会名流、各行各业的权威人物、有造诣的专家学者等。社会精英的家庭生活水平一般都在当地平均生活水平之上，其内向价值已经得到了展示。他们在美生需要基本得到满足后，还有比较多的剩余资源可以发挥作用以充分展示其社会价值。

政府高官不仅要为辖区居民的生活条件改善负责，而且要为辖区的社会发展做出贡献，他们在做这两项努力的过程中就体现了自己对最大生存要域的价值。当然，贪官、庸官不在此列。进步学者以其进步的学说、著作造福于生存要域全域——全人类。艺术家的作品直接服务于民众。企业家如果能将企业的发展与社会进步结合起来，能对民众负责，甚至能对社会慈善事业有所贡献，就体现了自己对最大生存要域或生存要域全域的价值。

第二部　人的暗需要

有一种需要往往不能被自己直接地、容易地想到，而是需要自己反复反思或别人反复提醒、宣导才有可能被自己认识到，这类需要称为人的暗需要。为此，把在第一部中讨论的人的活在性需要和美在性需要的所有内容称为人的明需要，因为那些需要和欲望不需要别人提醒，也不需要自己反复反思就能被认识到，活在性、美在性迫使人们去满足的需要就是明需要。人的暗需要则不是受生活所迫产生的，它纯粹是精神性需要。如同宇宙中暗物质的能量远远大于明物质的能量一样，人的暗需要所具有的能量（行为驱动力）也远远大于人的明需要所具有的能量，对人的生活、事业、生命等明需要具有强大的调节、控制作用。暗需要可以从不计其数的明需要中选择某种需要作为最重要、最紧迫的需要，可以支持、鼓励、加强任何一种明需要，还可以淡化、漠视、否定任何一种明需要，甚至漠视、否定人的生命。因此，研究这样一种对人的生活、生命具有强大调控能量的暗需要，无疑具有极其重要的意义。

我们来看一个例子：俄罗斯富豪格尔曼·斯捷尔利戈夫在2004年退出商界以前，拥有过亿美元的银行存款，在纽约和伦敦等世界金融中心拥有办公室，在莫斯科郊外富人住宅区卢布廖夫卡拥有别墅。他竞选总统失败后，对物质享受的兴趣锐减，卖掉了所有股票和豪宅。之后，他在莫斯科郊外建了三幢木屋，买了一些绵羊，建了农场，与家人过起了自给自足的务农生活。他们自己饲养牲畜，自己种蔬菜，自己劈柴，自己做饭。他说，与（金融）寡头相比，我生活安逸，这里（农场）更自由，我不依赖任何人，完全自给自足……（富豪朋友们）都羡慕我。他把富豪们比作"囚徒"，自己则是"自由的哥萨克人"。他的妻子阿辽莎说，过去在卢布廖夫卡的生活显得不真实。农场返璞归真的生活让斯捷尔利戈夫一家人感到了生活的美好。这个例子对人们有什么启发呢？格尔曼·斯捷尔利戈夫从富裕但激烈（资本竞争的残酷性、无道德性和高度紧张性）的生活中反复反思后，决定急流勇退，过自给自足的自由生活，成了"自由的哥萨克人"。这个例子告诉人们，选择什么样的生活才能得到心灵自由，这是一个领悟问题，是一种需要反复反思的暗需要。

所谓人的暗需要，其实就是觉悟的需要。觉悟是一切自觉活动的前提，因而觉悟需要是人的一切需要中最重要的需要。只不过，觉悟需要是暗需要，不易被自己察觉，所以在西方的动机理论著作中见不到它的踪影。

觉悟问题之所以头等重要，是因为人们有一种自我肯定倾向。人们总是按照自己认为正确的观念、思想和方法进行活动，这也许是意向活动的最基本的法则，可称之为自对法则。某种信念一旦占据了人的信念中心，上升为主本观念，根据自对法则，这个人将按照那种主本信念来思维和行动。如果是错误的信念占据了信念中心，成为主本，人就误入了迷途，并将给生存和发展带来巨大的障碍。

自对法则是自我肯定需要，是人的所有精神需要中最基本的需要之一。一个人不能长期生活在自我否定的觉悟状态中。自我肯定包括人的信仰、信念、价值观、命运观等重要内容，是人的精神支柱。"肯定"是一种判断，人对世界本原的判断称为世界观，它是人的信仰；人对命运的判断称为命运观，它也是人的信仰。有人认为，有些人就是按照自己认为错误的行动去行动的。例如，那些贪污腐败分子，他们清楚地知道贪污、腐败是错的，但还是要去做。其实，他们对贪污、腐败的认识分为两个方面：①贪污、腐败等行为是否构成犯罪；②值不值得去做。在值不值得去做方面，他们进行了激烈的思想斗争，反复权衡。他们是在以下三种心态下作案的：①侥幸心理。他们相信只要手法巧妙、作案隐蔽就不会被发现，或者很迟才会暴露。②逃避惩罚心理。他们做好了一切逃避的准备：或于未暴露前就远走他乡；一旦问题暴露，或嫁祸于人，或销毁罪证，或建立攻守同盟，或逃跑隐藏，等等。③牺牲自己，惠泽子女的心理。他们将赃钱、赃物提早做好隐匿、转移等处理。经过以上心理算计后，他们得出了值得去犯罪的结论，这个结论对他们来说是自认为正确的结论。几乎一切故意犯罪都是在"值得去做"的心态下进行的。对此自对法则仍然成立。

人们为什么顽固地坚持"自对"呢？这可能是人的悟觉对自身存在的合理性和价值性的确认。人们在心智深处领悟到自己是比动物更高级的生物，相信自己有判断力；人们还领悟到自己与他人是同样的人，相信自己不会比别人差，自己具有与别人同等的判断能力。正是这种对自身的领悟，使人们有强烈的自我肯定倾向。只有充分地肯定自己是正确的，并有能力立于人世，才能体会到自己存在的合理性和价值性。如果一个人对自己一生中的一系列重大决策和活动都全盘自我否定，那么，他一定痛苦万分或精神崩溃。

自对法则是行动之前的抉择原则，至于对行为后果的领悟，人们有可能会领悟到其中的错误。即使如此，人们也不会轻易地承认自己的错误。我们都知道，要别人承认错误是件困难的事，至于那些独裁者、强权者、霸道者，他们从来都没想过自己还会犯错误。由此可见，对行为后果的领悟也是自我肯定倾向大于自我否定倾向。

将觉悟状态分为五种：正觉悟、负觉悟、蒙觉悟、无觉悟、不觉悟。觉悟有正确与错误之分，正确的觉悟叫正觉悟，错误的觉悟叫负觉悟，在正、负觉悟之间摇摆的觉悟叫蒙觉悟。蒙觉悟是指觉悟不坚定的状态。与蒙觉悟相对应，将坚定的觉悟状态称为明觉悟，正、负觉悟都是明觉悟。无觉悟是指觉悟对象还没有进入注意领域，因而不可能对其进行反思、冥思。不觉悟是指觉悟对象在自己或别人的提醒下已经注意到了觉悟对象，但拒不反思或冥思，并将觉悟对象忽略。

在任何问题上，人要么无觉悟，要么有觉悟，而有觉悟又分明觉悟、蒙觉悟、不觉悟，人总处于某种觉悟状态。

无觉悟是未成年人的基本觉悟状态，这是由他们的悟觉能力和理觉能力的发生及发育过程决定的，因为觉悟是悟觉的运作，未成年人悟觉还没有发育成熟，所以处于无觉悟或蒙觉悟状态。从进入青年前期起，他们在许多重大问题上开始进行思索和求证，进入一生中最重要的觉悟整合期，世界观、命运观、人生观、人际观、价值观等重要的观念都在觉悟整合对象范围内。不过，青年前期的觉悟整合基本处于蒙觉悟状态。从大约 18 岁开始到 25 岁前后，青年的觉悟整合从蒙觉悟状态逐渐过渡到明觉悟状态，青年的"精神大厦"——信念中心从此趋于成型。

千万不要以为只有未成年人才会处于无觉悟状态，其实，成年人也经常处于无觉悟状态，这当然指在某些问题上，而不是指像未成年人那样在所有问题上。在五四运动时期，一部分社会精英针对中国民众无觉悟的状态，大声疾呼，想要唤起民众拯救中国、拯救民族的决心。中国共产党正是由先行觉悟者创立的，也正是中国共产党对广大的处于无觉悟状态的民众进行觉悟整合，并把他们组织起来，才最终推翻了压在中国人民头上的"三座大山"。改革开放初期，我国绝大多数人的思维方式、行为方式、道德约束仍停留在计划经济阶段，在改革开放问题上处于无觉悟状态，错过了很多发展的机会。而那些先觉悟者则利用其所掌握的资源（技术、信息、人才、人脉、物流渠道，甚至完整的商场、酒店、车间、工厂等），或承包或创办企业，开始了对原始资本的积累。

不觉悟的发生可能有两种原因：一是坚持原来的觉悟认识而拒绝新的觉悟整合，实际上，他们已经进行过觉悟整合；二是认为觉悟整合对象与己无关或关系不大，没有必要花心思考或觉悟。当然，不觉悟要分清整合对象是否正确，如果是错误的整合对象，如邪教宣传，还是不觉悟为好；如果是正确的整合对象，不觉悟就可能给自己带来损害。如果有一种非常有害的错误信念在主宰着自己而坚持不觉悟，将会给自己带来灾难。

负觉悟在人的一生中也时有发生，它会给人带来很多损失和悔恨。如果在重要问题上进行了错误的觉悟整合，就是误入歧途，这是很可怕的事情。经验少一些也许令人遗憾，但不可怕，一旦在重要问题上接受了错误的信念，那就危险了。

笔者只窥探到人的暗需要的一鳞半爪，而对暗需要的全貌研究则极其肤浅，因为它太深奥。说它深奥，是因为现在的科学对人的特性、心身关系、大脑结构及神经活动、精神活动、"精神大厦"的建构过程及稳定结构的研究还很浅显，觉悟整合过程几乎还没有成为研究课题。人对自己还处于基本无知的状态。但是笔者认为，将人的暗需要提出来供读者讨论、研究，是十分必要的，其意义之重大也是显而易见的。以下内容是笔者对觉悟的粗浅理解和研究，提出来供读者参考。

《辞海》对"觉悟"的解释包括如下三条：①从迷惑中醒悟过来；②指一

定的政治认识；③佛教谓领悟真理。笔者对觉悟有自己的界定。觉悟一词既是动词，也是名词，做动词时表示认识、反思、体悟、领会的过程，将这个过程称为觉悟整合过程；做名词时表示某种认识水平或领悟水平、领悟状态。觉悟是被感知的外物与内在原有的认识（内识）阴阳整合的过程，被感知到的外界事物是阳子，内识是阴子。许多人口头上说已经觉悟，但实际上依然故我。例如，你劝他别抽烟，他说知道了，还能说出一大堆抽烟的害处，但并没有戒烟的任何行动。这样的没有觉悟效用的觉悟，是常见现象，以致一些不良习惯，甚至犯罪行为等都得不到纠正。由此看来，觉悟由理论上的领悟和行为上的实践两个阶段构成。没有付诸实践的觉悟，称为口头觉悟、假觉悟。

笔者在自由—约束空间的讨论中讲过，这个空间由客观轴和主观轴两根轴构成，其中客观轴包括自然轴、社会轴和时间轴。客观自由度与主观自由度构成了一个阴阳对，客观自由度是阴子，主观自由度是阳子，将这个阴阳对称为人的自由度阴阳合一体。这里辨析的是阴阳上归。阳子具有主导性，即人的自由度是在客观自由度的基础上由主观自由度主导的，人的主观觉悟水平决定了其客观行为的自由度水平。这就是说，人在客观上（即在自然、社会和时间上）所能获得的自由度直接受到自我觉悟水平的制约，而自我觉悟水平的提高也直接受到客观轴上所获自由度的制约。因此，为了在客观上获得更高的自由度，就必须提高自我觉悟水平，这就是觉悟或者说暗需要的由来。

提高自我觉悟水平，其实就是自我认识、自我领悟、自我解脱、自我解放、自我发展，以达到自我和谐的过程。

自我觉悟究竟包括哪些方面呢？这就要看"自我"究竟由哪些元素组成。人是由确量和玄量构成的，人的确量是人的生存手段，人的玄量是人的生存目的、生存方向。人的确量包括资才和品格，是指人的比较确定的量，也可以称为人的质量。人的确量在一定时期内是确定的，有较为确定的显现，其中资才（在一定时期内）是可见的、可标示的质量，品格（在一定时期内）是不可见的、不可标示的质量。品格虽然不像资才那样有较为确定的指标标示，但每个人的言行都明确地显现其较为稳定的品格，因而它也是确量。人的玄量包括人的感悟和观念，它们都是捉摸不定、变化不定的量，但它们对人的作用都非常大，可称为人的动量。人的玄量性是人的悟觉的不确定性的简称。人既是确量体，又是玄量体，确量体是阴子，玄量体是阳子。玄量体既然是阳子，就具有阳子的质的规定性和运动方向的主导性。

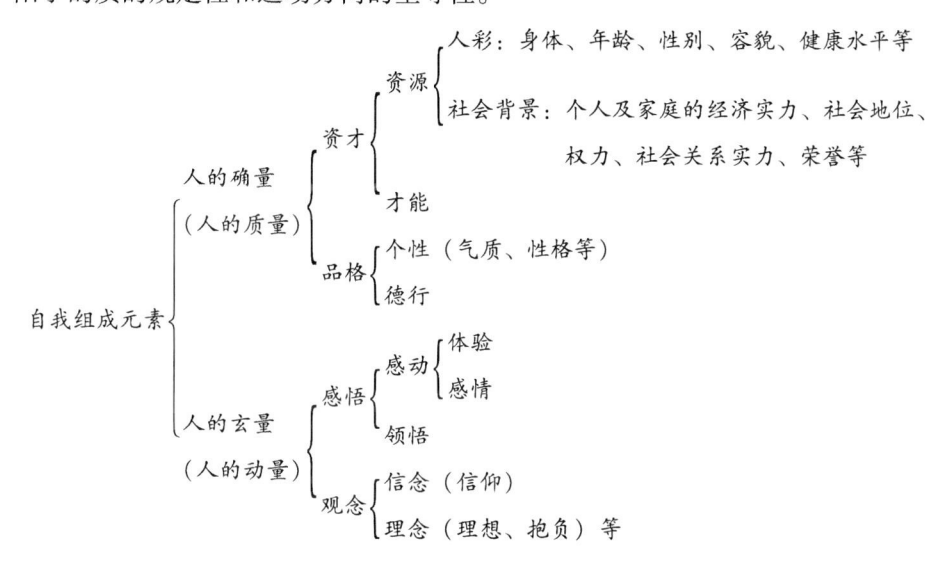

$$
自我组成元素\begin{cases}人的确量\\（人的质量）\end{cases}\begin{cases}资才\begin{cases}资源\begin{cases}人彩：身体、年龄、性别、容貌、健康水平等\\社会背景：个人及家庭的经济实力、社会地位、\\\qquad\qquad 权力、社会关系实力、荣誉等\end{cases}\\才能\end{cases}\\品格\begin{cases}个性（气质、性格等）\\德行\end{cases}\end{cases}\\人的玄量\\（人的动量）\begin{cases}感悟\begin{cases}感动\begin{cases}体验\\感情\end{cases}\\领悟\end{cases}\\观念\begin{cases}信念（信仰）\\理念（理想、抱负）等\end{cases}\end{cases}
$$

自我元素包括人的所有方面，每一个方面都有反思、觉悟的暗需要。但是，在本书中不可能进行全面探讨，而只能讨论其中极少的问题。现在按照人的自我元素组成图进行讨论。

在写作本书的明需要部分时，部、篇、章、节都是先写阴子后写阳子，而当写作暗需要时，笔者本也准备先写阴子后写阳子，可是发现无法先写确量觉悟后写玄量觉悟，因为写确量觉悟时要用到玄量觉悟的内容。此时笔者想到了八卦图中有顺时针和逆时针两个旋转方向。按八卦图的指示，在暗需要部分，先写阳子玄量觉悟，后写阴子确量觉悟，按这样的顺序写作就没有任何困难。八卦图的顺、逆两个旋转方向竟暗合人的需要（写作的）展开顺序，这使笔者大为惊惑。这里的暗合是巧合还是必然，笔者一时未能解释。此处记录下来，让后人们去研究。

第六篇　人的玄量觉悟暗需要

$$
\text{人的玄量} \atop \text{（人的动量）} \begin{cases} 感悟 \begin{cases} 感动 \begin{cases} 体验 \\ 感情 \end{cases} \\ 领悟 \end{cases} \\ 观念 \begin{cases} 信念（信仰） \\ 理念（理想、抱负）等 \end{cases} \end{cases}
$$

　　人的玄量由人的感悟和观念辨析构成，感悟是阴子，观念是阳子。感悟是自身对外界事物或自身发出的刺激所做出的反应，而观念是纯属从社会中学习或悟得的某种方向性认识，它直接指导人的言行。当然，感悟也能引发人的行为，但不一定具有方向性。但是，如果某种感悟被升华到观念的高度，也能成为方向性行为导则。人们对所有的内外刺激都会做出反应，都会产生感悟、感动，并采取应对措施。这些感动和应对措施具有巨大的能量，这种能量就是人的动量。人的动量与人的质量是不同的，人的质量是指人的资才（资源和才能）和品格，资才和品格对谁发挥作用，什么时候、什么地点发挥作用，发挥到什么程度等，全靠感悟或观念来决定，即由人的玄量来决定。

第十一章　观念觉悟暗需要[*]

观念包括信念和理念，信念包含信仰，理念包含理想、抱负、对待生活的态度、对待人际关系的态度等。观念觉悟是将自己接收到的某种外来新观念与自己原有的某些经验（内识）相整合的过程或结果，将这个过程称为观念整合过程，外来的新观念是阳子，原有的经验认识（内识）是阴子。

一个人会接收到各种各样的观念，这些观念与自身的某种经验相整合，有的观念被剔除，有的观念被完整接受，有的观念被自己改造成一种新的观念。人的觉悟表现在很多方面，每一种觉悟都是相应的自我经验与相应的观念的整合物。观念从何而来呢？观念都是人的头脑思索出来的。从哪些人的头脑中产生？大致有两类人：一是周围的普通人，但必定是普通人中的智者，将他们称为普通智者；二是思想家，他们是全人类中的智者，将他们称为精英智者，他们是社会精英中的精英。普通智者对社会、人、情感、健康、生活等问题的领悟和看法，往往会影响其周围的很多人。普通智者的观念大多是微观方面的。他们的正确观念会有益于周围的人，有益于社会；他们的错误观念有害于周围的人，也有害于社会。他们既可能是良师益友，也可能是害群之马。精英智者的观念大多是以理论形式出现的，而且有著作出版。从觉悟的角度看，精英智者的观念大多是宏观方面的。他们的正确观念有益于社会进步，提出正确观念的智者会成为全人类敬仰的导师；他们的错误观念有害于大众、阻碍社会的进步。不过，要想分清精英智者的观念正确与否，并非易事。

经验直接受到知识、能力和实践的制约，即受到人的质量的制约。一个人

---

[*] 阴阳辨析经过明需要章节的反复使用，笔者估计读者已经掌握了此方法。所以在暗需要的章节中，为了缩短篇幅，笔者不再指出辨析尺度、阴子、阳子以及阴阳之间的关系等内容，请读者自己学习使用。当然，寻找辨析尺度不是那么容易，不过正好可以借此锻炼自己的阴阳辨析思维能力，由此提高自己的工作能力、学术能力和生活能力。

的经验由于受到客观条件制约,所以总是有限的。因此,观念觉悟整合就受到经验的制约。由于每个人的经验不同,其觉悟也就可能不同,这就是不同人对一个问题的认识往往不一致的原因之一。阴子经验在观念觉悟整合中具有基础作用。

当一个人对某种观念进行思考、判断,并准备拒绝或接受时,笔者称其为审念者。有的观念为什么会被某个审念者接受呢?那个观念是怎样被接受的?某种观念想要被审念者接受,要闯过两道信否机制(简称信制)关卡。第一道信制关卡是观念类性相容关,即外来观念与审念者经验中已有的同类观念的性质是否相通、相容。如果新旧观念的类性相容,新观念就能闯过信否机制的第一道关卡;如果类性不相容,则新观念会被阻挡在第一道关卡之外并被剔除。

第二道信制关卡是信否准则关。新观念通过第一道关卡后,还要看它使用何种信否准则(简称信则)。如果使用的信否准则与审念者的信否准则相通,则该观念就会被审念者接受;如果信否准则不相通,则该观念不会被审念者接受。笔者发现的信否准则有四种:第一信否准则是信权威准则;第二准则是信多数人准则,简称信多数准则;第三准则是信实践检验准则,简称信实践准则;第四准则是信逻辑论证准则,简称信逻辑准则。

本书在第二卷中指出,人是既自信又不自信的信心阴阳合一体,不自信是阴子,自信是阳子。由于一个人的经验总是有限的,在自己没有经验或经验不足的领域,人总是不自信的。在不自信的情况下,人们往往采取信权威准则来指导自己的思维和行动。所以,信权威准则是第一信则。权威可能是审念者心目中有权威地位的人,也可能是权威机构,还可能是获得权威地位的理论学说。审念者心目中有权威地位的人很多,如家长、老师、领导、智者、长者、领袖、学术权威等。第一信则运用的范围极其广泛,几乎每个人都在运用。

少数服从多数的决策原则就是根据信多数人准则制定的。

第三信则,即信实践准则是科学的信否准则。理论、学说、观点、观念、信念经过实践检验为正确的才是真理,才能被审念者接受;经过检验为错误的,就不会被审念者接受。信实践准则是科学研究的主要信则,但在实际运用中,检验的工具、方法是否正确直接关系到检验的结果正确与否。对于个人来说,是否具有合适的检验工具、是否掌握了正确的检验方法,直接决定了其检验结果的正确与否。例如，在运用实践信则时，有的人用举例的方法来验证，列举一两个或两三个看似正确的例子后，就说他的那个观点、理论是正确的。这种方法就不一定可信。

有些理论、观点、学说是无法用实践来检验的，或者暂时还不具备用实践检验的条件，人们就用逻辑论证的方法来确认其正确与否。在自然科学领域，逻辑论证是最常用的方法之一。许多科学成果都是先提出假设，在有工具、有条件时，用实践来检验；在不具备实践检验条件时，人们就用逻辑论证方法来论证这种假设。在社会科学领域，逻辑论证方法的运用也极其广泛，尤其是一些历史理论、社会发展理论无法用实践来检验，只能用逻辑来论证。信逻辑论证准则也属于科学的信则，其首先面临的问题是这种逻辑是否正确。如果逻辑正确，论证方法也正确，论证的结果就值得信赖，否则就不值得信赖，歪打正着的概率极小。怎样确认论证逻辑正确？需要运用某种信否准则来判断。在科学上用逻辑一来论证逻辑二、用逻辑二来论证逻辑三等，这是常用的逻辑论证线路，在这条线路上，如果有一个环节出现错误，则该环节以后的所有论证都是错误的，甚至会发生循环论证现象。所以，逻辑信则也存在一定的局限。不要以为只有理论家、科学家才运用逻辑准则，其实普通大众也广泛使用逻辑推理论证，只不过推理逻辑不一定正确而已，但理论家、科学家有时也会使用错误的逻辑。

信否机制是认识机制之一，它本身有一个逐步建立和完善的过程。一个人的信否机制从其进入少年阶段开始逐步建立。这就是说，未成年人还没有建立信否机制或信否机制还不健全，任何观念都可以轻而易举地进入未成年人的精神世界。

如同任何关卡都有牢不牢固的问题，信否机制的两道关卡也有是否牢固的问题。第一关卡是观念性质相容关。前面说过觉悟有五种状态，其中的蒙觉悟状态就是信制第一关卡不牢固的状态，因为它在性质不同的观念之间摇摆。具有独立思考素质的人，其思维具有极强的活性，可以与任何观念相容，除了经过其第三或第四信则关卡严格审查的观念。反过来说，某种观念一旦被独立思考素质强的人经过其第三或第四信则的反复反思而接受，它在该审念者的精神世界中就极其牢固，甚至终生不变。信权威准则和信多数人准则其实都是不牢固的关卡，思维活性强的人一般都不使用它们。在未成年时期用第一或第二信则接受的观念，长大后还要重新接受第三或第四信则的审查。只有第三、第四信则是科学的信则，才是牢固的关卡。

任何坚定的观念或牢固的关卡都有被毁的可能，当然这要使用极强的手段。"食物需要"部分说过，信息对人的心智系统来说是系统需要的"食物"，叫阳食。使用阳食方法往往能动摇坚定的信念或牢固的信制关卡。所谓阳食方法是指饱阳食或断阳食。使用饱阳食方法摧毁坚定信念的方法，是指在一定时间内使信念者大量地、持续地只接收与其原有信念性质相反的观念的信息，使审念者的大脑只能围绕着相反观念运作。人的大脑思维能量是有限的，当一种观念、思想的思维占据大脑思维能量的全部或绝大部分时，人对其他观念、思想就没有时间和精力去思维，时间一长，其他观念、思想就会逐渐淡化直至被淡忘。对原有观念来说，中枢信息系统已经接收不到它的信息以进行生理上的生物电刷新，这是断阳食方法；对新的观念来说，它被强迫塞进审念者的大脑，并独占了大脑思维的全部或绝大部分时间和思维能量，这是饱阳食方法。饱阳食与断阳食有时是同一过程的两个方面，有时又可以单独使用。陷入痴迷状态的人就是生动的例子。

可将饱阳食方法称为信念轰炸、观念轰炸，其实就是"洗脑"。信念轰炸是信息轰炸的内容之一。信息轰炸在日常生活中是常见的，如各种各样的强化学习或长时间地上网，在一段时间内，人的大脑被学习内容、网上信息所占领，其他信息根本进入不了大脑。于是这些信息就占领了大脑，这可能有大脑生理上的原因。本书在关于信食的讨论中说过，所有输入大脑中的信息都是大脑"吃"进去的"食物"，如果大脑在一段时间内只"吃"一种"食物"，其加工的食物、加工后的储存产物和输出的产物（与别人交流的信息）也只能是同类信息，这就是信息轰炸。不过，信念轰炸与一般的强化学习是不同的，它的时间更长、强度更大、频数更高。信仰理论是一个体系，它有自己的推理逻辑、推理对象及推理结论，通过这些推理，它能基本达到或自认为达到自圆其说的状态。不能自圆其说的信仰理论是无法被审念者长期信赖的。信念轰炸的内容就是让审念者接受本信念的推理对象、推理逻辑和推理结论并将其确认为真理，尤其是推理逻辑最为关键。

信念轰炸既可以摧毁比较坚固的原信念，也可以进行新观念的强行占领。这是一个值得继续研究的课题。

继续以宏观与微观的区别为尺度，将观念辨析为信仰与理念。信仰是指宏观方面，如世界观、命运观等；理念是指微观方面，包括很多内容，如人生观等。信仰是阳子，理念是阴子。宏观信仰主导了微观方面的理念，而微观理念是为宏观信仰的体现服务的，也就是说，在微观理念中会体现出人的宏观信仰。

第一节　信念觉悟暗需要

信念的主要成分是信仰，而世界观是最主要的信仰。世界观是一个人关于世界与人的关系的某种认识。

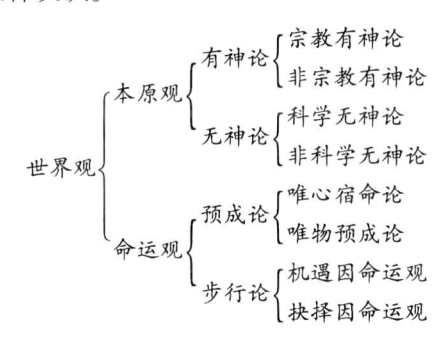

$$
世界观
\begin{cases}
本原观 \begin{cases} 有神论 \begin{cases} 宗教有神论 \\ 非宗教有神论 \end{cases} \\ 无神论 \begin{cases} 科学无神论 \\ 非科学无神论 \end{cases} \end{cases} \\
命运观 \begin{cases} 预成论 \begin{cases} 唯心宿命论 \\ 唯物预成论 \end{cases} \\ 步行论 \begin{cases} 机遇因命运观 \\ 抉择因命运观 \end{cases} \end{cases}
\end{cases}
$$

世界观主要包括以下三个问题：①物质世界、宇宙究竟是怎么来的？是本来就存在的还是上帝创造的？②人究竟是怎么来的？是上帝创造的还是从动物进化而来的？③人的一生是受什么控制的？是受神灵控制的还是受人（自己或他人）控制的？某种世界观的理论一旦占据了某人的信念中心，成为主本观念，这个人的所有思想和行为就都显著受这种主本观念的影响。

信仰成为人的需要的原因，可以从人类认识史和个人认识史纵横两个方面简单地加以回顾。从人类认识史来看，信仰与原始宗教、图腾是同一类问题。人类的宗教信仰经历了两个阶段：第一阶段是多神教阶段，第二阶段是唯一神教阶段。

人类自从诞生以来，一直生活在三种巨大的异己力量的阴影中：自然界的威力无从回避，人类社会组织的巨大威力无法抗拒，对人自身的变化无能为力。在这三种力量下产生和发展起来的人类心智必然受到其影响，或者说，形成了人类心智与异己力量间的复杂关系。自觉人类当然想揭开异己力量的秘密，于是开始对周围的一切进行探索、求解。人类初民由于认识能力极低，对日月星辰、风雨雷电等自然物的种种变化及其巨大的威力十分不解，自然要对这些自然物及其变化给予解释和答案。于是，人类初民将自然界的一切与人联系在一起进行比较思考。既然人有灵，其他物就可能也有灵，于是产生了万物有灵的观念。于是，天神、地神、雷神、风神、火神、水神、山神、海神等神灵及各种动植物的精灵鬼怪就在人类的精神世界中产生了，最原始的有神观念就是这样产生的。这些神灵与人类相似，但比人的威力大得多，它们可以呼风唤雨、移山填海、兴灾发难、消灾佑福等，还具有与人类相似的喜怒哀惧、趋利避害的情感和利益需要。这些神灵一旦在人的精神世界中诞生，就反过来对人的心智产生了巨大的反作用。人们祈求具有无穷威力的正神降伏妖魔、消除灾难、赐予丰产、打败敌人，对正神的敬畏之情油然而生，于是信仰就产生了。所以，在人类信仰史上，首先出现的必定是多神教，这也是图腾、原始宗教产生的原因。多神教在文字被创造以前很久就诞生了，它没有什么理论经典。在原始共产主义社会，人们认为，种植、捕猎等收获如何是由神灵控制的，人的生老病死是由神灵控制的，能否打胜仗也是由神灵控制的。于是，一切重大活动都要通过祭司巫师请示神灵后才能进行，神成了人的主宰，敬神成了最高需要。这种觉悟是万物有灵观念与人们的生活经验阴阳耦合而产生的。在寻找灾难及平安产生原因的过程中，产生了多神教。

一神教产生于奴隶制社会。原始共产主义社会的自觉人类还没有善恶观念，人们过着基本平等的生活，人人相互关爱，人们就不知道什么是爱；人人平等，人们就不知道什么是平等；人人都行善，人们就不知道什么是善。不知道善就不知道恶，不知道恶就不知道善。但是，私有制一经诞生，人类进入奴隶社会，人类社会出现大反转，从最平等的社会反转为最不平等的社会，从最公正的社会进入最不公正的社会，从最仁慈的社会进入最凶残的社会，奴隶被置于动物的地位。奴隶被奴隶主随心所欲地以各种残暴的方式折磨、处死，劓鼻、割耳、挖眼、掏心、剥皮、抽筋、炮烙、车裂、活人祭祀、活人陪葬等凶残的恶行出现在人们的日常生活中。恶，甚至极端的恶出现了，于是恶的观念在人的精神世界中出现了，与此同时，善的观念也在人的精神世界中出现了。此时，也只有在此时，才会有人产生行善除恶的念头。一些大慈大悲的人出现了，他们决心用某种方式让普天下的人都行善除恶。用什么方式呢？多神教早已盛行，信仰的巨大威力被他们领会，那么，创立一种以行善除恶为主旨的宗教以供人们信仰就成为这些大慈大悲者必然的选择。将原来的多神教的某种神灵加以改革行吗？不行。因为原来的神灵有什么威力人们早已熟知，现在说他还有某种新的威力，很难服众。所以必须创立新的宗教，这个新的神必须高于原来所有的神灵，才能成为唯一的最高神。他必须以行善除恶为己任，而且必须具有原来的所有神灵具有的各种威力。怎样才能显示新的神高于原来的神呢？原来的神灵只具有某种单一方面的威力，不具有全面的威力。为了显示新的神具有最高威力，必须赋予他最高、最全的威力和最仁、最慈的情怀。于是，大慈大悲者赋予一个新的最高神能开天辟地、造神、造人、造世界万物，还能造智慧、造情感的能力，唯一最高神祇就这样诞生了。描述最高神祇的最高能力、至仁至慈等的理论被创立出来，最高一神教创立了。

接下来的问题就是怎样宣传最高一神教理论，使最高神祇被人相信、接受。解决这个问题比创立新教理论要困难得多。新教创立者是不宜将自己标榜为最高神祇的，因为个人的力量和智慧太有限，无法与其设计出来的最高神祇的威力和智慧相提并论，但他必须使自己具有某种特殊的身份，这个身份就是最高神祇的使者，是唯一知道最高神祇旨意的人。他要充分把握自然界、人类社会在历史上或现实中发生的所有重大事件，将这些事件与最高神祇理论巧妙地结合起来宣讲他的理论，使人们相信最高神祇的存在、最高神祇的威力、最高神祇奖善罚恶的公正等。他还要充当最高神祇与普通大众日常生活沟通的使者。原来的多神教不存在这个问题，因为多神教不管人们的日常行为。多神教的职责、威力只是消灾祈福，只在人们有重大活动或遇到灾难时，才由巫师通过某种仪式请示神灵来解决问题，平时只需定期或不定期地祭祀即可。但最高神祇的主旨是要人们行善除恶，因此必须干涉人们日常行为的善恶，要根据实际情况加以指导，于是必须有一个沟通者将最高神祇的旨意传达给人们。第一任使者理所当然就是该教的创立者。仅有最高神祇最大能力和至仁至善的理论还不够，还要有奖善罚恶的理论。这种理论告诉人们，信最高神祇，行善事，就能有善的回报；反之，就会得到恶报、严厉的惩罚。于是，天堂、地狱理论出现了，三世（前世、今世、来世）轮回理论出现了，宿命论出现了，这些理论对人们有巨大的威慑力。

理论上健全了，最高神祇的使者也有了，关键在于使者怎么布道。布道是件非常困难的事，历代使者经过坚韧不拔的努力，终于使最高神祇成为信徒心中至高无上的唯一神祇。中国处于奴隶制社会时没有创立至高无上的唯一宗教，但呼唤行善除恶的还是大有人在，其中最杰出者当然是孔子，还有老子和墨子等。孔子的最大功绩是在中国没有唯一至高无上的宗教的时代，创立了一套以仁爱为核心的完整的伦理学说供民众遵守，让人们行善除恶。国内外有学者将儒家学说称为儒教就是这个道理。世界主要宗教和儒教的宗旨都是劝人为善，远离罪恶。行善除恶的欲望产生了一神教。

从个人的认识发生史来看，人出生后，随着年龄的增长，各种心智功能有一个从萌芽到成长，再到逐渐成熟的过程。在这个过程的每一个细节中，个体一直受到父母和社会的信念教化。因为儿童在观念方面的经验是空白的，有神论观念就毫无阻挡地通过了信否机制的两道关卡，进入了儿童的精神世界，最高神祇早已占据了他们精神世界的最高位置。

大多数人都有信仰，信仰对信徒的作用究竟表现在哪里呢？那就是信徒对本信仰的无限虔诚和将自己的一切奉献于信仰的精神，笔者将这两条称为信仰精神。说信仰是精神支柱，也是表现在这两个方面。因此，虔诚和奉献于信仰对象就成为任何信仰者的强烈需要。信仰的巨大能量就体现为虔诚和忘我奉献的精神。

人是从哪里来的？是上帝创造的还是从动物进化而来的？这个问题只能用第三、第四信则来确信。达尔文的进化论已经回答了这个问题。

一、本原观觉悟暗需要

《辞海》解释"本原"为"构成世界万物的始基、根基或元素……唯心主义认为世界的本原是精神；唯物主义认为世界的本原是物质"。笔者用"本原观"专门概括有神论和无神论关于本原的观点。每个人都有某种本原观,有些人是有神论者,有些人是无神论者,还有的人在两者之间摇摆。某种本原观一旦在"精神大厦"——信念中心确立,就成为人的信仰对象。本原观信仰是人的最重要的信仰之一。

无神论也分两种:一是科学无神论,二是非科学无神论。有一批社会精英,他们具有极强的独立思考能力和大无畏气概,他们接触到无神论的观念后,运用实践信则或逻辑信则反思自己的已有觉悟,经过独立思考后,坚定地信仰科学、信仰真理,从有神论队伍中叛逆出来,成为坚定的、科学的无神论者。还有一些没有文化或文化水平较低的普通民众,他们成年后,运用实践检验信则,对听腻了的鬼神故事进行反思,对看不见、摸不着、任何感觉器官都感受不到的神灵是否真实存在产生了怀疑,对神灵可以禳灾除病、呼风唤雨保丰收的神力产生了怀疑,在对神灵的各种祈求都无效后,也成为神的叛逆者。但囿于文化的限制,他们不能通过理论与实践的结合批判有神论。他们是非科学无神论者,民众中一些不怕鬼、不信邪的人就属于此列。

有神论与无神论之间、有神论内部各宗教之间、同一宗教内部各派系之间的斗争都称为信仰斗争。各种信仰之间的矛盾一般都尖锐对立,不可调和。信仰斗争贯穿整个人类思想史。

非宗教有神论者无信仰理论、无信仰组织、无信仰节日、无规定的信仰活动,他们的信仰活动全是自己单独的随意的自由活动。他们对信仰对象可以虔诚也可以不虔诚,可以奉献也可以不奉献,一切取决于自己,因为他们的信仰是无组织、无领导的。

前面说过,宗教信仰者有虔诚和奉献于信仰对象的需要。虔诚是一种情感,奉献是行动。人有许多种情感,信仰的情感是最高情感。奉献精神来源于虔诚情感,虔诚情感是奉献行动的强大动力。信仰虔诚需要来自两个方面:第一,信仰派别的组织者、领导者需要其信徒对本信仰无限忠诚,否则这个信仰派别将会解体。信仰派别的领导者、组织者在加深信众的虔诚度方面丝毫不敢懈怠。第二,信众自己需要对信仰虔诚,否则,其内心将会不安,甚至引起严重的精神压力。任何信仰派别都不能保证其信徒百分之百的虔诚,总会出现一些叛逆者，但叛逆者毕竟是少数或极少数，而发自内心的虔诚者占绝大多数。信仰者的虔诚主要表现在两个方面：一是知原，二是效忠。所谓信仰知原需要，是指信仰者对本信仰关于世界本原理论的认识和理解的需要。信仰知原是虔诚的重要基础，只有对教义理解和接受，信仰才能得到巩固。信徒当然不满足于加入信仰组织，还想了解本信仰的经典理论，以及信仰对象与自己生活的关系。大部分信徒对经典理论坚信不疑，但有少数信徒在知原过程中发现经典的漏洞，成为叛逆者。最著名的例子是乔达诺·布鲁诺。他从小就受到良好的神学教育，并在成年后成为牧师。本来教廷是让他批判哥白尼的，他才有机会接触当时被列为禁书的哥白尼的《天体运行论》。具有强烈知原欲望以及独立思考、探索真理素质的布鲁诺，一经接触这本科学著作，很快就被书中的科学理论征服。他运用第三、第四信则毅然地抛弃了自己信奉多年的上帝，成为哥白尼"太阳中心说"的坚定拥护者。

仅仅创立信仰经典理论还不够，由于社会不断发展变化，科学技术飞速进步，新的发现层出不穷，各信仰派别的领导者、组织者必须将新的发现纳入自己的经典理论中，所以各宗教都有大批神学理论家专门对经典做补充、完善的工作。神学理论只有跟上时代的步伐，才能满足信徒的知原需要，才能使信徒的信仰不致削弱或动摇。"上帝无处不在"的理论就是一种神学武器，它可以将一切科学成果所揭示的自然奥秘全部说成是上帝的创造和安排。

后世理论家根据当时社会的状况对本信仰的经典做出新的解释，往往导致派别内部的分化，产生新的次级派别。主要宗教内部都有几个分支，而且分支之间的矛盾也很尖锐。所以，派别内部对本原的不同解释是本派最重大的事件之一。

参加信仰活动是所有信众日常生活中的大事。各个信仰组织都有形式极其多样的活动，宗教文化深入社会生活的各个层面，如婚丧嫁娶、饮食起居都有宗教仪式或宗教色彩。通过这样频繁的活动，其他信仰很难再进入信徒的信念中心，达到信仰占领和信仰巩固的目的。如果不进行信仰巩固活动，信仰就将动摇。

二、命运观觉悟暗需要

"命运"不是科学名词,但"命运"一词却被大量使用,有神论者和无神论者都使用它,但双方对命运的理解却大相径庭。本来"命运"概念是唯心论者所发明和使用的,现在唯物论者也在不同的意义上使用它。因此,在讨论"命运观"时不得不重新讨论"命运"的含义。

《辞海》对"命"的义项之一的解释是:"旧指吉凶祸福,寿夭贵贱等命运,即人对之以为无可奈何的某种必然性。"❶《新世纪现代汉语词典》对"命运"的解释是:"①迷信的人认为任何事物都有预先注定的进程;②平生的遭遇历程;③比喻变化的趋向。"❷ 将学者和民众对命运的理解结合起来讨论,更具有现实意义。

可以将命运定义为"平生的遭遇历程",这是很平实的定义。如果将预测也纳入定义,则可将定义修改为"平生已经或将要发生的遭遇历程"。历程可以将上列的几种或更多的内容都包括进去。

命运与人生经历总的来说基本一致,但命运指人经历中的大事、要事,将经历中的大事、要事称为命运事件。比如朋友请你吃了一餐饭是经历,但通常不将其列入命运事件,如果那餐饭的用餐过程中发生了影响你的大事,则算是一件命运事件。所以,命运由命运事件构成,而不是指经历。

必须把命运和命运观相区别。命运观是指人们对命运事件发生原因的认识。每个人都会发生命运事件,但对命运事件发生原因的认识,各人观点不尽相同。命运观的不同要分两种情况:一是对整体命运的认识不同,二是对具体命运事件发生原因的认识不同。

对整体命运的认识不同,明显分为唯心命运观和唯物命运观。唯心命运观认为,人一生的命运(所有命运事件)都是由上帝(天命)在他出生前或出

---

❶ 辞海:命 [EB/OL].[2023 - 05 - 22]. www.cihai.com.cn/detail?docId = 5467393&docLibld = 72&q = 命.
❷ 王同亿. 新世纪现代汉语词典 [M]. 北京:京华出版社,2001:252.

生时安排的。唯物命运观则与此相反，它认为上帝不存在，人的命运是客观因素和自己主观因素相结合而演化的结果。

笔者将命运观划分为预成论和步行论。预成论命运观认为，人一生的命运在出生前或出生时就已经由某种非人的异己力量预先安排好了；步行论命运观认为，人一生的命运是出生后一步一步形成的，除了遗传因素，其他一切都不是预先安排的。

（一）预成论命运观分析

预成论命运观分为唯心宿命论和唯物预成论。唯心宿命论认为，人的一生都是由上帝（天命）安排的，所谓"死生有命，富贵在天"。唯物预成论认为，人的一生不是上帝安排的，而是由出生时的时间和空间或基因等物质因素决定的。

宿命概念来源于佛教命运轮回之说。佛教认为人有三世：今世、前世和来世，前世又叫宿世。今世的命运是由前世的善恶行为决定的，今世的善恶行为又决定着来世的命运，即"善有善报，恶有恶报"。各个宗教都有自己的命运观，通常认为人的命运是由最高主宰决定的。各宗教对天命的解释可能有所不同，但基本意义是相近的。命运观显然与世界观有直接关系，世界观决定了命运观，宿命论命运观显然来源于有神论。

个人基因对个人命运的影响很大，但是，基因对命运的影响并不会以确定的形式发生。例如这样的结论是不成立的：患有某种确定的基因型疾病者都有相同的人生命运。

（二）步行论命运观分析

步行论命运观分为机遇因命运观和抉择因命运观。机遇因命运观认为，机遇因素对人的命运有决定性或极大影响；抉择因命运观认为，人的命运主要由一系列抉择决定。

持机遇因命运观的人将自己的命运主要归结到机遇因素。例如，他们认为人的出身就是最基本、最重要的机遇因素，出生在不同时代、不同国家、不同省份、不同城市、不同家庭，对人的命运都有很大影响。以上是大的机遇因素。还有许多小的机遇因素，例如，某人在高考时生了病，这次生病就可能对其一生产生重大影响。

机遇对人的命运有重大影响是不可否认的事实，但将机遇当作影响命运的唯一因素或主要因素则是不对的。机遇是一种偶然因素，它与必然因素共同作用于人。一个人的成功既有必然性因素的作用，也有偶然性因素的作用，机遇就是偶然性的表现。几乎所有成功者的人生中都能找到机遇的重大作用，有时是关键作用。必然性起着基础的作用，没有基础，任何机遇都不能产生作用；相反，没有机遇，条件再好也只能抱憾终身。一个人的努力、奋斗、抗争是在创造必然性的条件，以及建立成功的基础，一旦机遇来临，把握时机，才可能踏上成功之路。一个人的失败也是由必然性和偶然性共同决定的。不努力、不奋斗就不具备成功的基础，这是必然性在起作用；努力了、奋斗了，就具备了成功的基础，没有碰上机遇而失败，这是偶然性在起作用。坏的机遇也是机遇，任何人都可能碰上坏机遇。由以上分析可知，将命运视为对机遇的判断和把握，是一种现实的观点。"谋事在人，成事在天"是这种观点的恰当表述。

抉择因命运观也许是更现实、更容易被人把握的命运观。人在一生中会做出许多重大抉择，不同抉择将导致很不相同的结果，这些结果就构成了抉择者的命运。人在未成年时，抉择是由父母做出的，成年后，抉择完全或主要由自己做出。人生抉择的困难在于，对抉择将要产生的结果无法准确预测，人们只能根据抉择时的情况和条件做出选择，至于以后情况的发展、变化，有些自己能参与或控制，有些自己根本无法控制。比如选择配偶，在做出结婚决定时，无法预料婚后生活如何，更无法预料几十年的婚姻演变过程，其中充满着必然性和偶然性的因素。职业的选择、就业地区的选择、就业单位的选择、就业岗位的选择、朋友的选择、生活方式的选择、人生目标的选择等，都有必然性和偶然性在发挥作用。正所谓"塞翁失马，焉知非福"。

抉择是由自己做出的，这就是说，一个人的命运主要是由自己掌握的。人生抉择既有稳重和轻率之分，也有正确与错误之分，还有善于决策和不善于决策之分。有些人没有主见，遇到问题时，不知如何抉择，只能请别人代为抉择或听天由命，如果抉择错误，主要责任仍在于自己。遇事有主见，是正确决策的前提。年轻人易犯轻率的毛病，而轻易抉择往往会铸成大错，在抉择时应多听取别人的意见。犹豫不决不是稳重的表现，而是无主见的表现。善于决策者，通常知识广博、阅历丰富、思维敏捷，能够洞察毫微、抓住关键，辨清眼前利益和长远利益，善于听取和辨清别人的意见，这是能力强的表现。

预成论命运观是消极的命运观，步行论命运观是积极的命运观，其中抉择因命运观是最实际的命运观，也是最能调动人的主观能动性的观点。应该持积极的命运观，努力奋斗、拼搏，积极把握时机，慎重而科学地做出一系列的人生抉择，这样人生才能更顺利。

什么叫"与命运抗争"？能发出"与命运抗争"呼喊的人，大概是持步行论命运观的人。如果把天灾人祸降临、坏机遇临头视为坏命运，那么，与命运抗争就非常正确和必要，这方面有许多感人的事例。

第二节　理念觉悟暗需要

理念主要指人生观方面的观念，即人的生活、工作方面的观念，是微观观念。理念的内容举不胜举，本书讨论一些主要的理念。

求美是人的总欲望，因而也是人的人生观。一个人的人生观是由阴阳两部分组成的：追求美满生活的欲望反映了生活人生观，美展需要反映了事业人生观。

一、事业人生观觉悟暗需要

大部分人在年轻时都有理想抱负，可到了中年时，实现理想抱负的人不是很多，其中既有客观原因，又有主观原因。这个主观原因就是觉悟问题。事业成败的主观因素大体有人生规划、事业选择、信心、毅力等。

立志是首要问题。如果立志一辈子做个为国为民的人，就总能找到既适合自己又有益于国家和民众的事业。千千万万的志士仁人抛头颅洒热血才换来了民族独立、国家解放，他们不计名利、埋头苦干才使国家独立、富强起来。而那些贪官污吏、"带路党"、叛国者、窃国者，都是将私利置于国家民族利益之上的罪恶之徒。所以，能否成为有益于国家、民众的人，实际上是一个权衡公利与私利的觉悟问题。有公心和爱心的人，不管地位高低，都能做一个利国利民的人。在公私利益的取舍上，有公心、爱心的人有时也可能失当，因为人不可能是完美的；但在重大利益上，他们绝不会选择错误。人生在世，总想干一番事业，个人的事业有大有小，重要的在于是否利国利民。做好人还是坏人，重点在于对正负价值的选择，在于对人的生命意义的认识是否正确。人生观属于历史范畴，不能将它孤立化、凝固化。不同的时代呼唤不同的进步人生观，不同的国情也会产生与其相适应的进步人生观。人们很容易出现的错误是，当时代已经发生了巨大变迁时，仍用以往时代的所谓"进步人生观"来要求当代的人，"代沟"往往由此产生。

二、生活人生观觉悟暗需要

追求美满生活的欲望，简单地说就是享受的欲望，这是由人的求美本质决定的。享受作为人的一项权利，是得到法律和理论家承认的。

在有些人看来，"享受"这个词似乎带有贬义，而讲提高生活水平和生活质量似乎天经地义，其实两者有共通之处。政治家将提高人民生活水平作为施政目标，并用这个目标来获得人民的支持。人类社会物质生活和精神生活丰富多彩，其根源正是人的享受的多样性和无限性。各国政府都希望其公民多消费，因为只有消费才能促进生产，经济才能活跃起来，人们才有更多的就业机会。否则，经济就如一潭死水，社会就不能发展。

享受人生观与事业人生观性质不同，它们既相互龃龉，又相互促进、相互补充。享受是人的权利，用合法的收入去合法享受无可非议。但是，享受不是唯一的人生目标，因为社会需要有人做出奉献，有些奉献是没有回报或回报极少的。例如，我国有许多优秀的学者放弃了国外优厚的待遇，回国报效祖国，他们觉得为国家奉献无上光荣；大批革命志士、雷锋式的中华儿女并非不会享乐，只是在国家需要时，毅然地将国家利益放在了首位。持事业人生观的人追求的不仅是事业，还有享受，但是，在重大事业与享受发生矛盾时，他们会将事业置于享受之上。他们认为，能为国家、人类、大众做出自己的贡献，才能体现生命的价值和意义。

说享受是人的权利，绝不是说这项权利可以不受任何限制。那种穷奢极欲、纸醉金迷的享受，那种超出财力基础的排场、阔气，那种将自己的享乐建立在别人痛苦之上的享受，等等，都是应该被反对的。所以，在评价人生观时，必须加入道德的判断。离开道德谈追求，离开善恶谈自我实现，是错误之谈、欺人之谈、危险之谈。

每个人都要生活，明确自己的生活导向、规划好自己的生活是要紧的事。影响确立生活导向理念的因素较多，首要的是生存状态。人的生存状态按经济状况基本可分为两个阶段：生计阶段和抱负阶段。还没有完全解决温饱问题的状态是生计阶段，完全解决了温饱问题的状态是为理想而奋斗的抱负阶段。在不同的生存状态下，人的生活理念是完全不同的。在生计阶段，人们的首要目的是挣钱以维持生存。当完全解决了温饱问题而进入抱负阶段时，可以继续将挣钱作为主要生活导向，也可以将其他内容（如发明、研究、写作、艺术、娱乐等）作为主要生活导向。下文将简单地讨论少数几个共同的生活导向问题。

（一）取财观暗需要

在生计阶段，个人或家庭的经济不宽裕或很拮据，只有连续地挣钱才能维持普通的或较低的生活水平。参加工作不久的年轻人，如果没有或不愿接受父母的经济支持，就基本处于生计阶段。在这种明需要的背后，需要自己反思或别人提醒的是挣钱的手段是否恰当。这是觉悟问题。在挣钱问题上，主要的理念有两大类：安分型和不安分型。是否安分的判别标准为是否合法、合乎道德。合法又合乎道德的取财观属于安分取财观，否则就是不安分取财观。

1. 安分取财观

希望通过合乎法律和道德的方式、手段挣钱的理念称为安分取财观。受安分取财观指导的人占大多数。从进取精神来看，持安分取财观的人又分为两类：一类是顺其自然型，简称顺然型；另一类是力争型。

持安分顺然取财观的人，被目前的工作状态主导着，按部就班，并且能努力完成任务，至于挣钱多少，只要不少于目前收入（能维持基本生活的收入）即可，如果能增加一些收入就欢呼雀跃了。从整个社会来说，持这种理念的人占绝大多数。安分顺然取财能摆脱生计阶段吗？答案是肯定的。效益好的企业等单位的中高级雇员，收入较高，积累财富的速度较快，当积蓄达到一定程度时，就摆脱了生计阶段而进入抱负阶段。小商品经营者通常也能较快地积累财富，维持生计是没有问题的。

持安分力争取财观的人总的特点是不满足于现状，总是积极地计划着、寻找着、储备着，甚至尝试着。储备是多方面的，如经济上的储备、人际关系上的储备、资料及信息渠道的储备、知识和经验的储备等。当他们的储备达到一定程度，当敏锐的洞察力让他们发现机会已经来临时，决断力在自信心的基础上把握了时机，他们就正式开始创业了。新的企业不断涌现，就是这些持力争理念的人创办的，他们艰苦创业的故事激励着无数人。做任何事情都是理念先行，只有树立了坚定的理念，才能不折不挠地前进。

2. 不安分取财观

打算不顾法律的惩罚、道德的约束而攫取财富的理念，称为不安分取财观。当然，不安分的程度有很大区别，有的手段极其残暴、卑劣，有的只是轻微地犯罪。在因钱、权、色而出现的犯罪中，因财犯罪的占绝大多数。违法取财的形式和手段五花八门，难以尽数。他们为什么愿意以身试法呢？他们有一种共同的认识，就是安分取财太慢、太少，只有不安分取财，才能快速致富；他们有一种共同的德行素质，就是只顾自己发财，不管他人和国家受损；他们有一个共同的特点，就是抱有侥幸心理；他们还有一个共同的特点，就是狡诈和虚伪。

抱着什么理念去挣钱，是一个觉悟问题，在所有的现实性觉悟中，它是极为重要的觉悟。个人的取财观决定了自己是做好人还是坏人，是做有道德的人还是没有道德的人，是做堂堂正正的人还是虚伪狡诈的人，是做受人尊敬的人还是受人鄙视嘲笑的人，是做心安理得的人还是内心备受煎熬的人，总概起来，就是做生存美的人还是生存丑的人。安分取财是较少、较慢，但很踏实；不安分暴富，则会胆战心惊，即使从健康方面来说也划不来。

（二）生活方式觉悟暗需要

所谓生活方式觉悟，是指选择以快乐为主调而生活还是选择以抑郁为主调而生活的领悟，因此，生活方式分为两种：一种是主调快乐生活方式，另一种是主调抑郁生活方式。在很多人看来，这个问题好像不成立，因为每个人好像理所当然地会选择快乐生活方式。从生活方式觉悟的角度看，关键是如何获得怡态情绪。如果获得了怡态情绪，就是以快乐为主调生活的，否则就是以抑郁为主调生活的。下文着重分析如何获得怡态情绪。

"调神需要"章节将怡态情绪辨析为幸福怡态和使命怡态，并指出：实际上有两种人可以获得长时间的快乐情绪，一种是能正确理解幸福并得到幸福的人，另一种是能正确理解人的价值并正为正价值而奋斗的人。一个人能否获得怡态，决定因素在于自己的选择，如果决定要获得幸福怡态，那么通常情况下就能获得幸福怡态；如果决定获得使命怡态，那么通常情况下就能获得使命怡态。选择并不难，要获得怡态也不是很难，关键是要理解幸福并把影响幸福的因素排除掉、能理解使命并执着地为使命奋斗。在第十二章第二节"领悟暗需要"中，将对幸福怡态和使命怡态做详细分析。要想正确理解幸福和使命，就要有正确的理念。对幸福和使命的理解、对生活方式的选择，全部是在理念的指导下进行的悟觉思维。一个人一旦选择了主调快乐生活方式，就会根据自己的经济能力选择荣华型幸福或淡定型幸福（两种幸福总会得到一种）；就会将正道的使命、信仰看得高于一切，并为使命奋斗终身，并以此体现自己的人生价值。在这种理念的指导下，就能正确对待遇到的困难、挫折、不幸事件，正确对待成绩、成就，正确对待权力、地位，正确对待亲情、友情，正确对待职业、领导。一旦选择了主调快乐生活方式，必须修身进德，以善良的心对待民众和国家，就会理解别人、宽容别人，并且克制邪念，不做坏事，这样才能得到内心的平静、安宁，进而得到真正的幸福；一旦选择了为正道的使命奋斗终身，就能具有大无畏的气概面对一切困难，乐观主义精神就会伴随你的所有时空，使你获得怡态情绪。相反，如果你没有决心以主调快乐生活方式来生活一辈子，就必定缺乏抑制邪念的动力，就会使人性中不健康的因素显现出来，那么，任何微小的挫折都会使你垂头丧气，任何微小的成绩都使你忘乎所以，患得患失，心无"定海神针"，这样既会使自己抑郁，也会使他人和国家受损。

第十二章 感悟暗需要

体验、感情、情绪是人的玄量中最玄妙的元素。情绪不是独立的心理分量，体验和感情都会引发情绪，而情绪本身只有极性相反的积极情绪和消极情绪两类。

感悟悟觉由感动悟觉和领悟悟觉构成。感动由体验和感情构成。体验有感觉性体验和悟觉性体验两类，感情有知觉性感情和悟觉性感情两类。领悟悟觉的内容非常多，本章只讨论幸福领悟、使命领悟和爱好领悟等。

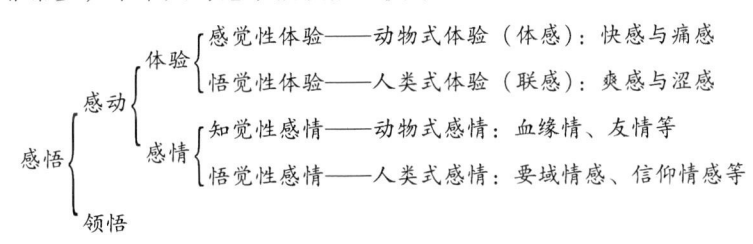

```
         ┌──────┬─ 感觉性体验——动物式体验（体感）：快感与痛感
         │ 体验 │
         │      └─ 悟觉性体验——人类式体验（联感）：爽感与涩感
    感动 ┤
感悟 ┤   │      ┌─ 知觉性感情——动物式感情：血缘情、友情等
         │ 感情 │
         └──────┴─ 悟觉性感情——人类式感情：要域情感、信仰情感等
     领悟
```

上图中将体验与感情区别为动物式的与人类式的，这是普通大众不知道的差别，也是以往心理学家未曾区分过的，这种区分极为重要。上图中的概念大多是人们熟悉的字眼，却有全新的内涵及外延，读者需要仔细地阅读。阅读本章的关键是将感悟与感悟对象区别开来。感悟对象大多是明需要，而感悟是暗需要。例如，我们每天都要吃、喝、穿，这些都是明需要，人们的这些需要大多相同或相似，但每个人对每天的吃、喝、穿等的体验和领悟肯定不一样。为什么不一样呢？原因在于体验是暗需要，是悟觉思维，而悟觉最显著的特征是玄量性。我们要将动物式体验与人类式体验区别开来，将动物式感情与人类式感情区别开来，辨明了人与动物在体验和感情上的异同，就能学会正确的体验，从而正确地对待感情。这就是本章的目的。

第一节　感动暗需要

感动是指人与外界事物或他人相互作用后，在自己的身体上或精神上产生的反应，这些反应分为体验和感情两类。

一、体验暗需要

体验包括感觉性体验和悟觉性体验两种。动物只有感觉性体验，没有悟觉性体验，因为动物没有悟觉。人类则两种体验都有。将感觉性体验简称为体感，将人的体感称为人的动物式体验；将悟觉性体验称为联感。

（一）感觉性体验——体感暗需要

感觉性体验是指身体上的感觉，它是通过身体的感觉器官得到的反应。它有阴阳两种极性相反的体验，一种是快乐舒服的感觉，称为快感；另一种是不舒服的感觉，称为痛感或蚁感，合称痛蚁感。这种身体上的体验，动物与人都具有。人吃美食会产生快感，狗吃美食也会产生快感；给人挠痒，人会感到舒服，给动物挠痒，动物也很舒服；虫子在身上爬，动物和人都会感到不舒服。不同动物物种对同一种刺激的反应不尽相同，例如，苍蝇逐臭而聚，不等于其他动物都喜欢臭气。

注意：动物的体验与人的动物式体验是有区别的。例如，人和动物对待痛感的态度和方式就不同。动物对待各种痛感都是极力逃避、反抗，而人会根据各种不同的疼痛及疼痛的不同强度采取不同的态度和对待方式。例如打针，动物一律选择反抗，而人却选择忍受。儿童年龄越小，悟觉发育越不健全，对待打针的方式与动物就越相似。此外，同一个人对各种疼痛的忍受能力是不同的，即有的疼痛能忍受，有的疼痛很难忍受，将这种差别称为忍受疼痛的种类强度差别；不同的人对同一种、同等强度的疼痛的忍受能力也不同，将这种差别称为忍受疼痛的人际差别。例如，过敏体质的人忍受疼痛的能力比较差，有些人会痛得晕过去，有的人则不会。但一些人会将所有人忍受疼痛的能力视为一样的，他们认为自己能忍受的，别人同样能忍受。一些从事与别人的疼痛有关的工作的人，一定要极其严肃地对待忍受疼痛的人际差别，否则可能引发事故甚至危及生命。

追求快感是人的最普遍的需要之一，人类一直不厌其烦地变换着各种花样，企图满足自己的快感需要，这些都是明需要。但是，我们一定要正确对待这种需要，否则将会给自己带来危害。能否正确对待快感需要是暗需要，是觉悟高低的表现。每个人的觉悟不同，对待快感需要的方式和结果是不同的。值得注意的是，有相当一部分人将追求快感作为幸福的主要内容。

（二）悟觉性体验——联感暗需要

联感是笔者提出的新概念，是指人对自己的感觉进行再联想和再体会的心理体验。感觉本身就是体验，联感是对感觉的再体验。人具有悟觉，对自己获得的感觉会进行各种再联想和再体会，从而得到某种再体验，这种再体验就是联感。对快感或痛蚁感的再体验，有的是愉快的、喜悦的，有的是不愉快的、苦涩的。将联感分为爽感和涩感，对感觉的愉快的再体验称为爽感，对感觉的不愉快的再体验称为涩感。因此，要分清体感与联感。体感是联感的基础，联感是体感的升华，体感是初级体验，联感是高级体验。我们要分清快感与爽感的区别和联系，同样，也要分清痛蚁感与涩感的区别和联系。在通常情况下，快感容易产生爽感，但有时候又不一定，有些人从痛苦的感觉中也能获得爽感。人有时"痛并快乐着"或"笑并痛苦着"，笔者称之为反验现象。动物不会反验。人的反验是悟觉玄量性思维的结果。如果某种痛会产生某种积极意义，人就会感到快乐。如果在痛苦时，环境要求你必须笑着，很多人会忍住疼痛而笑着。反验需要强意志力，因此意志力弱的人不会反验。比如吃辣椒，不论是怕辣的人还是不怕辣的人，体感结果都是辣，这是初级体验。但是对辣的再体验，即高级体验，每个人的情况就不同了。通常，爱吃辣的人，越辣越感到爽；怕辣的人，对辣的再体验则是涩感。蚁感在程度上有很大不同，轻微的蚁感只有一些不舒服的感觉，严重的蚁感则会使人痛苦万分，我们将其称为痛感。人们都希望获得快感而避免痛感。快感对动物来说仅仅是快感，动物不可能有高级的体验——爽感,因为动物没有悟觉功能,不可能进行联想。但是,有些人仅仅追求感官上的快感而没有进行爽感联想。

人的感觉器官分为直接感官和间接感官,能得到快感的器官都是直接感觉器官。鼻、舌、皮肤等是直接感官,它们使人获得味觉、嗅觉、各种皮肤觉(触觉、温度觉、摩擦觉等)、各种运动觉(体觉、动静觉、平衡觉等)。眼、耳是间接感官,眼通过反射光中介物获得视觉,耳通过声波中介物获得听觉。间接感官无法获得快感,通过它们获得的快乐体验都是联感。眼睛不管看到什么好看的事物,视网膜、玻璃体、角膜、巩膜、虹膜、眼肌等本身是不会产生快感的,大饱眼福是指精神上的体验,而不是指眼睛这一器官本身的愉悦。看到美景、美色而产生的美感都是爽感,它是在视觉的基础上感悟出来的,而不是视网膜等视觉构件产生的快感,因为视网膜等构件没有产生快感的功能。耳朵的耳膜有没有产生快感的功能?以前的研究认为耳膜没有产生快感的功能。声波使耳膜振动,悦耳的感觉不是耳膜产生的,而是精神上感受和体验出来的,所以它是爽感(间接感官虽然不能产生快感,但能产生痛感。当中介物太强时,物理刺激会伤害间接感官:光线太强,会损伤眼睛,甚至致盲;声音太强,耳膜承受不了,严重时会致聋)。当一个人的情绪不好时,在别人听起来是很悦耳的声音,他听到后一点儿也没感到悦耳,甚至感到刺耳。直接感官却不是这样。情绪不好时,别人给你按摩,你依然能感觉到舒服。这种舒服的感觉是皮肤、肌肉和筋骨感受到的快乐感觉。皮肤觉是直接感官,能直接产生快感。耳膜是间接感官,不能直接产生快感。不过,耳膜究竟有没有产生快感的功能,人们的说法不一。据说,让母鸡听音乐可以提高其产蛋率,鲸鱼喜欢听古典音乐,等等。如果这些报道都是事实,最简单的解释就是耳膜能像直接感官那样产生快感。如果母鸡的耳膜能产生快感,哺乳动物的耳膜能不能产生快感呢?鲸鱼是水生哺乳动物,如果陆生哺乳动物的耳膜也能产生快感,那么养猪场就可以通过放音乐来提高猪的出栏速度。

联感是人对自己的体感进行再次联想和体会的心理体验,它不是感官本身的感觉,而是精神上的体验和感悟,是人的悟觉思维的结果。联感思维过程受到心情和情绪的决定性影响。情绪不好时,即使接受快乐的感觉也不会产生爽感;情绪很好时,很容易获得爽感。

区别快感与爽感，具有重要的意义。许多人只把自己的追求停留在动物性的快感阶段而没有上升到人类才具有的爽感阶段。有的人穷奢极欲，追求的仅仅是动物性的快感，这是很可悲的。

爽感有两种，一种是普通爽感，称为单调性爽感，是指由单一的或少数的感官获得的体感引发的爽感；另一种是特殊爽感，称为综合性爽感，是指由所有感官同时获得的感觉引发的爽感，这种综合性爽感就是性爽感，即由性爱所获得的感觉引发的爽感。

1. 单调性爽感——普通爽感觉悟

使每一个感官获得快感，大概是每个人的追求。人们每天要吃很多食物，不仅讲究食物的营养，还讲究口味，追求味觉、嗅觉的快感。笔者观察发现，将味觉、嗅觉的快感上升到爽感的人可能不多。爽感是有层次的。从食物的色、香、味、形的评价体验中获得的爽感，仅仅属于低级的爽感。如果在低级爽感基础上再与社会生活水平、家庭幸福、个人成就等联系起来得到了精神上的爽感，才是高级的爽感。当然，从低级爽感的再体验中，有些人得到的可能不是高层次的爽感，而是涩感。人们在追求味觉、嗅觉快感的同时，还要体验各个层次的爽感，以改善自己的心态，提高精神修养。其他直接感官的感受体验也应如此。

普通联感中包括了对所有单一感官的感受的再体验，笔者只简单地提及了普通联感，没有展开叙述。其实，普通联感的内容极其多样，涉及人们生活的方方面面。人们追求感官享受、幸福、安逸，都是在追求感官爽感，其中，追求视觉爽感和听觉爽感是最主要的，人们在极力追求美形美色、美音美声。其实视觉爽感和听觉爽感都是美感的一部分，视觉涩感和听觉涩感都是丑感的一部分。一讲到美感，人们的思路一下子就打开了，笔者就不再阐述下去了。

2. 综合性爽感——性爽感觉悟

以上简单地讨论了单调性爽感，现在简单地讨论一下综合性爽感，就是人的性爽感。普通爽感是指在个别感官获得快感的基础上体验到的爽感，是单调性爽感。性爽感是在所有感官同时获得快感的基础上获得的爽感，是综合性爽感。在性爱过程中，人的视觉、听觉、嗅觉、味觉、所有皮肤觉（触觉、温度觉、摩擦觉等)、所有运动觉（体觉、动静觉、平衡觉等）等感官都同时获得了快感和爽感。性爽感是极其美妙的、难以描述的，是享受综合性愉悦的体验过程。之所以说性爽感是特殊爽感，是因为它是所有快感爽感中最全面、最集中、最强烈的快感和爽感，是任何单调性快感和爽感无法替代的。

性爽感是悟觉的表现之一，是人的玄量，因而性爽感受人际性、时间性和地点性的影响极大，受情绪性影响更大。情绪不好时，连性快感都难以获得，更不可能得到性爽感；在情绪平静时，性爱能否得到性爽感是个未知数；在情绪很好时，如果能获得性快感，通常就能获得性爽感，即使没有获得性快感，有时也能获得性爽感。

联感有爽感与涩感之分，与性爽感相对的是性涩感。显然，性涩感是对性生活不满意的体验。为了获得性快感和性爽感，需要提高性觉悟。如何提高性觉悟？第一是要增强爱心；第二是要更新性观念；第三是要增长性知识，提高性技巧。性生活是男女双方共同协作完成、共同得到享受的美妙过程，要对对方有强烈的爱心，才能谈得上其他的配合。如果男性只顾自己得到快乐，而不顾女性的情绪和感受，那就是一次失败的性生活。男性要得到性快感很容易，但要得到性爽感并不容易。前面说过，爽感是有高低级之分的。男性在没有得到女性配合的性活动中，虽能得到性快感，也许也能得到一些性爽感，但那样的性爽感一定是最低级的性爽感。在高级的联感中，得到的也许是性涩感，因为你没有得到女性的配合，即没有得到女性的爱，这样的性活动是索然无味的，哪里有什么爽感？为什么没有得到女性的配合？原因是多方面的，如自己对对方的爱抚不够等。同样，女性也要有爱心，顾及男性的性需要，应该意识到，男性是很在意女性的性感受的，他们希望性伙伴能得到性快感。如果能使女性得到性快乐，男性就能得到更大的快乐。这样，双方不仅都能得到性快感，而且都能得到性爽感，还可能得到高级的性爽感，因为双方都感悟到了对方的爱，领悟到了生命和生活的意义。性爽感需要是暗需要，恐怕许多人并不知道这一点，所以他们只满足于自己的性快感。

二、感情暗需要

（一）家庭感情反思

家庭内人与人的关系有血亲关系和姻亲关系两种，血亲分为直系和旁系，姻亲关系分为配偶关系和连亲关系。前文详细分析了夫妻之间有四种力在相互作用，我们必须提高对四种力的现状和趋势的觉悟，以使家庭充满温情。血亲关系最简单，但也不能毫无觉悟，否则也会出现问题。儿童离家出走等现象都是家庭问题长期积累造成的，同时，也是血亲关系觉悟低造成的。一些儿童发育过程中存在许多问题，致使其长大后人格发生扭曲，严重影响个人发展，这也是家长觉悟低造成的。至于婆媳矛盾、妯娌矛盾，也都是觉悟低的结果。家庭对每个人都很重要，因此，提高家庭感情觉悟不是可有可无的，而是需要认真对待的。

（二）国家感情暗需要

本卷第五章将人的国家感情分为历史自豪感、现实自豪感和历史忧患感、现实忧患感。

笔者从现实中感到，一些人有一种"大即无"的思想，这对国家很不利。有形的东西太大，因为看不到它的全貌，就察觉不到它的整体存在，就会对其熟视无睹，"大"就变成"无"了。无形的东西太大，更察觉不到它的全貌，往往也不能顾及其整体的重要性，"大"也变成"无"了。中国不仅国土辽阔，人口数量也极大，有些人就察觉不到全民利益的重要性，或者只是理论上知道，而实际上觉悟不到，从而对全民利益熟视无睹。这就是"大即无"思想。当然，"大即无"只是一种说法、一种比喻，是指某些人为了私利而不顾整体利益的思想状态，但它的确存在，而且有"大即无"思想的人不在少数。地球太大，有些人就察觉不到维护地球良好生态的重要性，肆意地破坏大气、海洋、植被、河流、湿地，最终造成生态灾难。

爱国要用民族自豪感树立信心，用民族忧患感形成团结之力。

(三) 全域感情暗需要

全域是指地球上所有的最大生存要域组成的生存要域，即地球上所有国家组成的世界，有人用"地球村"来称呼，很形象。现在还看不出地外文明对地球文明的威胁，全域的危险主要来自全域自身。威胁主要有两种形式：一是人为造成的生态灾难；二是用非常规手段进行的大规模的毁灭性战争，如大规模核战争、大规模生化战争、基因战争等。如何消除全域内部行为可能给人类带来的毁灭性危险？全世界志士仁人都在讨论并呼吁各个国家采取相关措施。笔者认为，除了"爱"，没有别的办法。

人类作为一个物种，其全体成员之间应该存在相互关爱之情。全域之爱至少应该有两个方面：一是微观方面的互爱，如人和人之间的相互关爱；二是宏观方面的大爱，指对地球、全人类命运的大爱。爱的主体是地球上的每个人、每个社会组织、每个国家，爱的客体、对象是每个人和地球。在微观的互爱上，人道主义应作为最高原则；在宏观的大爱方面，和谐主义应是最高原则。

人类成员之间的相互关爱，在西方叫博爱，在中国叫兼爱。全域之爱的推行要在全域德行体系得以建立的时候才有可能实现。

(四) 信仰感情暗需要

人们对自己的信仰有最高的感情。持有信仰者对其信仰对象的感情甚至超越了要域感情、血亲感情。这里明显存在觉悟问题，因为不同宗教的信徒信仰的对象不一致。有一段令笔者印象深刻的文字：

很久很久以前，在一个遥远的国度，有一个民族深切关心着戈肖克（Golshok）问题。没有人确认戈肖克是什么，但每个人都同意他（她或它）是非常重要的，他们的存在和幸福大部分依赖于戈肖克。这个民族中许多最有头脑的人献身于研究戈肖克的事业，他们的冥思苦想被载于典籍，他们的见解郑重其事。政府法令规定：全部社会生活都将遵循智者们所阐述的戈肖克原则。当然，有必要把那些违背原则的人处以死刑，常用的死刑是把他们活活地烧死。这样持续了许多世纪。但并不是所有人都对此感到满意。有些人致力于研究戈肖克到底是什么——如果说有什么的话。但除了偶尔的内心反抗怒火外，他们从来没有超出语词的争论。

终于有人冲出了毫无希望的绝境。他明确地宣称，智者们探究追逐了许多世纪且毫无进展的全部戈肖克问题，仅仅是一个名词，除了词语以外一无所有。他进一步宣称，人民将以人的原则指导他们的生活而不是戈肖克的原则。这样，他们的生活将大为改善。

当然，智者们把他烧死了。他的骨灰被抛撒在四面八方。但为时已晚，天机已泄。群众到处说"戈肖克是不存在的"。从那以后，他们过着幸福的生活。❶

这段文字对所有的信仰者在觉悟需要方面大概都有所借鉴。

三、情绪体验暗需要

情绪虽然不是独立的心理元素，但仍属于感动类心理反应。本书第二章第二节"调神需要"中详细分析过情绪问题。情绪与人的健康息息相关，控制情绪是暗需要，很容易被人们忽略。在很多情况下，人们被劣情情绪控制却不自知，一连几天甚至几个月都处在消极情绪之中，这是很危险的。我们要时时提醒自己，检查自己的心情、心态如何，是不是被劣情情绪控制了。家人、好友发现后，也应提醒他。有些人遇到一些困难就想不开，老憋在心里，以致抑郁成疾。想不开，这就是觉悟问题。找心理医生咨询就是希望获得医生的开导、提醒，帮助自己正确地认识困难、认识自己的状态，坚定克服困难的信心，帮助自己从抑郁状态中解脱出来。咨询、治疗的过程是提高觉悟的过程，药物只起辅助作用。

在实际生活中，我们会发现有些人很有情绪性修养，他们既不喜形于色，也不愁容满面，表情极其平静。控制情绪并不等于没有内心的感动，只是没有表现出来而已。但笔者也不赞成过于克制情绪，将自己变成一尊"塑像"，这样也不利于身心健康。我们要控制情绪的烈度，既不让大悲大喜伤害自己，也要与家人和亲朋好友分享快乐忧愁。我们要明晰地知道，快乐和安宁是生命的诉求、人生的诉求、幸福核的内容，而要得到快乐和安宁的唯一途径，是学会反思和领悟、提高觉悟。

---

❶ 怀特. 文化科学 [M]. 曹锦清，等译. 杭州：浙江人民出版社，1988.

第二节 领悟暗需要

所谓领悟，是指人对自己的行为、状态进行联想和体会的心理体验及评价。人对自己的任何行为都有体验或评价。这种体验、评价都是悟觉功能的自然流露。人的下一步思想和行为都受当前领悟结果的引领。

联感与领悟的区别在于联想和体会的对象不同，联感的对象是自己得到的某种感觉，如味觉、运动觉等；领悟的对象是自己的某种行为或某种生活状态。

例如，吃海鲜得到的味觉感受是吃这一行为所产生的结果；爽感的对象是对此时得到的味觉感受进行联想和评价，如对这次海鲜的味道、气味、新鲜度、配料等与味觉有关的感受进行联想和体会，在这种联想和体会的基础上，在精神上产生了某种很惬意的、爽的、美的感觉。但是，自己精神上的这种爽感、美感，与别人的很可能不一样，因为爽感是联想及体验的结果，每个人的联想不可能相同，所以爽感也不会相同。也许你是第一次吃海鲜，而且今天的心情很好，你在吃的当时和吃了以后的不长时间里，在精神上产生了爽感，觉得很美味，海鲜满足了你味觉上的好奇心。今天的海鲜是你的朋友请客，他因工作的需要经常陪客人吃海鲜，他这次吃海鲜在味觉上得到了快感——这一点与你相同，但在精神上，他很可能没有产生爽感。分析了爽感，再来分析领悟。这次吃海鲜领悟的对象是吃的行为。你千里迢迢来看你的朋友，你的朋友请你吃海鲜。你的领悟可能是朋友对你很热情，友情还在，等等。你的朋友对今天请客的领悟与你的领悟可能是不同的，他可能认为，你远道而来，请你吃海鲜是应该的，自己尽到了礼节，看你吃的样子和表情，估计你比较满意，所以他也很满意。从这个例子中可以分辨联感与领悟的区别和联系。联感和领悟都是联想和体会的结果，而联感的联想对象是感觉，领悟的联想对象是状态或行为。

联感和领悟都是悟觉的体现，都是人的玄妙莫测的玄量之一。如何体验、评价，其中蕴藏着极大的玄机。人们总想获得积极的体验、评价，这就是领悟的需要。由于领悟是对行为或状态的联想和评价，这几乎涉及人的所有方面，因而是人的生存活动的调控器，因为人们总是根据领悟结果决定下一步的行动。其实，联感也是领悟之一，只不过笔者将对感觉的领悟另列出来，并称之为联感。

既然领悟发生在人的所有生存活动中，本书从哪里入手展开讨论呢？显然，本书无法讨论所有的领悟活动，而只能讨论人们感兴趣的主要领域，笔者在这里选择了怡态暗需要。怡态是指人的长时期满意、快乐的心态，主要包括幸福怡态和使命怡态，幸福怡态属于生活方面，使命怡态属于工作方面。与怡态相对的是郁态。

一、幸福怡态领悟暗需要

第五章中提到每个人都有追求生活幸福的需要，并且列出了获得幸福的主要条件，即富裕安全的经济基础和感情上的满足。笔者对以往学者有关幸福的主要理论、观点等进行了梳理，特别进行了三个区分，将一个杂乱的平面问题变成一个结构分明的立体问题。第五章只详细讨论了两个区分，而第三个区分即明需要与暗需要的区分，将在本节讨论。

具备了幸福的基础，即既解决了活在性问题（就业、职业、教育、健康、安全、环境等），又具备了幸福的条件（这是美在性问题），也即过上了富裕的物质生活及得到了感情上的满足，就一定能获得幸福感吗？答案是不一定。原因在于幸福感是一种领悟、体验，而领悟、体验是人的玄量，人的玄量是一种玄妙莫测的难以确定的量。悟觉总是把问题弄得模糊起来——因为领悟的结果总是因人而异、因时而异、因地而异、因情而异；但人还有理觉智慧，强大的理觉总爱把问题弄得明明白白。事实告诉我们，有的人的确感到了幸福。这就是说，有相当数量的人找到了幸福钥匙。他们找到的幸福钥匙是一样的吗？不一样！那就是说，幸福钥匙不止一把！他们找到了一些什么样的幸福钥匙呢？我们可以用理觉智慧寻找比较直接的、比较容易到达的通往幸福的道路。现在我们就来寻找。

首先我们要明确，幸福生活是获得性的，而不是付出性的。因此，这里将从付出性的活动中获得的快乐情绪、满足感排除在幸福感之外。从付出性的活动中获得的快乐叫使命怡态。为人类、国家、民族、民众等做出了贡献，尽到了责任，自己感到无上的光荣和快乐。这种快乐就是使命怡态。使命怡态能使人变得崇高起来。使命怡态与幸福怡态是一对阴阳配偶，它们的上位概念是怡态。所谓怡态，是指时间较长的快乐心情。与之阴阳相对的是郁态，是指时间较长的抑郁心态。

前面说过，幸福的充要条件是物质生活富足和感情上的满足。关于感情上的满足，本书已经讨论过了，这里只讨论物质生活幸福。

（一）比照幸福暗需要

所谓生活合拍感，是指当自己的生活水平与社会的平均生活水平相当或比其略高时所产生的满意领悟。合拍分两种：一是合当地的平均生活水平的节拍，这就是所谓"跟上时代的步伐"的需要；二是合自己所在行业的生活节拍。因此，将生活合拍感分为合社会节拍感（简称合社节拍感）与合自己所属行业节拍感（简称合行节拍感）。这两种合拍感都是人们所需要的。跟上时代步伐了，跟上同行人的生活节拍了，人们就会比较容易获得幸福感。缺少任何一种合拍感，就可能觉得自己落伍了。一旦产生落伍感，就很难获得幸福感。幸福感与落伍感是阴阳极性相反的感悟。

如果把70多年前的生活水平与今天的生活水平相比，两者相差甚远，30多年前的生活水平与今天的生活水平相比相差也很大。那么，生活在今天的人是否都感到幸福呢？事实上，不是每个人都感到幸福。问题出在哪里？其实，问题大多出在生活合拍感上。关于物质生活有两点值得注意：第一，人们常说要知足常乐；第二，物质生活幸福总与一定目标的满足有关。由此可以得到两点启示：①幸福既与人的主观要求有关，又与人实际得到的一定的客观满足量大小有关；②主观上要求越高，就越难有幸福感，反之就越容易得到幸福感。可见，主观上的要求与幸福感的获得成反比，而实际满足量与幸福感获得的可能性成正比，即得到的满足量越大，就越容易得到幸福感；得到的满足量越小，就越难得到幸福感。根据以上分析，可提出如下物质幸福理解性公式：

$$物质幸福感 = \frac{客观物质满足量}{主观要求物质量}$$

把上述理解性公式换成定性数学公式如下：

$$M_j = \frac{B_{t0} - B_0}{Y - B_0} = \frac{\Delta B}{\Delta Y} \tag{1}$$

式中　M_j——某种欲望的满足度；

　　　B_0——原有的物质满足量；

　　　B_{t0}——在 B_0 的基础上新得到的物质量；

　　　Y——希望得到的物质满足量，即希望目标量；

　　　ΔB——实际物质净增量；

　　　ΔY——希望（计划）物质净增量。

以上公式被称为"物质欲望满足度简约公式"或"满足度简约公式"。

幸福感是满足度比较高的状态。由公式可以清楚地看到，幸福感是由主观条件和客观条件共同决定的，即由阴阳两种因素决定。实际物质净增量 ΔB 受到客观条件的严重制约，而希望物质净增量 ΔY 是主观上自由决定的，看来，幸福有"一半"掌握在自己手中。人们当然要尽量扩大实际物质净增量 ΔB。那么，人们是怎样决定希望物质净增量的呢？本书继续用阴阳论来分析。笔者提出自比幸福和他比幸福的观点。

第一种情况是自比幸福，即自己与自己比感到幸福。通过一定努力，实际增量大于现状量，ΔB 是正的，即现状有所改善。笔者认为，达到一定的目标就应该感到幸福。换句话说，将希望目标量 Y 定在什么水平上，直接影响满足度的大小。将某种现状的改善目标分为四个等级：最低目标、中级目标、高级目标和梦想目标。经过努力，比较容易实现的目标是最低目标（满足度 M_j 在 30%左右），需要经过很大的努力才能实现的目标是中级目标（满足度 M_j 为 30%～50%）。最低目标是指以自己的努力为主就能实现的目标。中级目标是需要借助一定的外助力量或机遇才能实现的目标。高级目标是需要经过自己极大的努力或借助关键的外力帮助才能实现的目标（满足度 M_j 为 50%～80%）。梦想目标以偶然性机遇为主（$M_j > 80\%$）。笔者认为，能超过 50%的中级目标就应该感到幸福，因为自己经过很大努力取得了成功，现状又得到了较大的改善，理应感到快乐、幸福。这就是生活合拍的尺度之一。

第二种情况是他比幸福，即与他人相比，自己感到幸福。天下的人多得很，和谁相比？这里涉及前文提到的生活半径概念。人们的希望目标量 Y 在通常情况下，是根据其生活半径内的他人状况提出来的。生活上的希望目标量通常以生活区为限，工作上的希望满足量以工作区为限。他比幸福是指在生活半径内，尤其是在日常生活半径内通过与他人比较而获得的幸福感。

与他人比较达到什么程度才能获得幸福感？以户数或同类型的人数为基数，攀比要有攀比对象和攀比基数（标准），否则无法攀比。增量达到超过攀比基数50%的程度，就认为进入了他比幸福状态。在比较的情况下，将希望增量的初级目标定为攀比基数的30%左右，中级目标定为攀比基数的30%~50%，高级目标定为攀比基数的50%~80%，梦想目标定为攀比基数的80%以上。如果实际增量达到攀比基数的50%以上，就定为他比幸福状态，换句话说，一个人的状态比50%以上的人（户）好，就应该感到幸福。这是生活合拍的尺度之二，而且是生活合拍的主要表现。因为你的生活状态已经超过一半的人（户）了，当然跟上了时代的步伐，与社会进步合拍了。

现在我们知道幸福在哪里了，幸福就在中级以上的目标那里。这种观点对每个人追求幸福有实际的指导意义。看来，"知足常乐"的"足"并不是指完全满足，而是指一定程度（满足度大于50%）的满足。

（二）淡定幸福领悟暗需要

对大多数家庭来说，要完全跟上时代的步伐、获得生活合拍感，是比较难的。笔者将获得合拍感的条件定义为超过50%的家庭，即只有不到50%的家庭才有可能得到合拍感。也就是说，超过50%的家庭不能得到合拍感。不能得到合拍感的人，就完全没有获得幸福感的可能吗？实际情况并不是这样。

在生活"落伍"的人中，依然有人能获得幸福感。这就与对生活和享受的理解有关。从平淡中领悟到快乐和生活的意义，是对幸福的另一种理解。享受荣华可能得到幸福，享受平淡也可能得到幸福。本书在"暗需要"章节一开始就讲了俄罗斯富豪格尔曼·斯捷尔利戈夫的故事。斯捷尔利戈夫享受过荣华，但他最后选择了平淡，因为他领悟到安宁的、平静的生活对生命更重要，是一种真正的享受、幸福。他选择了自食其力，体会到了生命的意义、生活的意义。对于领悟到平淡生活魅力的人来说，荣华都是过眼烟云。2000多年前，中国杰出的思想家庄子就极力推崇对平淡生活的追求，他的《逍遥游》在中国思想史上占有重要地位。道家讲究清静虚无，将声色犬马的欲望清除掉，清心寡欲，领悟安宁、简单、平静的心态对于生命的意义，这种领悟使他们感到了幸福。古希腊斯多葛学派也将幸福理解为恬淡、宁静、内心自由。受庄子逍遥生活理念的影响，隐居山林是古代中国许多文人的选择。在物质生活极大丰富的今天，仍有必要提倡平淡生活的理念。《深圳都市报》2012 年 2 月 16 日"地铁早 8 点"报道，在距西安市 1 小时车程的终南山中隐居着 5000 多位来自全国的修行者，他们过着简单的生活。据笔者观察，当代中国更多的"隐士"生活在城市，他们是城市隐士，大多是退休者。这些城市隐士摒弃物质享受和潮流声色，健身养性，发展爱好，与世无争，过着简单而充实的生活。国家经济发展了，居民的生活水平得到了较大的提高，城市居民已经基本解决了活性需要问题。刚性利益能得到保障，是选择平淡生活理念的先决条件。如果刚性利益都不能保证，就得为一日三餐奔波，就无法从生活中体验到幸福。

摒弃生活合拍感，摒弃他比幸福，希望从平淡生活中体验到幸福，在当代中国是有这种可能的。什么是生活上的享受？在人们的印象中它可能是指吃得好、穿得好、用得好等感官性生活，也可能是指衣来伸手、饭来张口等被伺候的寄生性生活。笔者认为，在现代中国，大多数人已经达到享受生活的状态。

还是先从吃谈起吧。在历史长河中，吃在享受中占有较大比重。在旧中国，如果每天能吃到大鱼大肉，那就百分之百属于享受了。可是现在呢？每天吃鱼吃肉是百姓的平常生活，不再属于少数人，现在讲究粗茶淡饭，有些人甚至拒绝大鱼大肉。想满足味觉的快感，超市里的包装食品很多，而且价格也便宜。穿什么衣服算享受？在大街上一眼看去，你或许分不清谁是富人、谁是穷人。经过几十年的发展，绝大多数人已经解决了住房问题。吃穿住问题的解决，为领悟淡定幸福提供了条件。

最后就是生活悠闲感的获得。获得生活悠闲感是获得幸福感的基本内容。本书在"高消费"章节中已经比较详细地阐述了生活悠闲需要的内容。无论比照幸福还是淡定幸福，获得生活悠闲感是必需的内容。获得生活悠闲感并不需要多么富裕，这在当代中国是比较容易实现的。这就给获得淡定幸福提供了现实的可能。

获得淡定幸福的关键是从平淡生活中体验到内心的宁静感、自由感，从而体验到生活的意义和生命的意义。

每个人应该根据自己的条件，选择荣华型幸福或淡定型幸福。两种类型的幸福都有各自的幸福核，两种幸福核既有不同的地方，也有相同的地方。正确地理解幸福、追求幸福，对提高我们的健康觉悟和品德觉悟都有非常关键的作用。

二、使命怡态领悟暗需要

使命怡态是幸福怡态的对偶概念，与幸福怡态相反，使命怡态是在进行了付出，甚至是付出了自己重大利益的情况下获得的长久的快乐情绪。这似乎不好理解，我们在关于求美需要的讨论中讲过，当一个人正确认识了生命的价值并为实现价值而顽强奋斗时，他就会不怕一切困难并豪情万丈。

能获得使命怡态的人，大致有以下三种：一是进步的科技工作者；二是进步的社会改革者；三是关爱他人，尤其是关爱弱者和一切维护社会公正的人。科学家（包括自然科学家和社会科学家）在科学探索的道路上艰难跋涉，发明家在发明创造方面绞尽脑汁，他们都担负着推动社会进步的重任。那些革命者、进步政治家和思想家们，为了人民的解放、民族和国家的独立、世界的和平和人类的进步而英勇奋斗。他们不仅忘我工作，而且有大无畏、自我牺牲的精神。进步的事业不是唾手可得的，而是要经过百折不挠的斗争才能获得。维护社会公正的人首先要有很高的觉悟，将维护社会公正作为自己对社会的义不容辞的责任，同时还要有大无畏的精神和坚定的意志。富有爱心的人，将关爱他人特别是弱势群体作为自己应尽的义务和责任，这也是一种自我赋予的使命，是社会进步事业的一部分。以上几种人有一个共同的特征：都是社会进步事业的推动者，都是为人类社会的和美而不懈奋斗的人。因此，一切进步事业的推动者都必须具有坚定的信念，清醒地领悟到自己所负使命的重要意义。当他们具有这种觉悟并为之奋斗时，就获得了使命怡态。使命怡态是极稳定的长期的快乐心态。

使命有两种获得途径：一是组织委派的使命，二是自己立下的使命。

这些坚守使命者是世界上最有毅力、最勇敢、最不怕困难和挫折的人，也是最具博大胸怀、最乐观、最懂得生命意义的人。在不懂得生命意义的人看来，坚守使命者是最傻的人，是苦行僧，是冷面铁心的人。其实，他们是世界上最聪明能干的人，也是最懂得爱的人，他们的事迹世代相传，他们的精神教育了世世代代的青少年。

使命都是好的吗？获得使命怡态的人都是好人吗？不见得。使命有正义和非正义之分。那些将非正义战争强加于他国的战争狂热分子以及对这些战争狂热分子顶礼膜拜的人，他们可能也有使命感，但那是罪恶的使命，是反人类、反社会进步的反动使命。负有反动使命的人一时也可能获得使命怡态，但那只能是一时的快乐，甚至当时就不能获得快乐。反动的事业也许声势浩大，看似不可战胜，但总有一天是要垮台的。当人民对他们进行指责、声讨、审判时，他们曾经获得过的使命怡态就荡然无存了。而坚守正义使命者所获得的使命怡态则伴随终身，因为他们知道自己的事业永垂不朽。

所有从事正义事业的科学家、发明家、政治家都能获得使命怡态吗？笔者的回答是否定的。因为并不是所有肩负使命的人都能认识到自己所负使命的伟大意义，不是所有的人都能忘我地、坚定地去完成自己的使命。在肩负重大使命的人中，不乏自私者、意志薄弱者、渎职者、变节者、腐败者，这些人是无法获得使命怡态的。

科学家、发明家、政治家之外的人，也能获得使命怡态吗？是的。在为独立、解放而奋斗的革命者中，许多普通战士为了正义的事业而无私、无畏地献身，他们也能获得使命怡态。无论战争或和平年代，那些为了正义的事业兢兢业业奉献的人、具有博大爱心的人，即使是非常普通的人，但由于能认识到自己所从事工作的进步意义，并不懈地去完成自己的工作任务，他们也能获得使命怡态，如雷锋、焦裕禄、孔繁森等。

使命怡态者与马斯洛所说的自我实现者是同样的人吗？马斯洛写过很多文章去论述、描述自我实现者。"自我实现"也是被当代世界广泛使用的概念。现将两者加以比较。

第一，定义不同。马斯洛在《超越性动机论——价值生命的生物基础》一文中写道，自我实现的人（更为成熟、更为完满的人）的定义是：在他们的基本需要已得到适当满足以后，又受到更高层级的动机——"超越性动机"——的驱动。❶ 他在《人的动机理论》一文中明确地写道，自我实现需要的产生，有赖于前面的生理需要、安全需要、爱的需要以及尊重需要的满足。❷ 笔者所描述的使命怡态者不一定具备上述条件，他们可能连最重要的需要都不能保证。在长征中，红军指战员们饿到吃树皮草根，前有重兵阻击，后有追兵进攻，天上有敌机轰炸，脚下是有致命危险的草地，要穿越寒冷刺骨的滔滔江水、空气稀薄的雪山，哪里有什么生理需要、安全需要的满足？但红军指战员们凭着对革命事业的坚定信念，一往无前。英雄们把这叫作"革命的乐观主义精神"，这种精神就是使命怡态的写照之一。

第二，作用方向不同。自我实现者的快乐是获得性的，在马斯洛的描述中，他们好像是超越普通人的人，是高人一等的人。而使命怡态者的快乐是付出性的，他们中既有社会精英，也有普通人，而且大多是普通人。使命者是在对使命做出了无私、无畏的奉献（对主体自己不一定有回报的奉献）的过程中、过程后产生了使命怡态情绪。

使命怡态者是在自己从事使命的过程中，深刻地认识到使命的客体价值和主体价值后才获得怡态情绪的。

正义使命的客体价值具有鲜明的特征：创新性和进步性。

正义使命的创新性在科学家、发明家身上体现得非常显著。社会改革家从事的也都是创新性的工作，因为历史是不会重复的。艺术家的作品也基本上都是创新性的。在日常生活和工作中，创新性的东西也非常普遍，笔者把它们称为日常创新。地球之大，人口之多，文化差异之悬殊，使得日常创新者不敢将自己的创新冠以"开世界之先河"之名，他们在日常创新中自得其乐。

正义使命的进步性是使命价值的体现。创新性的东西如果不具有进步价值，也就不值得社会的肯定，主体也就不可能从这种无价值的创新中获得快乐。有些使命或许不具有创新性，但具有进步性，也会受到人们的肯定。在雷锋的事迹中，创新性可能较少，但具有进步性。人的价值感不是凭空产生的，

---

❶ 马斯洛，等. 人的潜能和价值 [M]. 林方，译. 北京：华夏出版社，1987：209.
❷ 马斯洛，等. 人的潜能和价值 [M]. 林方，译. 北京：华夏出版社，1987：168.

而是从客体的价值及其价值的实现中产生的。主体由于深刻地认识到使命的创新性和进步性，并为之无私、无畏奉献，才在奉献的过程中认识了自己生命的价值。如果主体没有为肩负的使命做出奉献，他就不可能获得快乐。人只有将使命的客体价值和自己生命的主体价值完全统一、融合起来，才能在这种统一认识中获得深沉的、有力的、久远的快乐情绪——使命怡态。

2013年7月31日的《参考消息》刊登了《人体对不同快乐反应不一》一文，笔者对此文印象深刻，现转载此文。不过，需要将此文中的"幸福论形成的快乐"换为本书的"使命怡态"来理解。因为在笔者之前，没有学者区分幸福怡态与使命怡态。

一项新研究发现，在分子水平上，人体对不同的快乐并不是一视同仁的，它会对不同种类的快乐做出不同反应，从而可能对人体健康造成有益或有害的影响。这项研究由北卡罗来纳大学教堂山分校艺术与科学学院的心理学教授芭芭拉·弗雷德里克森领导。

研究者发现，由"崇高目标"带来的幸福感可能会在分子水平上增进人体健康，而"单纯的自我满足"则可能造成负面影响，尽管人们在这两种情况下都能感受到快乐。该研究于2013年7月29日发表于美国《国家科学院学报》月刊。

弗雷德里克森与同事写道："哲学家长期以来对快乐的两种基本形式进行区分：一种是'享乐主义'形式的快乐，它代表着个人的愉快体验；另一种是更深刻的'幸福论'（幸福论主张通过由理性支配的积极生活而获得幸福——译者注）形成的快乐，它超越了单纯的自我满足，它来源于朝着崇高目标和重要意义而奋斗。"

弗雷德里克森说："很多研究告诉我们，这两种形式的快乐不仅会减少压力和沮丧情绪，还会增进人的生理和心理健康。但我们获得的信息却有些不同。"

如果所有的快乐都是一样的，那么无论人产生的是"享乐主义"还是"幸福论"形式的快乐，基因表达的模式都应该是一样的。但现在研究人员发现，情况并非如此。

"幸福论"形式的快乐实际上会大幅减少同压力相关的CTRA基因的表

达。相反，"享乐主义"形式的快乐则会大大增加 CTRA 基因的表达。研究人员对这两种快乐的基因分析显示，纯粹"享乐主义"形式的快乐实际上是要付出代价的。

最初，弗雷德里克森觉得这些结果令人吃惊，因为参与研究的志愿者都报告说感到快乐。她认为，一种可能性是，体验到更多"享乐主义"形式快乐的人在情感上是"零热量"消耗。她说："他们的日常活动提供了短暂快乐，但从长期来看却对身体造成负面影响。"

她说："一些单纯的愉悦体验会让我们快乐，但是这些'零热量'不会以有益于我们健康的方式来帮助我们增长智慧或塑造能力。在细胞水平上，人体似乎对一种不同的快乐会做出更好的反应，那就是建立在归属感和使命感上的快乐。"

上文发现的幸福怡态与使命怡态对于人的健康影响在分子水平上的差异将启发所有人。

本节详细地分析了怡态情绪，要真正获得怡态，还必须树立正确的理念。理念正确，领悟才能有正确的方向，否则领悟就会向错误的方向进行，其结果就会适得其反。领悟是在观念的指导下进行的，这一点希望读者们注意。

三、关于满足度公式

满足度简约公式（4）是由满足度公式（2）（3）得来的：

$$M = k \frac{B_{t0} - B_0}{Y - B_0} \Big/ X^{S(t-t_0)} \quad (X > 1) \quad (2)$$

$$= k \frac{\Delta B}{\Delta Y} \Big/ X^{S\Delta t} \quad (3)$$

$$M_j = \frac{\Delta B}{\Delta Y} \quad (4)$$

M、M_j——物质欲望满足度；

B_0——原有的物质满足量；

B_{t0}——在 B_0 的基础上新得到的物质量；

Y——希望得到的物质满足量；

ΔB——实际物质净增量；

ΔY——原来希望（计划）得到的物质净增量，简称希望（计划）物质净增量；

k——幅度系数，又叫强度系数；

S——速度衰减系数；

t_0——得到新的满足量 B_{t0} 的时刻；

t——得到 B_{t0} 以后的时刻；

$X^{S(t-t_0)}$——物质欲望满足度衰减因子；

X——衰减底数，$X > 1$；

Δt——物质欲望满足度衰减时间间隔，简称衰减时间，$\Delta t = t - t_0$；

简约公式（4）是从公式（2）和（3）中去掉衰减因子 $X^{S(t-t_0)}$、强度系数 k 得到的。

满足度简约公式指出：人的欲望（需要）满足度是实际物质净增量 ΔB 与计划物质净增量 ΔY 的比值。实际物质净增量 ΔB 又可称为欲望满足度的客观项，也可以称为约束项。希望物质净增量 ΔY 又可称为主观项或自由项。现在来讨论各个因子。

（一）客观项 ΔB

（1）实际净增量 ΔB 是一个相对量，因为 $\Delta B = B_{t0} - B_0$。如果原有的 B_0 大，即原来就比较富裕，在计划物质净增量 ΔY 不变的情况下，为了提高满足度 M，必须增大 ΔB 的值，则需要更大的 B_{t0}；如果原来的 B_0 小，即原来不太富裕，B_{t0} 不需要增大多少，就能使 ΔB 增大很多，在计划物质净增量 ΔY 不变的情况下，则满足度 M 就高，人们就更容易得到物质幸福感。

这项讨论使我们能解释如下现实情况：中国改革开放后的 20 年，人们的物质生活满足度（满意度）提升得很快，因为 B_0 小——原来穷，而 B_{t0} 增加得又较快，所以 ΔB 较大，满足度 M 提升较快，老百姓比较满意。但最近 10 多年，虽然物质生活大大改善，但人们的满意度并没有随 B_{t0} 的增大而增大，部分原因是 B_0 较大，使得 ΔB 的增大较难。ΔB 的相对性提示人们，富裕国家、富裕地区的人们的物质生活满足度不一定就高。据说日本人的幸福感低，这与

实际物质净增量 ΔB 的相对性有一定的关系。

（2）$\Delta B < 0$ 的情况。实际物质净增量 ΔB_0 有正负之分，当 $B_{t0} < B_0$ 时，$\Delta B < 0$。实际净增量 ΔB 为正表示得到，为负表示失去。而希望物质净增量 ΔY 在一般情况下是正的。在 ΔY 为正的情况下，由公式（4）可知，满足度的正负就由 ΔB 的正负决定。负满足度状态是失去而不是得到时的心理状态，它所产生的情绪不是快乐而是痛苦。在负满足度的情况下，ΔB 的绝对值越大，痛苦度就越大，这就要引起注意了。

（二）主观项 ΔY

希望物质满足量 Y 表面看起来是虚无缥缈的，其实完全不是这样——它非常现实。

（1）人们的希望物质满足量 Y 是根据生活半径中的模板来确定的。模板通常是生活半径内富裕的家庭或个人，即使不是最富裕的家庭、个人，起码也是中等富裕以上的家庭、个人。可见，在贫富悬殊的地区、国家，大多数家庭、个人的物质生活满意度是很低的，即幸福感是很低的。在贫富悬殊的地区和国家，只有极少数家庭、个人是富裕的，但他们却是生活半径中的物质生活模板。这就使大多数家庭、个人的希望物质满足量 Y 很大，而他们的 B_0 又很小，因此 $\Delta Y = Y - B_0$ 就很大。分母 ΔY 很大，分子 ΔB 又很小，满足度 M 的值就很小。

（2）$\Delta Y < 0$ 的情况。只有当 $Y < B_0$ 时，才会有 $\Delta Y < 0$。希望值怎么会小于现有值呢？当人们不是希望 B_{t0} 增大，而是希望 B_0 不要减少时，就是 $\Delta Y < 0$ 的情况。这当然是在特殊情况下才会出现。例如，遭到强大力量的压迫、剥夺而又无力反抗时，人们只能无奈地希望损失得更少一些，此时 Y 就会小于 B_0。

（三）幅度系数 k

幅度系数 k 反映的是，追求的对象不同，人的满意或痛苦的程度就不同。获得或失去重要利益或情感，满足度或痛苦度就很高；获得或失去次要利益或情感，满足度或痛苦度就低。收入、婚姻、住房、子女等项就是 k 值较大的情况。例如，获得或失去住房，人的满足度或痛苦度就很高。幸福指数的制定者们可以编制一份 k 值表。

（四）衰减因子 $X^{S(t-t_0)}$

公式（1）加了一个衰减因子 $X^{S(t-t_0)}$，而且它是指数形式，可见衰减速度非常快。笔者认为这符合实际情况，因为满足度的确会随着时间的延长而降低。衰减因子的意义体现在两个方面：其一，人们对某项新获取的满足度只能维持一段时间，这说明满足度是动态的，而不是静态的；其二，人的欲望是无止境的，好了还要更好，很难得到满足。这说明欲望能永远充当人类社会不断前进的内在总动力，这个意义无比重大。如果人像动物那样很容易满足，人类社会就会停滞在某个水平上。由此看来，这个衰减因子不是可有可无的，而是意义重大。

（五）速度衰减系数 S

速度衰减系数 S 反映的是，不同的人、不同的追求对象，满足度衰减的速度不同。有些东西的满足度会很快衰减，例如，一顿饱餐后，过几个小时，满足度就会降为零；而新购一套住房的满足度的衰减时间则要以年计算。

物质生活满足度公式由客体项与主体项的比值构成，这是一个重要的结论，因为这个公式清楚地告诉我们，要想获得幸福生活，必须从客体和主体两个方面共同努力。可是大多数人只追求客体项，而忽略了自身的主体项，其结果是身在福中不知福，本该快乐地生活，结果整天这山看着那山高，躁动不安，甚至抑郁成疾。比照幸福有自比幸福和他比幸福两种，无论哪种比照幸福，由满足度公式可知，幸福有"一半"是掌握在自己手中的，因为主体项完全由自己确定。

第七篇　人的确量觉悟暗需要

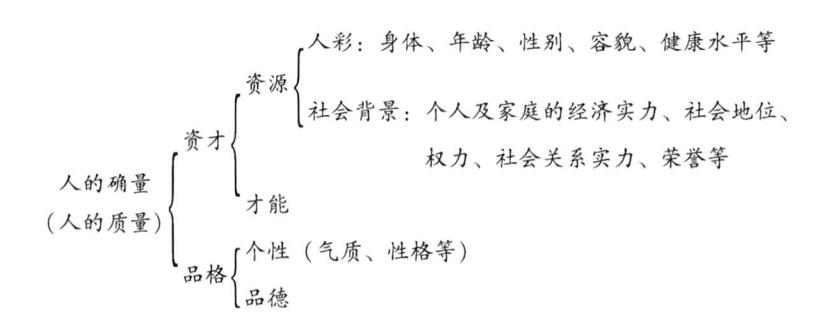

```
                        ┌ 人彩：身体、年龄、性别、容貌、健康水平等
                 ┌ 资源 ┤
                 │      └ 社会背景：个人及家庭的经济实力、社会地位、
          ┌ 资才 ┤                  权力、社会关系实力、荣誉等
人的确量   │      └ 才能
(人的质量) ┤
          │      ┌ 个性（气质、性格等）
          └ 品格 ┤
                 └ 品德
```

　　人的确量是人的比较确定的构成元素。人的资源、才能、个性、品德四大元素在人生的一定时期内都是人的确定的元素，所以称为人的确量，它们是我们进行社会活动的资本、能量，因此被视为人的质量。人的各种明需要就是由人的确量（质量）发挥作用来满足的，确量作用发挥得好，明需要就满足得好；发挥得差，明需要满足得就差。人的质量越大，发挥的能量可能就越大，他的社会作用可能就大一些，得到的回报可能就多一些；人的质量越小，发挥的能量可能就越小，他的社会作用可能就小一些，得到的回报可能就少一些。这里说的都是"可能"，为什么只是"可能"？因为人的确量发挥有发挥方向、发挥性质、发挥效率和发挥时机四大变量。这些变量导致人的确量的发挥效果有正负之分、善恶之分、大小之分。这些不同都是由个人对自己的确量的各个元素的觉悟决定的。

第十三章　品格觉悟暗需要

第一节　品德觉悟暗需要

关于"德",段玉裁注《说文解字》曰:"内得于己,谓身心所自得也;外得于人,谓惠泽使人得之也。"可见"德"包括内外两个方面。本书将"德"向内方面称为品性,向外方面称为德行,品性是指个人的内在修养方面的素质,德行是在人际交往方面表现出的善恶素质。两者含义相近,关系密切,都是看不见的人的虚在性元素。庄子的"内圣外王"观点阐明了品性与德行的关系。他认为,一个人只要将内在的品性修炼得像圣人一样,就可以治国安邦,有益于民众和国家。人的内在品性在人际关系中表现出来就是德行。一个人有什么样的品性,就有什么样的德行,一个人外在的德行表现必定反映了他的内在品性。每个人都必定具有某种品德,虽然这些品德是看不见的,但一个人只要行动或说话,其品德就会真实地或虚假地、部分地或全部地展现出来而被别人所知,并按其展现方式得到某种回报或反馈。

人的德行实际上包括利益性德行和情感性德行,这两个方面都会通过品镜映照出来。品镜就是显示人的品德的镜子,这个品镜就是人的言行。情感觉悟已在玄量觉悟中讨论过了,此处不再讨论。

品性决定德行,那么,人究竟有哪些品性呢?经过历代道德伦理学家、宗教经典和思想家们的阐述,表达人的品性的概念难以列举完全,这里只列举一部分:良心/祸心,善良/歹毒,怜悯/冷漠,胸怀宽广/睚眦必报,宽恕/苛刻,谦虚谨慎/妄自尊大,真诚/虚伪,守信重诺/言而无信,公正/偏袒,知恩图报/忘恩负义,遵纪守法/违章乱法,乐于助人/极端自私,勤劳节俭/好吃懒做,光明磊落/阴险狡诈，尊老爱幼/欺老虐幼，等等。

人在利益交往行为中都会得到某些回报或反馈。回报有两种：一种是实物类回报，另一种是评价回报或称评价反馈。实物类回报有得到或失去两种情况。评价反馈也有两种：一是社会评价反馈，二是自我评价反馈。品德社会评价反馈称为品镜映照。品德自我评价反馈是行为人对自己的言行进行的评价，是企图获得内心安宁的需要。社会评价反馈在行为当时或行为之后就会发挥作用。评价正反馈是社会大众对行为人的善良的言行进行肯定和鼓励的评价，评价负反馈是社会大众对行为人的恶的或不良的言行进行的反击。反击有两种：一是行动反击，二是舆论谴责。其中，舆论谴责会在很长时间内发挥校正作用。

人的品性究竟是怎样变好或变坏的呢？本书在"人的特性研究"中指出，"人是由恶性与善性辨析构成的利益性德行阴阳合一体，恶性是阴子，善性是阳子"，并同时指出，人本来就先天地同时具有善的种子和恶的种子，即有先善和先恶，而且先恶的势力大于先善的势力。对未成年人而言，教善则善扬，教恶则恶张。这里就涉及一个非常重要的问题——"教"，即品德教化。品德教化从个人成长史来说，分为未成年期教化和成年期教化；从教化的环境来说，分为家庭内教化和社会教化。儿童从进入幼儿园开始，就以社会教化为主了。所以，品德教化就以社会教化为主来讨论。

社会教化的最大问题是社会人文环境的品性。人文环境是由人的活动构成的，人有品性，人文环境就也有品性。在此，笔者提出一个重要概念：境德。所谓境德，是指人生活的人文环境的德行，即影响人的品性善恶的人文环境的性质。社会风貌的概念早已有之，但并没有被提高到德行的高度。与境德相对的是人德。人德是指个人的品德修养，它包括个人的品性和德行。人德由上人德和下人德构成。人德与境德共同辨析构成了最大生存要域（国家）的社会德行体系，人德是阴子，境德是阳子，人德是基础，境德是主导。历史上的道德伦理只讲人德而不讲境德，这就将统治者在社会德行体系建设中的主导作用、决定作用忽略了，因而是片面的理论。中国有南橘北枳的故事，说的就是境德问题。

品德社会教化的主导因子是境德。境德涉及的因素很多，笔者认为有四个关键因素：一是财富分配制度及经济发展水平，二是信仰及伦理实施水平，三是法律实施水平，四是上人德总体水平。

例如，市场经济制度是把双刃剑，它的正面特性是能最大限度地调动人的积极性，去创造财富；它的负面特性是可能调动人性中的恶性，使人泯灭良心、摧毁诚信。所以，在实施市场经济制度时，必须同时采取遏制市场经济制度负面作用的措施。否则，境德滑坡就很难避免。提高境德水平是一项极其重要的事业。

人们的品行觉悟的形成过程中，其生活于其中的境德起主导作用，但也与个人的品性修养息息相关。提高境德水平虽然是国家起主导作用，但每个人也有不容推脱的责任。所以，历史上的道德伦理要求个人加强道德修养仍然是非常必要的。如何提高自己的品德？前人给我们提供了很多指导。例如，市场经济鼻祖亚当·斯密（Adam Smith）要我们用良心、怜悯心、感同身受的方法或由没有利害关系的第三方评判的方法去战胜邪恶，[1] 儒家要我们用"慎独"精神来修身，等等。笔者认为，我们要用正确领会人的生命价值的理论去提高修养。前文曾指出，人的价值由内向价值和外向价值辨析构成。内向价值受体是个人及家庭，外向价值受体是国家、社会大众和全人类。每个人要用正确的法律来调整内外价值的关系，面对不良社会现象时，绝对不能使自己的良心泯灭。我们要仔细地领会、反思物质享受、感官享受对自己的瞬时意义和人生意义，对他人的意义，对社会的意义，从而提高自己的品德水平，为缔造高尚境德贡献自己的一份力，为自己的生命意义增添一份正的社会价值。每个人都应将个人的内向价值与外向价值统一起来，做一个有良心的人，一个既对家人有益又对社会和民众有益的人，一个问心无愧的人。

第二节　个性觉悟暗需要

人的个性的内容极其广泛，心理学家对个性尚没有统一的定义。多尔奇

---

[1] 斯密. 道德情操论［M］. 益群，宏峰，译. 北京：中国致公出版社，2008：译本序.

(F. Dorsch)认为个性是"个体的独特性",但个人之间的不同特征很多,性别、年龄、身高、肤色、体形等都有差别,都是独特性之一。阿尔波特(G. W. Allport)认为个性应与人格联系起来,要体现人格方面的一些差异,包括人的思想、态度、兴趣、气质、潜能、人生哲学,以及体格和生理特点等。[1]他有一个著名的定义:"个性是个体内那些决定个人特有的行为与思想的心身系统的动态结构。"[2]本书是从人的存在的角度来考虑个性问题的。人们存在着,就要进行活动,但希望进行什么样的活动以及希望以什么方式进行活动,每个人都不一样,人与人的这些差异就是笔者认为的个性。

本书从活动的角度来考虑个性,着重探讨以下两个方面:①活动的倾向性,即喜欢进行哪些活动;②喜欢的活动形式。因此,可以将人的活动的倾向性和活动方式的偏爱性定义为人的个性。"喜欢"当然就体现了个体的差异。喜欢的活动类型、喜欢的表现形式,不就是追求好和美吗?当然这是个人心目中的好与美,即个人所理解和追求的好与美。人们喜欢以美的形式而不是以丑的形式存在于社会中,这就体现了展示个性的欲望。所谓展示个性,就是人们追求美的生存方式的独特性。这样定义的个性既包含了阿尔波特的人格概念,也包含了多尔奇的独特性概念。爱美并不只是女人的专利,任何人都有追求形象美的欲望,并会以自己喜欢的方式来展示自己美的形象。最简单但并不严密地说,个性就是个人的独特的活动方式的倾向性。活动方式包括思想方式和行为方式。其实,个性是悟觉的反映,人们有时候希望与别人相同,有时候又不愿与别人相同,而是想以与别人不同的方式进行活动,以显示自己的存在。如果一个人事事都和别人相同,他就仿佛不存在了,或者说别人没有必要了解他了。每个人都不愿毫无个性地活着,展示个性是人的需要。

还有更狭义的个性概念,有人将气质、性格排除在个性概念之外,只将思想方式视为个性。气质、性格其实是个性的鲜明特征,应该属于区别人与人的精神特征。思想方式也属于个性,但其与气质、性格有显著的区别。许多学者对个性有自己独到的见解,他们有一个共同的观点,就是呼吁解放人的个性,

---

[1] 陈仲庚,张雨新. 人格心理学[M]. 沈阳:辽宁人民出版社,1986:66.
[2] 转引自查普林,克拉威克. 心理学的体系和理论[M]. 林方,译. 北京:商务印书馆,1984:267.

发展人的个性，并将发展个性与发展才能作为人的自我发展的两个不可分割的方面。气质、性格虽属个性的范畴，但谈不上发展它们，需要解放、发展的个性是有别于气质、性格的另外的东西，如兴趣、习惯、态度、生活方式、思想方式、价值观念等。有必要将与气质、性格相区别的那部分个性内容用一个适当的概念进行概括。本书将个性划分为强迫性个性与非强迫性个性。气质、性格等个性属于强迫性个性，兴趣、习惯、生活方式、思想方式等个性属于非强迫性个性。人们要解放、展示的那部分个性就是非强迫性个性。

不由自主地、自发地发生，就是"强迫性"。气质和性格的表现，通常是不由自主发生的，是人不能控制或很难控制的。有的人很害羞，见到陌生人就脸红，害羞、脸红是很难控制的，这就是强迫性表现。是什么强迫他害羞？是他的个性。虽然我们还不确定强迫性个性究竟是怎样形成的，但它的存在是毋庸置疑的。

兴趣、爱好、生活习惯等方面的个性是可以控制的，它们反映了人的欲望和动机，是人们真实思想的流露。相对于强迫性个性，本书把兴趣、习惯等可以控制的这部分个性称为非强迫性个性。因为它们可以由人控制，有伸缩性、弹性，故将非强迫性个性简称为弹性个性或易控个性；仿此，把强迫性个性简称为刚性个性或难控个性。

强迫性个性与非强迫性个性的划分仅是相对的，两者间并没有绝对的界限。刚性个性是弹性个性的基础，两者的关系犹如玉雕作品与璞玉一样。形象生动的玉雕作品，是用色彩丰富、纹理别致、质地独特的未经雕琢的璞玉创作出来的。一个具有安静特质的人，会习惯以安静的方式从事活动，养成具有安静特征的生活习惯；一个具有外向、高兴奋度特质的人，爱从事热烈的、活泼的活动，会形成具有外向、活泼特征的生活方式。当然，并不是所有的弹性个性都与刚性个性有关。相反，弹性个性对刚性个性也有影响。一个失去自由的人，在统治者的压迫下，长时间从事单调的艰苦劳动，会变得麻木、迟钝，原来的活泼、外向的刚性个性会发生方向性的改变。职业习惯也会改变一个人的性格。

因为刚性个性不能反映人的真实欲望，故本节只讨论弹性个性。

弹性个性有两个显著特征：一是喜好性，二是求异性。

弹性个性具有喜好性，什么是人喜欢的呢？当然是人们认为好的、美的东西或感觉适合自己的东西。弹性个性所反映的思想和行为是人们喜欢的，是真实欲望的流露。这种发自内心的喜好，会极大地调动人的主观能动性，是一切成功所必不可少的条件。爱好是最好的老师，是最强大的动力之一，能使人具有最持久的毅力。喜好不仅孕育着动力，也孕育着效率，因为人在快乐心态下工作时效率会提高。发展个性，让人们从事自己喜欢的活动，就能让人们享受工作的乐趣，提高工作效率，对整个社会的进步具有推动作用。

求异性是弹性个性的本来意义。以与别人不同的方式去活动才能显示自己的存在，才不会被同化、被漠视、被忽略。求异就意味着寻找新的方向、新的课题、新的形式、新的方法。所以，求异就是创新和进步。求异者必定是独立思考、勤于探索的人，他不会盲目从众，他对流行和时髦事物不屑一顾，最多只将模仿作为初始学习的手段，绝不会拿模仿之作炫耀于人，他对抄袭、剽窃深恶痛绝，对与他人雷同之作嗤之以鼻。求异者喜欢多样性、丰富性，不喜欢单调和整齐划一。正因为弹性个性中孕育着创造力，也孕育着文化的多样性、丰富性，才使有些学者提出解放个性、发展个性的口号。

毛泽东曾指出，是"民族压迫和封建压迫残酷地束缚着中国人民的个性发展"[1]。在受束缚状态下，个性是不是一点都不能得到展示？答案是否定的。人在受束缚状态下，个性并没有完全丧失，还有一定的表现，因为个性的展示欲非常强烈。如果不这样认识，就无法理解灿烂的古代文明和历史。个性的表现形式是多种多样的，有些个性是通过作品表现出来的。大量的古代建筑及出土文物生动地体现了其设计者、制作者的个性，而其设计者、制作者大多是被压迫者、被统治者，他们设计、制作这些作品大多是在被位状态下进行的。被压迫状态有程度之分，严重的压迫会消灭个性，而一般的压迫只能束缚个性。展示个性是人的强烈欲望之一，是不会轻易被消灭的。要解放个性、发展个性，就应该减少或解除束缚。所以，个性解放与社会解放几乎是同步的。个性解放程度是社会解放程度的评判尺度之一。

本节只简单地讨论行为和思想方面的个性。无论行为或思想，都无法概括全面，本书只选择几个比较重要的方面进行简单讨论。

---

[1] 毛泽东. 毛泽东选集：第三卷 [M]. 北京：人民出版社，1991：1038.

一、择业个性暗需要

每个人有不同的职业选择，这充分体现了人的个性及个性觉悟。人们总希望做自己喜欢的工作，将在择业方面表现出的喜爱倾向性称为择业个性。择业行为应是人的一生中最重要的行为之一，择业个性亦应为个性最重要的表现之一。至于某个人为什么会喜欢某种职业，原因很难说清。

现在讨论择业的主观意愿问题。青年经过学校的培养要走入社会，都将面临择业问题。中年人也有择业问题。不管出于什么原因，许多人多次择业，这称为职业转移。显然，职业转移有自愿和不自愿两种情况。

择业（包括职业转移）都面临择业动机冲突，即个性动机与生存动机的冲突。每个人都想选择自己喜欢的职业，但实际择业情况很难满足这一需求。也许是因为择业者自身的条件不够，也许是外界客观情况不允许，一些人选择了某种自己不一定喜欢的职业。根据择业动机冲突，将择业划分为个性化择业与非个性化择业，按个性要求来选择职业的行为称为个性化择业，否则称为非个性化择业。

个性化择业又分为理想型和特质特长型。非个性化择业分为（自愿的）随机择业与（非自愿的）强迫性择业两类。非个性化择业者在条件许可时将发生择业转移，即向个性化择业转移。

$$
择业\begin{cases}个性化择业\begin{cases}理想型择业\\特质特长型择业\end{cases}\\非个性化择业\begin{cases}随机择业（自愿的）\\强迫性择业（非自愿的）\end{cases}\end{cases}
$$

在生存动机的驱动下，许多青年随机地选择了某种职业，一开始往往只将其作为临时职业看待。临时择业的结果必然会发生分化：有的人"跳槽"，发生职业转移；有的人却从业多年，慢慢地熟悉、习惯了该职业，甚至喜欢上该职业，使个性目标发生了转移，由非个性化择业转变为个性化择业。在计划经济体制时代，绝大多数人的择业属于非个性化择业，社会组织基本上不考虑人们的个性要求，而是要求人们干一行爱一行，职业转移也不是按个人意愿进行的，多是按组织要求进行的。在这种体制下，不少人真的是干一行爱一行，使个性目标发生了转移，由非个性化择业演变为个性化择业。不过，这个演变过程需要相当长的时间。改革开放以后，人才加速流动，自由择业机制逐渐形成。但在自由择业机制下，能真正实现个性化择业的人并不是很多，原因分为自身与外界两方面。从外界原因看，没有找到符合自己意愿的用人单位，或已经找到这类用人单位，但受名额限制，自己被排除在录用名单之外。从自身原因看，或许因为某些不足而在竞争中暂时落选，或许自身、家庭没有足够的经济条件支撑自己继续等待、继续寻找，最后只好随机地、临时地选择了某职业。

强迫性择业的情况较少，但也存在。强迫压力或来自家庭，或来自特殊的团体，或来自国家，或来自外国侵略者。来自国家的强迫压力是以法律形式出现的，否则就不算是国家强制行为。特殊团体最常见的是黑社会性质的组织，它们以强力逼迫被其控制的人从事非法职业。

个性化择业为什么值得提倡呢？个性化择业具有两个鲜明的特征：第一，挚爱性，择业者完全出于自己的热爱和追求择业；第二，献身精神，择业者愿意为自己所钟爱的事业献出一切。其挚爱性和献身精神形成了最大的内在动力与最大的挫折承受力。这两个力是相辅相成且相互促进的，能形成最大的创造力。

个性化择业有真假之分。马克思在《青年在选择职业时的考虑》一文中就批判了出于虚荣心的择业出发点。他写道："我们的使命决不是求得一个最足以炫耀的职业，因为它不是那种使我们长期从事而始终不会感到厌倦、始终不会松劲、始终不会情绪低落的职业。"他还批判了由幻想所激发的职业热情，"虚荣心能够引起对这种或那种职业的突然的热情。也许我们自己也会用幻想把这种职业美化，把它美化成人生所能提供的至高无上的东西"[1]。从个性化择业的第二个特征看，出于虚荣心、私心的职业选择不可能具备献身精神，因而是假的个性化择业，应将其列入随机择业中。

马克思继续写道："如果一个人只为自己劳动，他也许能够成为著名学

---

[1] 马克思，恩格斯. 马克思恩格斯全集：第40卷［M］. 马克思恩格斯列宁斯大林著作编译局，编译. 北京：人民出版社，1982：5.

者、大哲人、卓越诗人，然而他永远不能成为完美无疵的伟大人物。"从马克思的论述看，择业还有公私之分。马克思说："人们只有为同时代人的完美、为他们的幸福而工作，才能使自己也达到完美。""历史承认那些为共同目标劳动因而自己变得高尚的人是伟大人物；经验赞美那些为大多数人带来幸福的人是最幸福的人。"[1] 青年马克思是这样理解的，也是这样身体力行的，他选择了最适合于他，最能使他和社会变得高尚的职业——使全人类得到解放的事业。资产阶级不可能给自己最危险的敌人以优待，马克思生活在穷困潦倒之中，常常需要恩格斯的资助才能勉强度日，但他一点儿也不后悔，不向任何困难屈服。真正的个性化择业者必定具有最坚强的意志，不怕牺牲、克服一切困难的勇气，最宽大的胸怀，与民与国同忧乐的最高尚情感，这样的人也是最充实的人。

毛泽东、周恩来等老一辈中国共产党人立下了救国拯民的志向，投入最壮丽的革命事业中。他们领导中国人民进行了人类革命史上最艰苦卓绝的斗争，缔造了一个崭新的中国，彻底结束了中国百年的屈辱。

王洛宾挚爱的事业是音乐，他在经过河西走廊时无意中被当地民歌所吸引，他发现自己的事业就在脚下，于是毅然留在当地，立即投入自己最心爱的事业中，这一干竟是一辈子！在兵荒马乱的年代，一个生活在民间的音乐人地位多么卑微，生活多么艰辛，但危险、艰难都没能动摇他对民族音乐的热爱。他对自己事业的执着达到了如痴如醉、物我两忘的境界。他所创作的作品是激情洋溢之作，具有浓烈的西北气息，深受全中国人民的喜爱，他在中国音乐史上的地位是独特的。

以上说的是理想个性化择业，还有特质特长型个性化择业。2004年前后，在广州立交桥的地下隧道中出现了一批流浪歌手，他们怀抱吉他唱着自己喜发的歌，行人们听了他们的歌，随意给钱或不给钱。这种生活肯定很不稳定、很艰苦，但他们愿意这样生活。他们原来是在工厂打工的工人，由于向往自由的生活，宁愿做一名流浪歌手。现在许多大学毕业生选择的职业并非自己所学专

---

[1] 马克思，恩格斯. 马克思恩格斯全集：第40卷［M］. 马克思恩格斯列宁斯大林著作编译局，编译. 北京：人民出版社，1982：7.

业，学化学的去搞广告、装修，学建筑的去搞证券，这也许是出于生存的压力而随机择业，也许是出于对热门行业的向往以满足实惠，或是出于虚荣心，当然其中也一定有个性化择业者。选择适合自己的特长或爱好的职业是择业时最重要的。美国人安德森开办了一家经营很不错的广告公司，可是他一心想当文学家，这个愿望一天不实现，他的内心就一天不得安宁，于是他在36岁时断然弃商从文。由于对文学的挚爱，功夫不负有心人，他真的成功了，被称为"美国作家之父"。

执着追求目标而成功的人，其事迹见诸各种报道而广为人知，还有许多执着追求者未获成功，或成就不很突出，或虽然成就突出却未被理解、未被报道而埋没在民间。例如，有许多做工精湛的工艺品来自民间，人们并不知道其制作者的名字，称这些制作者为艺术家一点也不为过。刺绣品、竹编工艺品、剪纸工艺品、各类陶瓷陶土艺术品等，都是民间艺术家的杰作。这些不知名的艺术家都是事业的执着追求者，是把毕生精力奉献于自己所钟爱事业的平凡中的不平凡者。

每个人都有自己喜爱的事业，但坚定目标终身追求者并不多见。社会还没有达到让每个人都可以自由择业的发达程度，通常在择业中生存动机远大于个性动机，这使得随机择业成为主要形式。

许多人虽不能把个性化目标作为主要职业，但将个性化目标作为业余主攻对象的大有人在，其中取得成功的也不乏其人。

不管是作为主业或副业，锁定个性化目标，排除一切困难向目标迈进，才不愧对自己的一生。能成功当然好，不能成功亦无须懊丧，应将实现理想看作一个过程，而不是看作某个结果。结果是静态的，过程是动态的，人们应在实现理想的过程中丰富自己、完善自己，使自己变得完美起来，而不是"唯结果论"。

二、志趣个性暗需要

志趣个性包括爱好、兴趣、习惯等，是生活个性的主要体现，它几乎涉及生活的所有方面，内容极其广泛。社会在飞速发展，生活的内容和形式都在不断变化，人们的志趣也随之变化，充分地展示着、发展着、丰富着自己的生活个性。

志趣个性是指悟觉在体验领悟方面所显示的个性。因为悟觉具有玄量性，不同的人或同一个人在不同时空状态下的感悟结果都可能不一致。某人觉得这件衣服漂亮，别人可能觉得不漂亮，这就显示出了个性。这类个性与道德、信念等方面的个性显然不同。

有些志趣个性要凭借感觉器官才能形成，这类个性也可称为感知性个性。感知性个性与感知觉是两回事。某种感知性个性的形成必定依赖于其相应的感觉器官功能的正常，但某种感觉器官的功能正常不一定就形成相应的个性。人们的味觉器官功能都正常，却不一定人人都喜欢甜、人人都喜欢辣。个性属于悟觉，不是感知觉，但体验悟觉是在感知觉的基础上进行的，所以要分辨两种心智之间的关系。个性是一种偏爱，只有经常的、一贯的表现才能称为个性表现。

人为什么会有偏爱？因为人的悟觉体验到某种事物很好才会对其偏爱，美与好是相通的，好就是美，美就是好。感觉好就是感觉美，所以说，感知性个性也可以称为美个性。美学创立者鲍姆嘉通将专门研究感性认识的科学称为美学。"美学"（Ästhetik）这个词的希腊文原意就是"感觉学"，感觉学与美学在词源上是同义的，由此，感知性个性与美个性也是同义的。讨论感知性个性就是讨论人们在追求美的感觉中所显示的个性。

爱美之心人皆有之，美是共性还是个性？如果仅就爱美这个概念说，它是人的共性。对一个具体的人来说，他爱什么形式的美，那就属于个性了。美的内容极广，美的事物、美的形式、美的感觉是极其多样化的，人们在追求美的过程中各有偏爱，这就是个性。个性和共性常常交织在一起。例如，有的人喜欢体育，爱好体育者相对于不爱体育的人显示的是个性，但相对于爱体育的人显示的又是共性，因为在爱体育的人中有的爱球类，有的爱赛车，等等，又显示出个性。

装饰个性、美食个性、美居个性、休闲个性、志趣个性等展现出色彩斑斓的丰富的社会画卷。人们在生活中展示着个性，在展示个性的过程中享受着生活。

三、形象个性暗需要

每个人都有形象美的需要，人们在塑造自己的形象方面，充分展示着自己的个性。茫茫人海，人们不仅以生理特征相区别，还以个性形象特征相区别。

人们对衣着的讲究反映了其对自己外在美的追求，"人靠衣裳马靠鞍"，衣着服饰对人的外在仪表形象有极大影响。人的外在形象包括仪表形象和风度形象。仪表包括衣着、鞋帽、发型、容貌、身材、健康等，风度包括举止、礼仪、谈吐、气质、性格、表情、神态等。仪表是静态的外在形象，风度是动态的外在形象。

仪表美和风度美是外在美。人的品德、思想、胸怀等是内在的，品德好、胸怀广宽、思想进步是内在美。人的内在美和外在美都是重要的。本书在讲能台晋级需要时曾讲过形才实力，"形"就是指人的形象，它包括外在形象和内在形象。形象好是一种实力，是能台晋级不可或缺的条件。形象对恋爱、婚姻、社会交往等都有一定影响。实际上，人的形象是人格的一种显现。

追求仪表美是人的共性需要，但在形式上有个性的追求，两者都是很重要的。从共性方面说，衣着要整洁、合身，衣裤鞋帽要配合好，要符合季节和天气要求，要符合自己的性别、职业、年龄、身材、肤色等，还要注意场合、习俗、礼仪等。人们在共性中又追求自己个性的表现，因为只有仪表的个性表现，才能突出自己，显示自己的存在，给别人留下深刻的印象。衣着仪表个性化是很多女性最重要的欲望之一，不少女性的一生中在外在美方面花费了很多精力和财力。想要在共性中显示出自己的个性，是要花费很多心思的，这大概是一种艺术，如服装设计、形象设计等。艺术感强的人总能根据自身的年龄、身材、脸型、肤色等生理特点和时令、场合等外在要求，精心地将自己包装出具有鲜明个性的形象。有些人的长相并不十分美丽，但"三分人才，七分打扮"，通过化妆和衣着充分突出生理上的优势，将缺陷加以掩饰，一个鲜亮的个性形象就出现了。

风度是动态的外在美，它是通过语言、举止、神态等动态行为表现出来的。仪表美必须配以风度美。仪表不管有多么美丽，只要语言、举止、表情中有一方面不恰当，外在形象都将受到严重破坏。美如鲜花的姑娘如果语言粗俗不堪，衣冠楚楚的男士如果举止粗鲁无礼，都会令人倒胃口，再美的仪表也是枉然。风度中的语言要素最重要也最难掌握。通常要求语言文明、优雅、准确、简练，切忌粗话、脏话、低级庸俗，也不能口齿不清、观点模糊、偏题跑题、条理混乱。语言艺术水平高的人，说话时非常注意场合和对象：在严肃的场合，语言简洁明了、条理清晰、观点鲜明、语速平稳、语调与当时的气氛协调；在讨论中，观点有创意，表达又留有余地，旁征博引，逻辑性强；在轻松闲谈的场合，语言风趣幽默，所说故事曲折、生动、悬念迭起，往往使自己成为该场合的主角。他们不仅善于在遣词造句上下功夫，还很善于配合使用手势、表情、语言的节奏、语调及其特有的音质，使其语言风度具有鲜明的个性。语言风度不佳的人也很常见，例如有的人说话含含糊糊，别人听了半天也不知所云；有的人说话过分夸张、渲染，虎头蛇尾；有的人说话总留半截，神秘兮兮；等等。可见，加强语言修养对提高风度是相当关键的。交流过程中，表情能单独发挥交流作用，但更多的是与语言举止同时发挥作用。举止得当是风度中的又一个重要成分，总的要求是符合礼仪、习俗、规范，所谓站要有站相、坐要有坐相、吃要有吃相，说的都是对举止的要求。礼仪、礼节可以通过学习和模仿而掌握，在规范的举止中可以适当地显示个性。

一个人的风度高低，与其修养水平是成正比的。而修养水平与人的德行素质、气质、性格、文化程度和社交实践经验等都息息相关。提高修养水平，形成良好的个性风度形象，无论从哪个角度说都是极为重要的。

弹性个性是自己的选择，究竟以什么样的外在形象出现？对一个思想还未完全成熟的青年来说，这在许多时候需要模仿和学习；而对于思想完全成熟的人来说，则是依据其人生态度和生活经验进行选择。一个人的外在形象是其内在品质的外显，在追求外在美的同时，必须追求内在品质的美。只有这样，才能使内在美与外在美相得益彰。

四、活力个性暗需要

活力个性主要由进取性与保守性表现出来。人是兼备进取性与保守性的活力阴阳合一体，保守性是阴子，进取性是阳子。人的活力特性是由人的状态特性❶衍生出来的。要实现不自洽的目标，就要进取、奋斗，否则就不能达到目的；要实现自洽目标，就需要稳定，而要稳定，就不能过分冒进。既然人人都具有状态特性，那么人人就都具有活力特性。不过，每个人的活力展示程度是有差别的：有些人进取性强一些，有些人保守性强一些；年轻时进取性强一些，年老时保守性强一些；条件好时进取性强一些，条件差时保守性强一些；进取成功率高一些时，进取性就强一些，进取成功率低一些时，保守性就强一些；人的自信心强一些，进取性就强一些，自信心弱一些，进取性就弱一些。

不管进行何种活动，都有不同的方法，这时会显示出每个人个性的不同。不管方法性个性多么纷繁复杂，总能将它一分为二：循规求稳个性和创新求异个性，或称保守型个性和进取型个性。具有保守型个性的人办事喜欢循规蹈矩、四平八稳，犯大错误的可能性较小，但可能进取心不足，难以除旧布新；具有进取型个性的人办事总想改革以往的老办法，敢于探索、善于探索，能打破旧局面，开创新局面，但也隐藏着风险，甚至是很大的风险。

从字面上看，好像进取型个性比保守型个性更好，但这个印象是不准确的，或者说是错误的。解决问题的办法要根据对象的性质、条件、态势、时机等因素来决定。领导集团中应该有两种个性的人，形成互补互促的关系，这对于找到正确的解决问题的方法、步骤是极其重要的。有时候要进取、变革，有时候要稳定、保守，更多时候则要将变革与保守结合起来。

循序渐进是不是最好的方式？世界上没有万用皆灵的方法，必须具体问题具体分析。循序渐进的方式在具体应用时并没有那么简单。中国的改革是从农业开始的，总的来说，农业改革起步比较顺利，效果比较显著。工业的改革虽然也是循序渐进的，但经历了比较困难的过程。管理领域比较复杂，管理制度、管理方法都不能说越新越好。无论管人或管物，最终会归结到管人。管理制度如果朝令夕改，必定会引起混乱，激起人们的不满。但也不能一成不变，社会在发展，管理也要跟着发展。将求稳和创新巧妙结合起来，是管理者应具备的领导艺术，墨守成规的领导者和朝令夕改的领导者都是难以令人信服的。

---

❶ 见本书第二卷第三章第一节。

创新求异个性在科学研究和发明创造方面具有特别重要的作用。即使是集体创作的伟大作品，其巧妙的构思或方法，也总是由一个人最先提出，后经集体讨论改进和完善，才最终完成的。科学家、发明家都是具有创新求异个性的人，换句话说，不具有创新求异个性，就很难成为科学家或发明家。循规蹈矩是不能产生新事物的。在商品制造领域，创新求异是生存的根本，否则在市场经济体制下就必定被淘汰。文化市场也存在竞争机制，使善于、敢于创新求异的人脱颖而出。

什么叫解放思想？创新求异、大胆探索就是解放思想。解放个性、发展个性是个人展示价值的需要，也是社会发展的需要，这就使个性的发展具备了极有利的条件。那些被称为思想家的社会精英，以其独创性的观点、理论推动着人类社会向更加美好、更加进步的方向前进。对比一下奴隶社会、封建社会中生活着的广大百姓与当今社会的百姓在人道、人权等方面的待遇，我们就会深切地感到社会取得了巨大的进步。

大量的书籍、报刊和影视作品等都是作者们思想的表露，只有那些具有独创性、进步性的作品，即具有个性的进步作品才最受读者或观众的喜爱，而那些模仿、雷同之作则受到鄙视。

第十四章　资才觉悟暗需要

资才包括资源和才能，资源包括个人的人彩资源和个人的社会背景资源。资才是每个人进行社会活动、创造价值的资本，是人的质量的阴子。每个人都应对自己的资才有清醒的认识，好好地发挥它的作用。资才作用的发挥既受到玄量觉悟的左右，也受到品德觉悟的左右，其中玄量的作用是不确定的，而品德的作用在一定时期内是比较确定的。人的质量具有的能量大小取决于各项资才的发挥效率的加权平均值。某项资才发挥效率高，它的能量相应就大。人在社会上求生存发展，其实都是在求某项或某些资才发挥效率。但是，如何正确对待自己已经认识到的某种资才，并使它的效用得到最大程度的发挥，如何正确对待自己还没有认识到的资才，等等，这些都有认识觉悟高低问题。现在分别简单地加以讨论。

第一节　才能认知暗需要

个人的才能是从哪里来的？"人的本原性"[1] 指出：人是具有人类智能潜力的遗传基因与其幼体以及其后的成人在人类社会环境中通过学习和实践而得到的成长和活动共同塑造的本原阴阳合一体，具有人类智能潜力的遗传基因是阴子，幼体在人类社会环境中通过学习和实践而得到的成长和活动是阳子。每个人的智能潜力遗传基因都不相同，每个人的成长和活动的社会环境也都不相同。社会环境是一个很宽泛的概念。经过学校学习，人们都具有一定的才能，但这只是才能的基础，真正的才能是通过实践获得的，实践出真知。所以，才能是由天赋素质和后天实践相结合而形成的。这两者的关系也是阴阳关系，天赋素质

---

[1] 见本书第二卷第二章第一节。

只是基础，实践才是主导。才能认知暗需要，就是要讨论这两方面的问题，也就是说，既要正确地认识自己的天赋素质，更要正确地认识实践的重要性。这就是天赋觉悟暗需要和实践觉悟暗需要。本节主要讨论人有哪些与才能有关的天赋素质，供读者参考，从而提高觉悟。至于实践觉悟就不讨论了。

人类的才干才能是多种多样的，总体来说分类如下。

$$才能\begin{cases}谋划才能\begin{cases}格人才能\\格物才能\end{cases}\\动作才能\begin{cases}肢体才能\\操作才能\end{cases}\end{cases}$$

可见，才能分为两型四类。动作才能讲究的是动作的精确性、敏捷性、灵活性、持久性、平衡性、力度、速度等，而谋划才能讲究的是综合分析能力、想象能力、构思策划能力、决断能力、语言表达能力等。两型划分仅是相对的，因为任何动作都离不开思维。格物才能是指研究、利用事物的才能，即发现事物、发明事物、利用事物和管理事物的才能。格人才能是指率领团体、帮助国家在竞争中求生存、发展、取胜的才能。治人用谋，格物用术，术就是规划、设计，两者合称谋划。"格"有推究、研究、把握等含义。格人才能、格物才能和动作才能的分类如下。

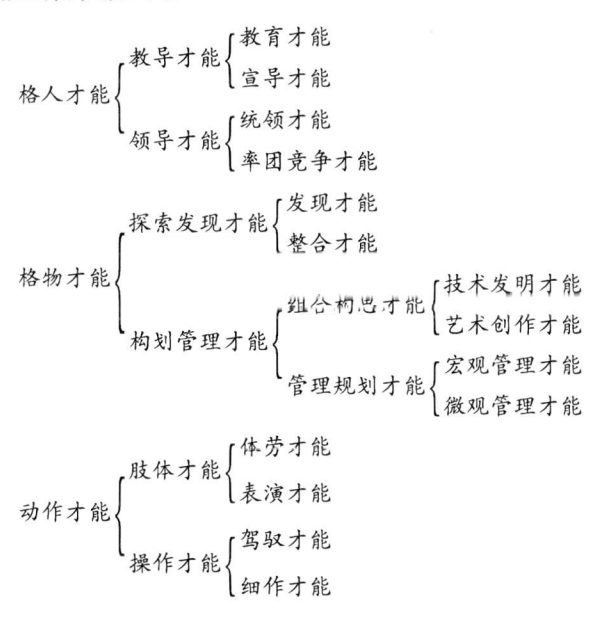

$$格人才能\begin{cases}教导才能\begin{cases}教育才能\\宣导才能\end{cases}\\领导才能\begin{cases}统领才能\\率团竞争才能\end{cases}\end{cases}$$

$$格物才能\begin{cases}探索发现才能\begin{cases}发现才能\\整合才能\end{cases}\\构划管理才能\begin{cases}组合构思才能\begin{cases}技术发明才能\\艺术创作才能\end{cases}\\管理规划才能\begin{cases}宏观管理才能\\微观管理才能\end{cases}\end{cases}\end{cases}$$

$$动作才能\begin{cases}肢体才能\begin{cases}体劳才能\\表演才能\end{cases}\\操作才能\begin{cases}驾驭才能\\细作才能\end{cases}\end{cases}$$

人们应该分析自己的特长，再根据分析结果选择职业。当然，一个人的特长是多方面的，而且有些特长并未被自己发现。还要知道，有某方面的特长，并不意味就一定有这方面的才能，人的才能是在实践中逐步增长的，没有勤奋的实践，才能很难发挥作用。有特长，只意味着学得比别人快一些、好一些，如果不学、不实践，依然是空有特长。

第二节　个人资源认知暗需要

个人资源包括人彩资源和社会背景资源。人彩是人的身体方面的资源，是从事社会活动最基本的资源，个人的社会背景资源包括家庭提供的资源和自己创造的资源。除少数人外，同性别、同年龄段的人的人彩资源差别不大，而家庭提供的社会背景资源差别则较大。我们在进行社会活动时，对自己拥有的资源必须有清醒的认识。

一、背景资源认知暗需要

人的背景资源是一种实力，包括个人及家庭的经济实力、社会地位、社会关系实力、荣誉等。在所有的实力中，社会地位是最重要的。

每个人所处的社会地位是经常变动的，地位的取得既与个人努力有关，又与机遇有关。信不信上帝对某些人来说并不重要，每个人直接面对的是自己的社会地位。命运主要由社会地位决定。认清自己在社会中的地位，从而提高觉悟，然后在觉悟的基础上寻求自我发展，才是最现实、最重要的选择。

人在社会中应该处于什么地位？实际处于什么地位？这实际上说的是人与社会的关系、人与人的关系。这两个问题是紧密联系在一起的。人们常把自己比喻为大海中的一滴水，与社会相比，个人是渺小的。个人又像一片小木板在大海中随波漂流着，有时浮在水面上，有时又被卷入水底。

社会是怎样发展的？马克思穷40年之研究，得到的结论是：社会的发展是生产力在推动着，而在生产力中，生产工具又起着特殊的作用。从历史中可知，人类经历了火的时代、弓箭时代、铜铁时代、机器时代、电子时代、信息时代直到现在的网络时代。这些都是生产工具的革命。网络化时代才刚刚开始不久，就已经看到生产组织、商业组织、政府组织、家庭生活、个人活动方式等无不受到它的极大影响。我们能切身地感受到社会在飞速发展着。由此可以得到一个最起码的结论：社会不是由某种神秘力量主宰着，而是由以科技创新为主形成的生产力主宰着。打破神秘感是十分重要的，它可以破除一切形式的迷信，是提高觉悟的基础。

生产力不神秘，因为它是以科技创新为主形成的。我们从科技创新活动中看到了人的作用和制度的作用。制度是人制定的，归根结底还是人在起作用。因此可以说，人是社会进步的根本动力。由此得到第二个基本结论：人是社会的主人和主体。

有些人对每个人都是社会的主人这一观点表示怀疑，认为只有那些高贵者才是社会的主人。西方资产阶级启蒙思想家们早就喊出了"人人生而平等"的口号，甚至2000多年前，秦末农民起义领袖陈胜就发出了"王侯将相，宁有种乎"的诘问。人类个体在天赋智力素质上存在一些差异，但差异极小，人类成员的遗传智力素质比较平均。没有任何科学证据证明，人类中有某一民族在遗传上素质高于其他民族。鼓吹存在优等人、优等民族的任何所谓证据、理论都是荒谬的，是别有用心的政治欺骗。但是，无数事实证明，天才在于勤奋，成功伴随机遇。既然人是社会的主人，既然人人在政治上、人格上平等，那么每个人都应是社会的主人，这是本书的又一个结论。

身为社会主人的个人为什么在社会中没有主人的感觉呢？这可以分两种情况加以讨论，即生产资料私有制经济体制和公有制经济体制。在私有制中，只有资产（资本）拥有者才有自主权，才能得到主人的体会；被雇佣者是在强制下劳动，他们不是为自己的目的而生产（即异化劳动），而是为雇佣者的目的而生产，他们的主人地位被剥夺了。这是马克思的结论。一些马克思主义理论家认为，一旦实行了生产资料公有制，消灭了异化劳动，人人都成了社会的主人，人们就处处能体会到主人的地位。生产资料公有制在20世纪时曾在不少国家实行过，在那里，消灭了剥削和以资本获取报酬的机制，人人参加劳动,并以劳动为唯一的谋生手段。理论上,每个人应能真切地体会到自己的主人地位,可是,实际上能体会到这一点的人并不多。有些人并没有以主人的姿态、觉悟来为"自己"劳动,消极怠工、不负责任、化公为私的现象时有发生。为什么在公有制下,有些人没有主人的感觉呢?原因是多方面的。在生产资料共同占有的基础上重新建立个人所有制,使每个人的主人翁地位得到直接体现,可能还是一个未能解决的理论与实践相结合的问题。

在私有制下,大多数人没有获得主人地位是可以理解的,在公有制下,有些人也没有以主人地位投入劳动的现象则值得研究。笔者认为,这与人们对个人与社会的关系的认识有关。

社会并不是以单个人,而主要是以各种具备某些特定社会功能的团体、机构为单位进行活动的,以个人为单位进行的活动仅是辅助形式、次要形式,各种各样的社会功能组织才是社会的主要活动成分。除自由职业者外,其他劳动者都工作于某一个或几个特定的社会组织中。这些组织不管是由谁主办的,都有自己特定的目标,以及为完成其目标而建立的各种内部机构及运作机制,还有为保证目标的实现和机制正常运转而制定的各种规章制度及文件。工作于这些组织中,任何人都要服从其目标、运作机制和规章制度,因而都处于被动地位。就是这种被动地位使人失去了自主性和自为性,丧失了主人的感觉。无论是在私有制或公有制中,情况都是如此。尽管两种所有制下的社会组织的性质有根本区别,但其结构和运作机制是基本相同的,因而组织中的个人同样都处于被动地位。将人们处于被动地位的状态称为被位状态。如果不能认清自己的被动地位以及自己在被动状态下应采取的适应策略,将永远处于不觉悟状态,就无法舒展自己的心态、发展自己的能力和个性。因此,对被动地位的认识就成为每个人的重要需要,笔者将这种需要称为被位认知需要。这种需要是暗需要。

人们也不是24小时都处于被动状态,在工作之余,人们就处于主动状态。不仅如此,功能组织的主办人以及高级管理人也基本处于主动地位。每人每天都处于主动与被动地位的交替之中。将人们处于主动地位的状态称为主位状态。处于主位状态时,个人能做些什么?认识这个问题同样非常重要。因而,主位认知也是人的重要的暗需要。

人们无法摆脱的被位状态对人的种种制约与人是社会的主人的观念产生了冲突，这既是重大的理论问题，也是与每个人息息相关的现实问题。在这个问题上的模糊认识直接影响到人们的觉悟，当然也会影响到人的发展。关于人在社会中的地位和人与社会组织的关系问题，历史上有过长久的争论。可惜这些争论往往具有片面性，有些人过分强调社会制约的重要性而忽略了人的主人地位，有些人则过分强调人的主人地位、自由的重要性而忽略或淡化了社会制约的重要性。他们大多没有就被位状态下如何体现人的社会主人地位的问题展开讨论。看看历史上的某些观点，对每个人或许都有启发。

社会有机论认为：个人不是为了他自己，而是为了整个社会才存在的。这种有机论的论点迟早会导致一种共同体统治的全面一体化理论，在那种共同体中，为了社会自身的福祉，个人将被完全淹没在社会的汪洋大海之中。个人是如此渺小的一部分，个人的利益轻而易举就会成为敬献在公共利益和社会自身这一祭坛上的牺牲品。对于社会来说，再也没有比侵蚀和削弱这一信念——这是使社会融为一体的基础——更危险的事情了。集体主义的观念——所有个人的躯体都是可能也是必将死亡的，而不死的则是法律的观念、良好秩序的观念，是这些观念保持着社会共同体的统一，因而这些观念将是永存的。❶

比社会有机体观念势力强大得多的是中世纪的神权理论。在中世纪，神权高于一切，连皇权都要拜倒在神权脚下，芸芸众生又算得了什么？神权理论与社会有机体理论的共同点就是否定人的价值和人的主体地位，以及否定人是社会的主人。

文艺复兴时期涌现出一批人本主义者，他们反对以神为本，而主张以人为本。人本主义者充分肯定人的尊严、至高无上的价值。他们高举理性、人性的旗帜，提出要自由、民主、平等、人权的要求。人本主义是资产阶级反抗封建压迫、反对神权时提出的，它是革命性的，为人类思想的解放做出了历史性的贡献。

但是，人本主义理论是先验性的，人本主义者认为人是最高贵的存在物，但又提不出论据。马克思、恩格斯从劳动、实践的角度找到了论据。马克思、

---

❶ 卢克斯. 个人主义[M]. 阎克文, 译. 南京：江苏人民出版社, 2001: 44-45.

恩格斯认为，是劳动创造了人类社会，也创造了人类自身。劳动的主体是人自身，因而人具有主体地位，人是社会的主体。马克思认为，人的主体地位在私有制下是无法得到体现的，只有进行无产阶级革命，推翻资产阶级统治，废除私有制，建立公有制，才有可能使人的主体地位体现出来，只有在共产主义社会，人的主体地位才能充分展示出来。

马克思、恩格斯从劳动、实践的角度无可辩驳地论证了人是劳动、实践的主体，从而得出人是社会的主体、社会的主人的结论。现在笔者用阴阳论来分析这个问题。人的活动可以分为独立活动和结合活动，并以结合活动为主。原始人类之所以比其他动物强大，就是因为原始人是以集体的力量对付自然的变化和其他野兽，人们从结合活动中得到了巨大的利益。但是，结合活动必然会使个人受到一些制约，人们要容忍这些制约，要容忍一些个人的损失。人类社会的发展使结合性活动范围日益扩大，现在任何生产活动都离不开结合。人是活动的主体，既然活动分为独立活动和结合活动，则主体也会以两种形式表现出来，即结合性主体和独立性主体。一个奇怪的概念——"结合性主体"就这样自然地产生了。人的主体性以独立性和结合性两种形式表现出来。

独立性主体和结合性主体是一对阴阳子，分别对应着人在独立活动和结合活动两种活动中的主体地位。独立活动中的主体地位是不言而喻的，在结合活动中如何体现人的主体地位却是相当复杂的问题，它涉及占劳动者绝大多数人的问题。是否承认结合活动中每个人都有主体地位，如何在结合活动中体现每个人的主体地位，就成为重大的政治理论和政治现实问题之一。

现在来讨论人在被位状态和主位状态下的觉悟暗需要。

（一）被位认知暗需要

$$\text{被位认知} \begin{cases} \text{互制性认知} \begin{cases} \text{组织化认知} \\ \text{权利认知} \end{cases} \\ \text{互促性认知} \begin{cases} \text{组织发展认知} \\ \text{个人发展认知} \end{cases} \end{cases}$$

每个人都置身于某些功能组织之中，脱离社会的"自由人"是不能单独生存的。人类社会高度组织化表现在两个方面：一是组织之间的高度协调性，二是组织内部的高度协调性。组织内部的协调性是为了适应组织之间的协调性，如果内部不能协调，就不能适应组织之间的协调，组织就将衰弱、弱化，甚至被淘汰。因此，各个组织为了自己的生存，必定要强化内部管理，使组织内所有成员高度协调统一起来。将社会组织要求其所有组员达到的保持高度协调一致的工作状态称为组织化，简称组化。这种组织化也叫内组织化，因为它是对内部组员的要求。组织之间的组织化是外组织化。社会组织有很多类型，所有的供薪组织都对其所有组员有严格的组化要求。组化主要体现在两个方面，即目标组化和行为组化。

1. 目标组化

目标组化以计划、任务、职责等形式表现出来，它要求所有组员必须以本组织的计划、任务为行动目标。在私有制中，组员的劳动不是为自己，而是为服务于其中的组织，这被马克思称为异化劳动，就是这种异化劳动导致了组员的主体自为性的丧失。个人作为社会的主人，本来应为自己而劳动，而现在是为他人劳动，这使人产生了丧失主人地位的感觉。按照马克思主义理论，与雇佣劳动相对的是自主劳动，自主劳动才是为自己劳动。自主劳动与雇佣劳动的差别在于劳动者是否占有生产资料。自主劳动者拥有资本，也有支配产品的权利，他的劳动才是为自己的劳动。

生产资料公有制下的劳动者不是为他人劳动，目标组化后他们为什么也没有主人的感觉？公有制有两种形式：一是全民所有制，二是集体所有制。生产资料公有制是指生产资料归劳动者共同占有，劳动成果也归劳动者共同占有。不管劳动者所属的劳动组织的规模多大，这两种共同占有至少在理论上表明，劳动者是劳动组织的主人，劳动者是为自己而劳动，劳动者的劳动不是雇佣劳动，而是自主劳动。劳动目的经过组织化以后并没有发生"异化"，公有制下的劳动目标组化仅是为了提高效率，而没有使劳动者的自为性发生变质。不过这些只是理论上的推断，公有制的实行过程和结果使公有制理论与实践产生了较大差距。

全民所有制的工厂、公司的数量虽然庞大，但从生产资料的共同占有和劳动成果的共同占有看，全国只是一个劳动组织。尤其是劳动成果的分配，要根据国家颁布的统一文件实行，劳动者看得见的劳动成果与劳动成果的分配的差异超出了劳动者所能察觉的范围，笔者将这种现象称为分配超觉现象。由于分配超觉，劳动者不知道自己所得的工资是属于产品成本还是属于毛利润或纯利润，也不知道自己应该得到多少，这极大地挫伤了劳动者的劳动自觉性。少数劳动者为了实现"为自己劳动"，利用手中的权利采取了化公为私、假公济私、多吃多占等损公利己行为。全民所有制下如果没有真正实行按劳分配，就会造成分配不公。分配不公加上分配超觉，使劳动者对"为自己劳动"的目的产生怀疑，从而使主人的感觉消失殆尽。将以上现象称为劳动目的隔膜化。

通过以上讨论，劳动目标经过组化以后，或者发生了私有制下的异化，或者发生了公有制下的隔膜化，这是被位状态带来的结果。尽管如此，每个组织丝毫也不会放松对组员劳动目标的组织化要求。任何不能完成任务和职责以及中饱私囊等离心现象都是不被允许的，无论私有制或公有制的劳动组织都是如此。但是离心现象总是存在，因为人们"为自己而劳动"的动机十分强烈。

2. 行为组化

行为组化是指组织要求组员在组织中的行为要严格按组织规定的程序和制度进行。行为组化也分两个方面：一是工作程序，二是纪律制度。

组织为完成自己的目标、任务而设立了多层管理机构，每一层机构又设立了许多职位，每个职位都要与上级、下级、平级职位产生关系。为了保证各层管理机构和所有职位协调一致地运作，组织对各层机构和所有职位之间的工作关系做出了明确的规定，这种规定就是工作程序。工作程序是对特定职位而言的，它分内部办事程序和对外办事程序两种。工作制度和纪律不是针对职位的，而是针对组员的。它是对某一方面或某些方面的管理要求，可能涉及某些方面的组员，也可能针对所有组员。规章制度有很多，如出勤管理制度、财务制度、物料管理制度、文件管理制度等。

行为组化要求组员严格遵守工作程序和规章制度。在正常情况下，不允许破坏规章制度和越权、越级办事现象发生。哪怕最有权势的人一旦行为没有组化，就会遭到非议，甚至抵制。行为组化当然是为目标组化服务的，只有组员的劳动目标组化了，才能使行为组化。一个具有离心目的的人，他的劳动目的没有完全组化，他的行为也不能完全被组化。

如果说目标组化对觉悟低的组员没有明显感觉的话，行为组化则使所有组员尝到了受制约的滋味，人们感到失去了行动自由。人们希望自由、呼唤自由，但不能没有针对性地空喊自由。在社会组织中要求行为完全自由是不可能实现的，因为行为组化是结合性劳动所要求的。要求组员目标组化是逻辑的必然。为了完成任务，达到目标，要求组员按规定程序和制度办事，实行行为组化也是逻辑的必然。每一个组员对此都应该有清醒的认识，只有认清了组化的必要性、必然性，才能决定自己要不要被组化以及被组化到什么程度。

对结合性主体的认识，实际上就是对被位状态下的主体的认识。只有运用阴阳辨析才能将被位状态下的主体认识清楚。组员在社会组织中必然受到某些制约，但组员对组织同样有制约，这就是组织与组员之间的相互制约性；同理，两者之间还存在相互促进、相互得利的关系，即互利关系或称互促关系。结合性主体与组织之间就既存在互制关系，又存在互促关系，这两种关系就是我们要认识的被位状态下主体的性质。

组员的被组织化是组织对组员的制约，而组员对组织的制约主要是要求组织对自己应有权利的确认和确保。除了应得经济利益（工资），组员的政治权、人格权也应得到保证。政治上平等、法律上平等、人格上平等是每个人的应有权利，是体现主体性的不可缺少的内容。这里的政治上的平等权是指公民的选举权、被选举权、言论自由等权利。人格尊严的问题比较复杂，据《人格心理学》[1] 介绍，人格有50多个定义。不过，法律上对人格权有大致的界定，如健康权、名誉权、姓名权、生命权等。当组员的政治权、人格权等基本利益受到组织的侵犯时，组员可以合法地进行反抗，维护自己的主体尊严。

从组员在组织中应有权利的角度，再来分析对组员进行组织化的要求，我们应对组织化的性质和作用范围重新加以认识。组员与组织所制订的书面的或口头的劳动合约，既要符合国家法律，还要符合人性、人道主义要求。从现代社会看，组织对组员的组织化要求仅应限制在岗位职责上。"做一个有人格尊严的打工者"是打工者应有的觉悟。组员的岗位职责以外的权利一旦被侵犯，就有权采取行动进行抵制。

有什么办法能够摆脱被位状态吗？假如人类的生产活动过渡到以个体单独

---

[1] 陈仲庚，张雨新. 人格心理学 [M]. 沈阳：辽宁人民出版社，1986.

生产活动为主，就可以摆脱被位状态。不过，这要靠技术进步才能实现。假如人工智能、互联网的发展使大部分人成为自由职业者，人们就可以摆脱被位状态。

现在讨论互促性问题。组织通过与组员的结合使自己的目标得以实现，使自身得到发展。那么，组员也能从组织中得到发展吗？组织允许组员这样做吗？这是一个有实际意义的话题。

以上问题的答案是肯定的。组员在组织中的发展表现在两个方面：能力和交往。人的能力是在实践中增长的，人们在组织中的劳动必然使自己在某一方面的能力形成和有所提高。能力的提高通常会使自己担任更重要的职位，在更重要职位上的实践又会进一步提高自己的能力，形成一个良性循环。绝大多数人的能力是在被位状态下获得的，打工者应十分珍惜这一点。不过，这样的能力可能并非自己当初希望发展的能力，所以这种发展不是自由的发展，而是被动的发展。理想的发展应是自由的发展、符合自己个性的发展。自由的发展只有在自由的劳动中才有可能实现。人类彻底摆脱被位状态可能还遥遥无期，在被位状态下尽可能发展自己的能力才是现实的考虑。笔者想指出的是，组织不仅不反对组员提高能力，而且鼓励组员提高能力，甚至花钱对职工进行培训，因为组员能力强，将有利于组织目标的实现。

发展社会交往也主要是在组织中实现的。由于是结合劳动，在劳动中社会交往将自然地形成。交往有两种形式：一是人际关系，二是信息交流关系。对于一个有抱负的人来说，这是极其宝贵的资源。我国自改革开放以来，大批民营企业家来自国有企业，他们在国有企业中获得了能力，又形成了复杂的人际关系，特别是掌握了行业重要信息。他们身怀在国有企业中获得的能力、人际关系和信息三大法宝，开始创业。同理，在私人企业中的打工者也可以如法炮制，从打工过程中学习创业知识，使自己成为新的创业者。

笔者花了较长篇幅讨论被位认知，是因为被位是大多数人的主要工作状态。我们既要清醒地认识自己与组织之间相互制约的关系，更要认识两者之间相互促进的关系，使自己在被位状态下获得尽可能多的发展，这是认识结合性主体的核心内容。假如我们对此有较高的觉悟，对于自己的全面发展无疑具有重大意义。

(二) 主位认知暗需要

$$主位认知暗需要 \begin{cases} 自主认知暗需要 \\ 责任认知暗需要 \end{cases}$$

主位是一种状态，它包括个人在独立性活动中的状态和个人在结合性活动中占主导地位的状态。自由职业者、民营企业和国有企业的决策者等在从事职业活动时基本处于主位状态；此外，人们在工余活动中也处于主位状态。当一个人在活动中能做自己的主人，而不是被别人或其他力量所支配时，就说他处于主动状态，或称主位状态。当一个人在活动中受到别人或其他力量支配和控制而做不了自己的主人时，就说他处于被动状态，或称被位状态。某人在政治或经济活动中基本处于主动状态，就称之为主位者；相反，在政治或经济活动中基本处于被动状态的人，就是被位者。主位者与被位者的关系类似于领导者与被领导者的关系。

主位与主体是不同的，主体是相对客体而言的：操作计算机时，计算机是客体，操作者是主体；教师给学生上课，教师是这种关系中的主体，学生是客体；人与社会互动时，人是主体，社会是客体。在人类的一切活动中，人是主体，活动对象是客体。主体既可能占据主位（主动）状态，也可能处于被位（被动）状态。当主体处于主位状态时，就能充分体现其主体性、主人地位；当主体处于被位状态时，主体性就不可能充分展现，有些方面会受到制约，甚至自己的主体地位也有可能被剥夺，被置于非人的地位。人的主体性是一个极为重要的基础概念，实际上，人权、自由的概念都是建立在人的主体性之上的。否定了人的主体地位，就否定了人权和人的自由。在政治上，主体与主人的概念近似。

主位是相对被位而言的，主位是一种状态，主体却是一种身份，是不应被剥夺的身份。"位"总是多层次的，主位也是多层次的。主导权越大，自主权就越大，社会地位就越高，就说明主位越高。主体却没有层次之分，所有主体一律平等。

自己做自己的主人叫自主，主位状态的根本标志就是自主。在经济组织中，占主导地位的当然是资产拥有者；在非经济组织中，占支配地位的是领导者、决策者、高级管理人员。有了自主权以后，主位者就会按照自己的目的组织活动，被他雇佣的被位者必须服从他的支配，为他的目的而活动。人的目的性很强，每个人都希望为自己的目的而活动。这种特性，有人称之为自为性。主位者拥有自主权，能够较好地实现自己的人生价值、理想，较顺利地做出一番事业，这种事业是按其选择进行的。被位者没有这个条件，其事业大多是"职业性"的，而不是自主性的。

人生在世，不管是主位者或被位者，都希望干一番事业。但如何看待事业、成就，是个值得推敲的问题。有些人或者说大多数人将它们定为一个具体的、确定的目标；还有少数人将它们看作一个奋斗过程，仅将具体目标作为奋斗过程的阶段、过程的中继点。前者静止地看待成就及目标，后者动态地看待目标。静态认识可能带来片面性，目标一旦实现，就大喜，容易忘乎所以，甚至失去继续奋斗的动力；当目标不能实现时，则会感到悲观，怨天尤人，甚至相信命运，从此颓废不振。动态认识者能始终保持清醒，取得了成就，还会向下一个目标进发，即使一时没有成功，也会继续努力。当这样认识事业成就时，就能体会奥斯特洛夫斯基在《钢铁是怎样炼成的》一书中说的："当他回首往事时，不会因虚度年华而悔恨，也不会因碌碌无为而羞愧。"因为他一直在努力着、奋斗着。他所做的也许不是轰轰烈烈的大事业，仅是一些平凡的小事，但这些"碌碌无为"的小事是他为之奋斗的事业的一部分。主位者在为自己的理想、事业奋斗时，采取动态认识是必要的。

主位者因为拥有自主权，在实现抱负的过程中应充分认识贪性。贪性是人的重大特性，是指永不满足的特性。贪性有积极和消极两方面作用。从积极方面看，贪性表现为不断前进的进取心，永不满足于已经取得的成绩，是一个人永远前进的内驱特性。整个人类的贪性是推动社会发展的内驱力。我们说，人的欲望是人类社会发展的内驱力、总动力，说的正是贪性，或者称为不满足特性。从消极方面看，贪性是一切罪恶的渊薮。从现在的社会发展水平看，人们的最低生活水平应能得到保障，如果不能用合法的手段取得更多财富，就应本分地生活。但是，有些人获取财富的贪性似乎是不可抑制的，有些人对权、财、色的占有欲是无止境的。某些人虽然生活无忧，但贪性驱使着他们不择手段地去继续攫取。主位犯罪者大有人在，因为他们有犯罪的自主能力，特别是涉案金额大的经济罪犯者几乎全是主位者。这些人就是因为不能正确认识人的贪性而走上犯罪之路的。质量越大者，贡献可能越大，但破坏性也可能越大。清醒地认识贪性是每个主位者的必修课之一。

主位者，尤其是高主位者，拥有巨大的财富和权力，这种财富和权力就是强大的社会能量。这种能量对社会产生的作用有两种：一是正面作用、积极作用，二是反面作用、消极作用。正面作用可以有力地推动社会向前发展，为民谋利；反面作用则会对社会造成巨大的破坏，使生灵涂炭。主位者拥有自主选择权，他拥有的社会能量既可以发挥正面作用，也可以发挥反面作用。历史和现实均告诉我们，主位者中的有些人对自己拥有的社会能量采取负责态度，使它发挥正面作用；有些人采取不负责任的妄为态度。主位者的觉悟集中表现在对自己拥有的社会能量采取何种态度。将这两种主位者分别称为主位负责者与主位妄为者。

社会是由相互联系的各种功能系统、组织组成的，主位者就是这些系统、组织的主办者、领导者、管理者，他们显然担负着社会发展、社会管理的重任。主位负责者能觉悟到自己所负的社会责任，自觉地将自己的发展目标与社会进步事业结合起来，用自己拥有的社会能量推动社会前进，为民造福。这种责任具体有两方面：一是领导责任，二是人道责任。一个社会、一个地区、一家工厂、一家公司、一家机构能否沿着社会前进大方向蓬勃发展，其成员能否安居乐业、奋发向上，关键取决于它的领导者，成败皆决定于主位者。当然被位者也有责任，但负的是次要责任。人道责任也许不属于某个特定团体，没有哪个公司有社会救助的法律责任，但是，从整个社会来说，每个社会团体都有人道责任，甚至每个公民都有人道责任。对于拥有比被位者大得多的社会能量的主位者来说，其需要负的人道责任就更大了。

主位妄为者是觉悟低下的人，他们妄为的程度不同，也反映了他们觉悟低下的程度不同，他们没有社会责任感或责任感淡薄。在政治方面，他们将所属被位者视为纯粹的工具，而不是与自己具有同等政治权利的公民，藐视被位者的尊严，侵犯被位者的人身权利。在经济方面，他们广泛地以商品或商品生产危害社会，危害消费者，有的则严重污染环境而不悔改，有的则以物质毒品或精神毒品直接危害人类，尤其是危害青少年。最恶劣的主位妄为者是人类的恶魔，他们是非正义战争、侵略战争的发动者。人类的公害和丑恶现象绝大部分是主位妄为者所为。

主位负责者与主位妄为者的根本分歧在于觉悟。主位者占有极有利的条件，拥有自主权，他们希望用自己的权力或财富发展自己、丰富自己、展示自己，这本来是无可厚非的，问题在于他们漠视道德责任和社会责任。这两个责任对主位者似乎是附加的、额外的，其实，被位者也负有这两个责任，只是因为被位者的社会能量小，其负有的责任也较少。全世界任何主位者都负有不可推卸的道德责任。如果硬要找道德责任的根据，笔者认为，这和给人权找根据是一回事。既然每个人都应享有人权，则每个人就应负道德责任，权利与责任总是相对应的，享受权利就负有责任，承担责任就应享有权利。主位越高，权力越大，其道德责任和社会责任就越大，每个主位者都应该有这个觉悟。

二、人彩认知暗需要

人彩包括身体、年龄、性别、容貌、健康水平等生理性元素。人彩中的各元素是人的质量的基础构件。如何正确认识并正确对待自己的人彩各元素，这是门很大的学问。例如，人对自己的身体就有反思觉悟的暗需要：身体与心理的关系、身体与情绪的关系、身体与目前工作状态的关系、身体与目前生活方式的关系等，都值得每个人反思，以提高对自己身体的觉悟程度，这无论对自己、对家庭、对工作单位还是对国家都有益处。可能大部分人都没有全面地进行过这类反思。

人们应该提高对自己年龄、性别的觉悟。所谓年龄觉悟，是指人应该清醒地领悟到什么年龄应该做什么事、不应该做什么事，何种方式、态度是适合自己年龄的，何种方式、态度是不适合自己年龄的。当然，年龄并不是孤立的人彩元素，它与性别、健康水平等密切联系在一起。类似的有性别觉悟、健康水平觉悟等。三者的觉悟可统称为生理特征觉悟。这就是说，人应该根据自己的年龄、性别、健康水平等情况确定自己应该做什么、不应该做什么，何种方式、态度是适合自己生理特征的，何种方式、态度是不适合自己生理特征的。

本书在"康和需要"的讨论中，指出了应然和身需要和应性和身需要，这些都是每个人应该认识到的。

人的容貌在人的质量中所占分量比较特殊。一般的容貌对人的质量影响不大，特殊的容貌，如特殊的美或特殊的丑，则可能对人的质量产生影响。特殊容貌究竟怎样影响人的质量，这就涉及觉悟问题。容貌美通常会给质量加分，女性的特别美若发挥得好，会产生巨大的能量；若发挥得不好，也可能适得其反，给质量减分。如何发挥也有觉悟高低之分。

人彩内容很多，人彩觉悟内容也就很多，现在着重讨论身体觉悟的两个问题：一是形神关系觉悟，二是生活节度觉悟。

（一）形神关系觉悟

"人的二元构成性"[1] 指出，人是由其肉体活动和心智活动辨析构成的二元阴阳合一体，人的肉体活动是阴子，人的心智活动是阳子，人的心智主导着人的肉体。但是，人的心智如何主导人的肉体，目前只是从现象上给予了描述，并没有从生理—心理的机制上进行科学研究。中医十分强调形（此处的形指人的肉体）神关系，并有许多精彩的论述。最近几十年，西医也开始注意人的形神关系，也开始吸收中医的成果，在此基础上产生了心身医学，专门从心身关系出发来研究疾病。一个人的情绪对其身心健康有影响。但是，真正能始终保持怡态情绪的人是不多的。

1. 精神对情绪的影响

情绪对人的身体影响较大，要充分认识这一点。这在本书"明需要"的"调神需要"一节中已经讨论过了。

2. 精神对身体的诱导

这是极生动的暗示原理的例子。所以，我们必须用积极的态度将身体向健康方向引导。

3. 生物分子路线

笔者最近发现了第三条路线：生物分子路线，即幸福怡态快乐与使命怡态

---

[1] 见本书第二卷第二章第三节。

快乐对人的健康的作用在分子水平上是不同的。关于这一点请参阅本卷第十章第二节"使命怡态领悟暗需要"。研究表明：人体细胞会对不同种类的快乐做出不同的反应。一项研究发现，在分子水平上，人体对不同的快乐并不是一视同仁的，它会对不同种类的快乐做出不同反应，从而可能对人体健康造成有益或有害的影响。

一个人如果心胸狭窄、睚眦必报、脾气暴躁、动辄生气，一旦劣情、郁态主导了自己，就很可能会罹患疾病。我们应该以豁达的胸怀对待生活、健康和人生价值，从而使自己既得到幸福怡态，又获得使命怡态。这样既体现了自己的社会正价值，又有益于自己的健康。

（二）生活节度觉悟

人的身体或精神都是有节奏地运作的，活动量也有一定的范围，人的活动节奏和活动量的范围就是人的活动节度，或者称为生活节度。它涉及人的所有活动，有节度地生活对人彩各元素都极为关键。生活有规律，对健康意义重大。起床、就寝、用餐、工作、工间活动、休息、娱乐、锻炼身体、排泄等活动最好都能按时进行。如果不按规律活动，就打乱了肉体或精神的运作程序，大脑和内脏器官就要进行生理调节，以保持各系统之间及系统内部的阴阳平衡，从而保障肉体或精神活动的有效性和准确性，尽量达到新的平衡。但调节是要耗费能量的、有成本的、损耗健康的。偶尔打破规律，调节消耗的成本较少；若经常无规律地生活，中枢神经就要频繁地进行调节，这必将极大地有损健康。控制活动的量是另一个重要问题。人们通常提到这样一些过量问题：暴饮暴食、不分昼夜地上网、通宵达旦玩牌等，这些过量活动对身体和精神的伤害是非常大的。这样做的人有一个共同特点，就是意志力薄弱。他们知道过量活动对身体有伤害，但无法控制自己的不良行为。

第三部　人的需要总表

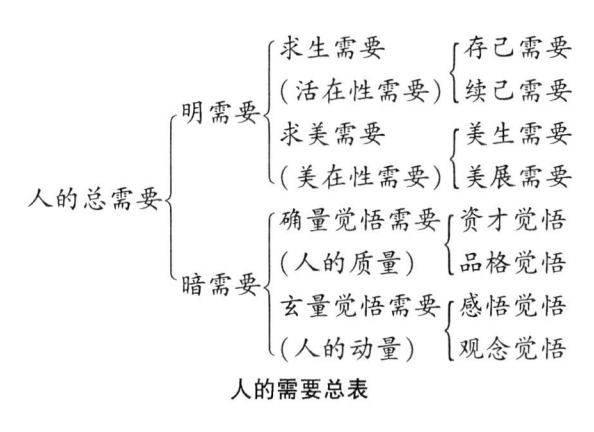

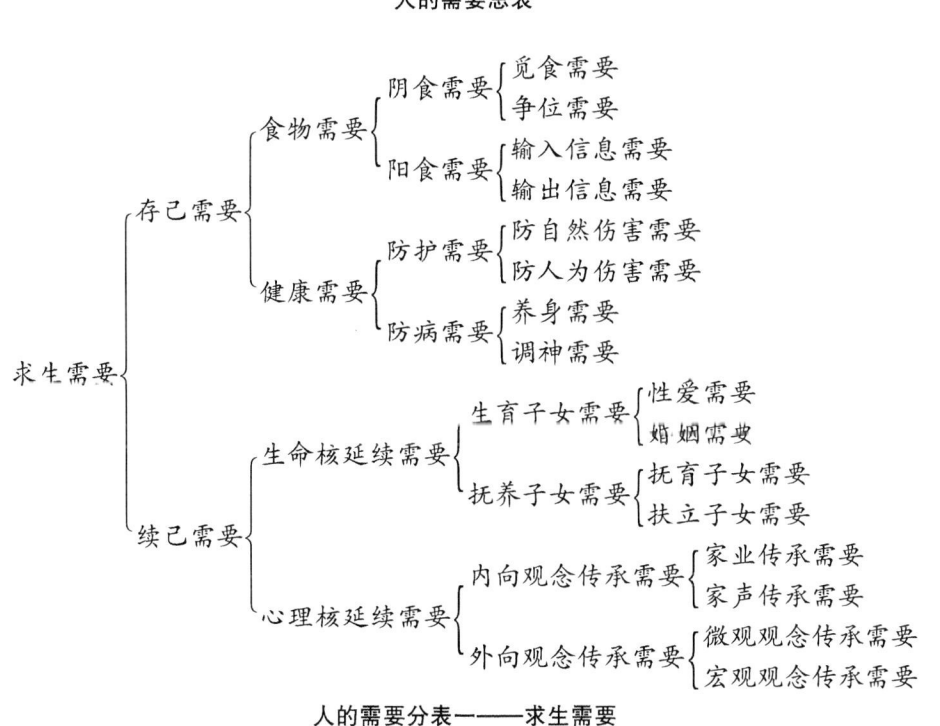

```
                    ┌ 求生需要      ┌ 存己需要
            ┌ 明需要 │ (活在性需要)  │ 续己需要
            │       │ 求美需要      ┌ 美生需要
            │       └ (美在性需要)  └ 美展需要
人的总需要 ─┤
            │       ┌ 确量觉悟需要  ┌ 资才觉悟
            │       │ (人的质量)   └ 品格觉悟
            └ 暗需要 │ 玄量觉悟需要  ┌ 感悟觉悟
                    └ (人的动量)   └ 观念觉悟
```

人的需要总表

```
                           ┌ 阴食需要 ┌ 觅食需要
                    ┌ 食物需要          └ 争位需要
                    │        │ 阳食需要 ┌ 输入信息需要
            ┌ 存己需要         └         └ 输出信息需要
            │       │        ┌ 防护需要 ┌ 防自然伤害需要
            │       └ 健康需要         └ 防人为伤害需要
            │                │ 防病需要 ┌ 养身需要
求生需要 ─┤                  └         └ 调神需要
            │                ┌ 生育子女需要 ┌ 性爱需要
            │       ┌ 生命核延续需要       └ 婚姻需要
            │       │                │ 抚养子女需要 ┌ 抚育子女需要
            │       │                └             └ 扶立子女需要
            └ 续己需要
                    │                ┌ 内向观念传承需要 ┌ 家业传承需要
                    └ 心理核延续需要                   └ 家声传承需要
                                     │ 外向观念传承需要 ┌ 微观观念传承需要
                                     └                 └ 宏观观念传承需要
```

人的需要分表——求生需要

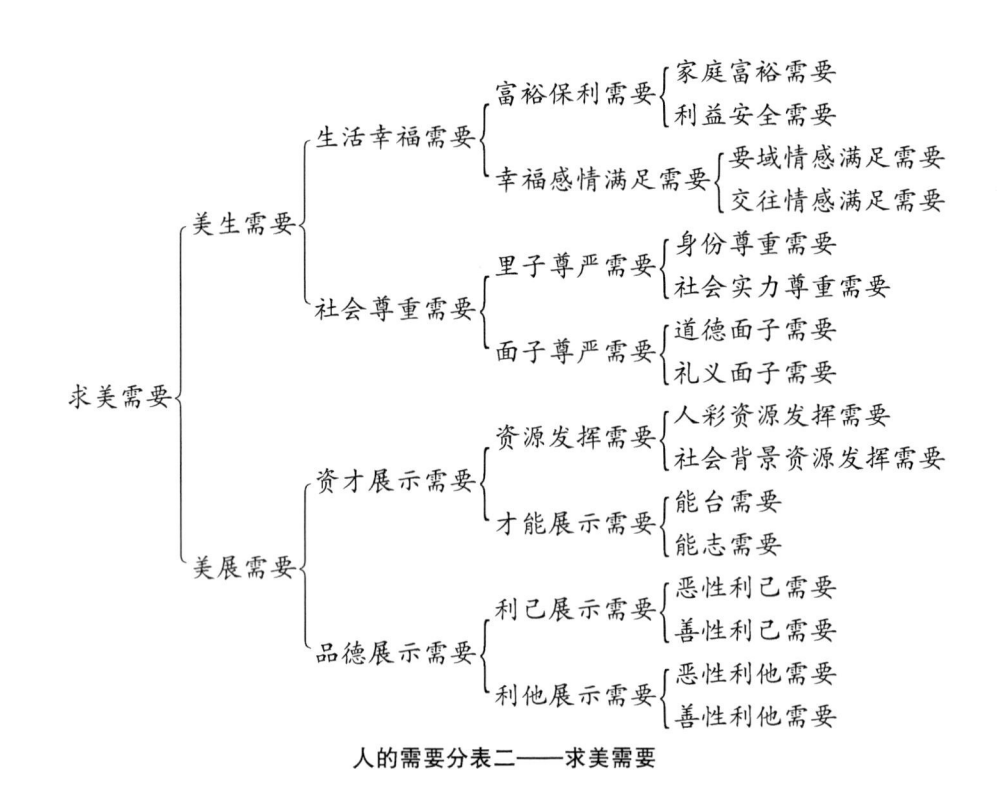

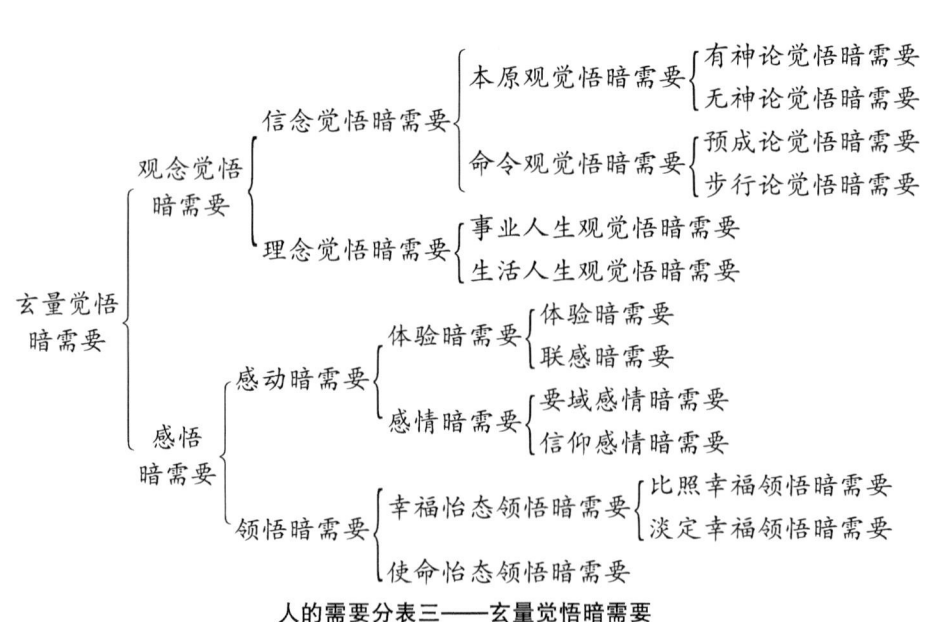

和美人学 人的行为动力总机制和特性的研究

```
                                                        ┌ 家庭富裕需要
                                      ┌ 富裕保利需要 ┤
                                      │                 └ 利益安全需要
                      ┌ 生活幸福需要 ┤
                      │               │                 ┌ 要域情感满足需要
                      │               └ 幸福感情满足需要 ┤
          ┌ 美生需要 ┤                                   └ 交往情感满足需要
          │           │                 ┌ 身份尊重需要
          │           │  ┌ 里子尊严需要 ┤
          │           │  │              └ 社会实力尊重需要
          │           └ 社会尊重需要 ┤
          │                            │              ┌ 道德面子需要
          │                            └ 面子尊严需要 ┤
求美需要 ┤                                             └ 礼义面子需要
          │                            ┌ 人彩资源发挥需要
          │           ┌ 资源发挥需要 ┤
          │           │                └ 社会背景资源发挥需要
          │           │                 ┌ 能台需要
          │  ┌ 资才展示需要 ┤
          │  │                           └ 能志需要
          └ 美展需要 ┤
                      │                 ┌ 恶性利己需要
                      │  ┌ 利己展示需要 ┤
                      │  │               └ 善性利己需要
                      └ 品德展示需要 ┤
                                        │              ┌ 恶性利他需要
                                        └ 利他展示需要 ┤
                                                       └ 善性利他需要
```

人的需要分表二——求美需要

```
                                                       ┌ 有神论觉悟暗需要
                                      ┌ 本原观觉悟暗需要 ┤
                                      │                └ 无神论觉悟暗需要
                      ┌ 信念觉悟暗需要 ┤
                      │               │                ┌ 预成论觉悟暗需要
          ┌ 观念觉悟 │               └ 命令观觉悟暗需要 ┤
          │  暗需要  ┤                                  └ 步行论觉悟暗需要
          │           │                  ┌ 事业人生观觉悟暗需要
          │           └ 理念觉悟暗需要 ┤
          │                              └ 生活人生观觉悟暗需要
玄量觉悟 ┤
暗需要    │                            ┌ 体验暗需要
          │           ┌ 感动暗需要 ┤
          │           │                └ 联感暗需要
          │  ┌ 感悟暗需要 ┤            ┌ 要域感情暗需要
          │  │          └ 感情暗需要 ┤
          └ 感悟     │                └ 信仰感情暗需要
            暗需要 ┤
                     │                       ┌ 比照幸福领悟暗需要
                     │  ┌ 幸福怡态领悟暗需要 ┤
                     │  │                    └ 淡定幸福领悟暗需要
                     └ 领悟暗需要 ┤
                                    └ 使命怡态领悟暗需要
```

人的需要分表三——玄量觉悟暗需要

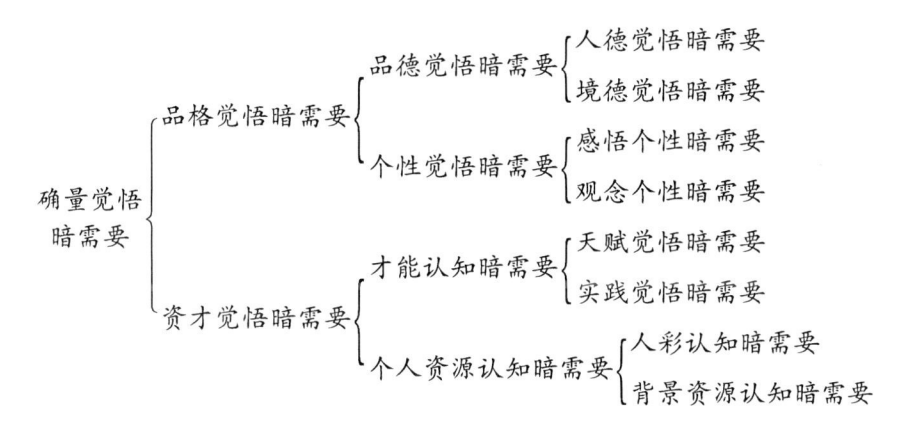

```
                              ┌ 品德觉悟暗需要 ┌ 人德觉悟暗需要
                 ┌ 品格觉悟暗需要┤              └ 境德觉悟暗需要
                 │              │              ┌ 感悟个性暗需要
                 │              └ 个性觉悟暗需要┤
确量觉悟─┤                                    └ 观念个性暗需要
暗需要    │                    ┌ 天赋觉悟暗需要
                 │              ┌ 才能认知暗需要┤
                 └ 资才觉悟暗需要┤              └ 实践觉悟暗需要
                                │                ┌ 人彩认知暗需要
                                └ 个人资源认知暗需要┤
                                                  └ 背景资源认知暗需要
```

人的需要分表四——确量觉悟暗需要

由于人的需要总表太大，故这里将其拆成四个分表列出。这个表是金字塔形的，还可以向下无限生成。塔顶是人的特性。人与动物的需要都来自其物种的特性。本书第二卷比较系统地研究了人类的特性，虽然还需补充、完善，但在人学史、心理学史上还是第一次。这一研究的重要成果是根据阴阳规律推导出人类的本质是美在性生存方式诉求，即求美。正是这一与动物不同的本质，才导出了人的需要与动物的需要的巨大差别。

这个表可以有多个名称。

名称一：人的需要总表。它是用阴阳辨析法一步一步建立起来的。在建立明需要大厦时，每一层次辨析都是按照下分辨析三步式进行的，笔者还特别增加了"周延性"检查，以期每一步辨析都是周延的概括。这保证了所建体系的整体性和严密性，从而保证了其科学性。可以说，没有对中国本土哲学的整理和发掘，没有阴阳辨析工具的创立，此表是建立不起来的。这清楚地告诉我们，中国式思维工具——阴阳辨析法的威力是巨大的。我们应该具有文化自信。

名称二：人的行为动力总机制。西方用动机来表达人的需要，所以有"动机心理学"，而没有"需要心理学"。其实，人的每种动机都来自某种需要。但动机与需要是有区别的："需要"经过激发才产生动机，由"需要"到行为有八个环节：需要—激发—动机—动策—行动—效果—体验和评价—继策。"需要实现八环节"显示，"需要"概念外延更广，"动机"概念外延比较窄。此名称能与西方心理学接轨，但应该知道"需要"与动机的差别。

名称三：阴本大厦。笔者在《推理解梦》一书中提出了阴本概念。"我"是有层次的，对"我"进行阴阳辨析，将"我"辨析为阴我和阳我，阴我是隐蔽在灵魂中的"我"，阳我是展现出来的"我"。将阴我称为阴本，将阳我称为阳展。人是由阴本与阳展辨析构成的阴阳合一体，阴本是阴子，阳展是阳子。这个表就是阴本大厦或阴我大厦。在如此众多的需要中，必有一种需要具有主导作用，这个具有主导作用的需要就是主本。有主本，就有次本、次次本等。主本的确立是悟觉玄量性的选择，无规律性可言。一个成年人，在某段较长的时间里，甚至整个人生中，必然被他自己确定的主本主导着。主本必然来自人的暗需要，即某种观念。阴本真实地代表了一个人，但阴本是隐藏着的，不能直接看到。当将某种阴本展现出来时，就是人的阳展了。阳展也许真实地表达了阴本，这叫直表阳展；也许修正地表达了阴本，这叫曲表阳展。所以我们永远不能看到一个人的全部阴本。人的总需要就是阴本大厦。

名称四：人的灵魂结构或人的精神大厦。人的灵魂就是人的阴本大厦，或称人的行为动力总机制。人的灵魂简称人魂，主本才是人魂的核心。人的思维平台进行信息加工活动，就是人的灵魂在活动，或者说是人的精神在活动。人的思维活动是围绕着人的需要进行的，所以这个表也是人的精神大厦。

名称五：人类社会密码表。人类社会系统的基元是人的需要，人的需要组成了人类社会。此表将人类社会系统基元的种类及相互关系严谨地呈现出来，所以是人类社会的密码表。至此，人赖以生存的三大系统（物质系统、生命系统和人类社会系统）的密码被全部揭示出来：物质系统密码——元素周期表的揭示为物质的开发和利用开创了新纪元，生命系统密码——基因的揭示为生物研究开辟了新道路，人类社会系统密码——人的需要总表的揭示也必将为人类社会的进步开创新时代。

第二卷 人的特性研究

卷首语

本卷将人类作为一个物种，放到地球生物的大系统中进行考察，对人的特性进行了较为系统的研究。第一章探讨了人的进化特性。人的进化特性包括几个层次：第一，人是生物，就具有一切生物的共有特性，这个特性是相对于非生物而言的，对生物来说，它又是共性。将人与一切生物具有的共同特性称为人的生物层次进化特性。第二，人是动物的一种，将人具有的一切动物的根本特性称为人的动物层次进化特性，这个特性是相对于植物而言的。第三，人是最高级的物种，高于除自身以外的所有物种，因此就具有其他物种没有的特性，这个特性是人的物种层次进化特性，又叫人的类特性。人的类特性是相对于非人类动物而言的，对人类内部来说，它又是共性。对人类来说，这三个层次的特性是人人都具有的特性，既然人人具有，就称为人的共性。所以，当我们说人的特性或共性时，需要在语境中明确它是哪个层次的特性或共性。将进化特性简称为进性。人在生理构造上有其重要的性质，本书不予讨论。

第二章对人类的遗传性智能进行了研究，提出了用"两息"标准来辨别人和动物的独立心智智能。"两息"是指某心智加工的对象信息和加工后的产品信息。笔者用"两息"标准，分辨出了人有感官觉、知觉、理觉、悟觉以及记忆五大独立心智。本书将五大心智分为三种：第一种是人指向外界事物的心智，即认识和利用外界事物的心智，称为识觉。它有三级心智：感官觉、知觉和理觉。第二种是指向人自身的心智，即人的感悟、体验、意向、意志等心智，称为悟觉。第三种是记忆心智。人的心智是以识觉和记忆为基础，以悟觉为主导的阴阳合一体，识觉和记忆是阴子，悟觉是阳子。识觉是人类认识、改造、创造事物的工具，而确定认识事物的对象是由悟觉决定的，可见识觉是实现悟觉计划的工具、手段。悟觉是人的心智的阳子，阳子具有质的规定性和运动方向的主导性，因此，人类心智的质是由阳子悟觉决定的。正因为悟觉要分辨美与丑，才导致人人都追求美在性生存方式。

不过，人人具有的共性这一点要加以特别说明。人是特殊的物种，几乎没有任何一种特性、需要是人人都共有的。任何一种事物的性质都是多种多样的，而且总是处在人的不断探索之中，随着探索的深入，每种事物的性质总是在不断变化。人的共性或个性都处在不断探索中，都在不断变化，本书对人的特性探索仅是探索人的一部分。

在人类内部，不同地理气候区、不同食物资源区、不同民族等情况悬殊的人群，都有不同的特性。人类内部的区域性特性、民族性特性等本书不予讨论。

第一章 人的进化特性

第一节 人的生物层次性进化特性

人和动物、植物等一切生物有什么共同特性？答案是都具有生命。生命意味着什么？就是活着。将一切生物的求生特性称为生物的活在性。仅提出活在性概念是不够的，没有下分辨析的概念是混沌概念。我们对活在性概念要做下分辨析，使之成为辨析概念，才能揭示概念的本质内涵。现在根据下分辨析规则和下分辨析三步式对生物的活在性概念进行辨析。

辨析尺度：生物存在条件。

下分辨析：以上述尺度对生物的活在性做辨析。生物的活在性是由生物个体的活在性及其物种的活在性辨析构成的阴阳合一体，个体活在性是阴配子，物种活在性是阳配子。

阴阳配子关系：在阴阳合一体的阴阳配子关系中，最重要的关系是优势爻子主导律所揭示的基础与主导的关系。个体活在性是阴子，阴子具有基础性。个体首先要活着，才能谈得上其他活动。在个体的活在性方面，一切生物都表现出强大的内在动力，求生是最重要、最迫切的需要，也最具机智性、忍耐性。无论环境多么恶劣，生命体一经诞生就会以各种生存策略去适应环境。石头缝里会长出小草，没有阳光的大洋深处也有生物在活动，在沙漠、南北极地、海洋、天空等处都有大量生命体在活动着。人类个体的求生欲望之强烈不亚于任何其他物种。求生动力不仅孕育着人的反抗性、革命性，也孕育着人的妥协性、屈服性。

物种活在性是阳子，阳子具有质的规定性和运动方向的主导性。一个物种的质不是由其个体决定的，而是由其物种决定的。个体的活在性是为物种的活在性服务的，物种的利益大于个体的利益是地球生物的共同法则。动物物种活在性是由个体的繁殖行为和护幼行为表达出来的。动物个体生命的意义以自己对物种的意义表现出来。寿命短暂（短于一年）的生物个体，只以大量的繁殖行为表达其对于物种的意义，从而表达自己生命的意义。寿命较长的动物个体则既以繁殖行为，又以护幼行为来表达其生命的全部意义。例如，老鼠之类的动物以大量繁殖的行为和护幼行为来延续其物种的存在。只有超越了动物属性的人类个体才不仅以繁殖行为和护幼行为来表达其生命的意义，还以自己对物种——人类的发展、进步所做的贡献来表达其生命的意义。繁殖和护幼几乎构成动物生命意义的全部，因此护幼在生命法则中占据重要地位，护幼法则成为重要生命法则。

经下分辨析后，生物活在性概念的本质就得以揭示，我们对生命的理解就更全面、更准确了。

生物的活在性、人的活在性都告诉我们要尊重生命，尤其要尊重人的生命。这应该称为生命法则。生命法则直接衍生出人道关怀和生态关怀，这两条都是全域德行即全球道德体系的主要内容。

第二节　人的动物层次性进化特性

相对于植物，动物有什么共同特征？答案似乎很明显：所有动物都会主动地移动，而植物最多只能被风吹动、被水带动而已。动物为什么要移动？首要原因是觅食。植物可以将其吸收的无机物在叶子等机体中通过光合作用直接合成所需要的养分，所以不需要移动。动物必须食用现成的有机物，如植物、动物等，通过消化系统将吃进的大块有机物破碎、溶解成食糜，再将有机大分子分解成小分子，如蛋白质、脂肪、氨基酸、多肽等，通过小肠等器官进行吸收，再通过脏器合成自己需要的养分，又通过血液循环输送到全身，供给全身每个细胞。

动物要吃现成的有机物才能生存，就必定被食物主导。因此，相对于植物来说，动物共有的特性是食物的主导性。现在对这一概念进行下分辨析。

辨析尺度：食物对动物的作用。

下分辨析：以上述尺度做辨析，则动物是受饥饿约束性与饱食自由性辨析作用的食物主导性阴阳合一体，饥饿约束性是阴子，饱食自由性是阳子，这一特性被称为动物共有进化特性。人类是动物的一员，当然也具有这一特性。所谓动物的饥饿约束性，是指动物在饥饿或受饥饿威胁状态下的心智运作和行为都服从觅食需要的特性。所谓动物的饱食自由性，是指动物在饱食和食物资源充足状态下的心智运作和行为相对于饥饿比较自由的特性。人的这一特性被称为人的动物层次性进化特性，简称人的动物性进化特性。

阴阳关系：在自然界中很容易看到饥饿约束性对动物的基本作用。食草动物一旦将周围草场的草吃完，就得迁徙。辽阔的非洲大草原上每年都能看到几十万匹角马迁徙的宏大场面，它们不惧陡峭的山坡、湍急的河水和河中大量的鳄鱼，一路狂奔而去，死伤无数。每种食肉动物根据自己独特的身体结构和生存环境进化出奇巧无比、令人惊叹不已的独特捕猎技术。训练动物的主要手段就是给它最爱吃的食物。人在饥饿状态或受饥饿威胁状态下，也是受食物主导的。人为了得到食物资源，不得不受公司、工厂的种种纪律的约束。食物主导性是人类社会从诞生到现在最基本、最主要的组织大纲，整个人类社会是由饥饿约束性来组织的。面对如此庞大又极其渴望自由的人口，如果没有一个让人人必须接受的组织大纲将他们组织起来，人类社会将是什么样子？只有在食物资源充足的状态下，人才是自由的。人在自由状态下会做什么？当然是做自己愿意做的事，其中最重要的是从事科学研究、发明创造、艺术创作等活动。为什么近代以来，大量的科技和艺术成就出自欧美呢？那些长年在非洲草原研究动物的学者，其用于生活和研究的资金从何而来？原因是他们早就解决了温饱问题。近代以来，欧美在科学技术上先行一步，他们充分利用这些先行技术，从全世界掠夺大量的财富。一旦有了巨额的财富，就摆脱了饥饿的威胁，就获得了饱食自由性带来的自由。在饱食自由状态下，他们从事了大量的科学研究和发明创造，获得了巨大的经济、军事和政治优势，然后利用这些优势继续压迫和剥削第三世界。可见，饱食自由性具有决定作用。在没有解决饥饿约束性问题时，谈自由权、民主权是没有意义的。

第三节 人的物种层次性进化特性

辨析尺度：人类与动物的联系及本质差别。

下分辨析：以上述尺度对人的物种层次进化特性做辨析。人是由活在性和美在性辨析构成的存在性阴阳合一体，活在性是阴子，美在性是阳子。这就是人的物种层次进化特性，或称为人的类特性。这一辨析既将人与所有生物的特性——活在性概括了进来，又将人类与所有动物的本质区别揭示了出来。所有动物只为个体及其物种存续，而人不仅要活着，还要活得更好、更美。所谓人的美在性，是指人希望以生存美的方式生活于世的特性。

阴阳关系：人的物种层次进化特性是以阴子活在性为基础，以阳子美在性主导的阴阳合一体。阴子活在性是一切生物进化特性的延续；根据阳子质的规定性可以推导出：追求生存美是人的本质，或者说人的本质是求美。这个结论是根据阴阳逻辑推导出来的，是阴阳逻辑力量的体现。这与个人主观性结论不可同日而语。

阴阳辨析将人的存在辨析为活在性存在和美在性存在两个爻子，这在人学和哲学上具有开创性。

第二章　人的基因性原性

第一节　个体人的本原性

个体人的本原是指个人最原始、最根本的因素，是个人与个人差别的根据。

被辨析概念：个体人的本原性。

辨析尺度：个人的先天因素与后天因素的合一性。

下分辨析：以上述尺度对个体人的本原进行辨析。人是具有人类智能潜力的遗传基因与其幼体以及其后的成人在人类社会环境中通过学习和实践而得到的成长和活动共同塑造的本原阴阳合一体，具有人类智能潜力的遗传基因是阴子，幼体在人类社会环境中通过学习和实践得到的成长与活动是阳子。一切生物个体都是先天因素和后天因素共同塑造的本原阴阳合一体。

关于人的先天因素或后天因素，西方学者都有所关注，但他们大多是割裂地关注，由此导致某些欧美学者对人的本原性认识失之偏颇，形成了两种相反的片面性观点：一是本能论，二是文化决定论。本能论认为，人是由本能决定的，即由遗传基因决定，与后天的学习和实践关系不大；文化决定论认为，人是由其所学习的文化决定的，与遗传基因关系不大。坚持绝对的本能论和文化决定论的人可能较少，本能论者通常片面强调本能的作用，而忽视或淡化文化的作用；文化决定论者则片面强调文化的作用，而忽略或淡化遗传基因的作用。一些西方学者未能将人的先天因素与后天因素从逻辑上辨析地联系在一起，用辨析的眼光看清两者的关系。

阴阳关系：人的本原阴子是遗传基因，人的基因一是与动物基因不同，因而造成人与动物的根本差别；二是每个人的基因不同（除同卵双胞胎外），因而造成个人在智力、气质、身体等方面的差异。我们要知道：第一，人与人之间在智力上肯定有差异；第二，除了天才和智残者，人与人之间的智力差异并不大。总的来说，人与人之间、民族与民族之间的智力比较平均。到目前为止，在基因水平上还没发现人类族群在智力上的显著差异。

人的智能潜力遗传基因使人在后天表现出种种特性，这些特性有些是由本能体现的，有些是通过后天的学习和实践而表达的。根据阴阳相辅相成律，阴子所表达出来的生物性特性并不是与阳子无关的，也就是说，人必须在人类社会环境中成长，其生物性特性才能被表达出来。如果人不在人类社会环境中成长，或者虽在人类社会环境中成长，但与环境没有充分互动，其生物性特性就表达不出来。阴子并不是孤立地表现自己的，而是在与阳子的阴阳互动中表现自己的。

人的本原阳子是幼体通过在某种人类社会环境中的学习和实践而得到的成长和活动。阳子的主导性表现为质的规定性和活动的方向性。某个人之所以成为现在这个人，就是在其基因的基础上由其阳子决定的，即由他在某种人类社会环境中的学习和实践的活动决定的。同样是他这个人（基因没变），在不同的社会环境下进行不同的学习和实践，也会成为不同的人。本原阳子揭示的是人与环境的关系，不同的环境对人有不同的作用，会使人形成不同的特性，这种特性是环境性特性。同样，根据阴阳相辅相成律，阳子所形成的环境性特性并不是与阴子无关的，也就是说，必须具有人类遗传基因的个体才能在人类社会环境中形成此类环境性特性。家禽、家畜、猩猩等虽能在人类社会环境中成长，却不可能形成人的环境性特性。同样，阳子不是孤立地表现自己的，而是在与阴子的阴阳互动中表现自己的。本原阳子是人的文化性差异、区域性差异的根据，这有许许多多的表现。

第二节　人的心智原性

人的心智原性是智能性特性，是由人的本原阴子在与本原阳子的互动过程中表达出来的，即由人的智能潜力遗传基因在后天与环境的互动过程中表达出来的。

被辨析概念：人的心智原性。

辨析尺度：是否需要经过学习。

阴阳辨析：以上述尺度将人的心智原性辨析为本能和灵智，本能是阴子，灵智是阳子。本能是不需要学习就有的智能，是与生俱来的；灵智是指需要经过学习才能掌握的智能。人只有这两种智能，再无其他智能。

本能是人生存的最基本的智能，没有它人就不能生存。人的本能虽然没有动物多，但必然具有。人一出生就会啼哭，哭对于婴儿具有决定生死的意义。啼哭是婴儿向大人反映生理需要的唯一方式。能吃、能喝当然是最基本的本能，好奇心、好学心也是天生具有的本能。

一、人的灵智

人的大脑是一个高度有序、效率极高的信息系统，人的心智是大脑对信息的收集、加工、传递、输出和存储等操作活动。因此，要从心智操作信息的角度来分辨动物及人的独立心智种类，本书提出用"两息"标准来分辨。"两息"是指某种心智加工的对象信息及加工后的产品信息。根据两息标准，本书分辨出了人的五大心智：感官觉、知觉（知觉分为无脑动物的初级知觉和有脑动物的高级知觉）、理觉、悟觉以及记忆。五大心智的关系如下。

```
感官觉①
初级知觉② ⎱低级感知觉  ⎱高级感知觉③ ⎱识觉⑤  ⎱析智⑦——信息加工灵智 ⎱灵智
         ⎰高级感知觉③  ⎰理  觉④  ⎰悟觉⑥  ⎰记忆⑧——信息存检灵智 ⎰
```

注：①感官觉——腔肠动物最高灵智　　②初级知觉——无脑动物最高灵智
　　③高级知觉——有脑动物最高灵智　　④理觉——原始人类最高灵智
　　⑤识觉——指向人的外部信息的灵智
　　⑥悟觉——指向人的内部信息的灵智，是自觉人类的最高灵智
　　⑦析智——大脑中的信息加工心智

人的灵智可以分为有三种：一是识觉，它是指向外界事物的心智，即认识、利用外界事物的心智，包括感官觉、知觉和理觉；二是悟觉，它是指向心智自身的心智，是外界事物作用于自身后，人的感动、体验、领悟类及意向、

意志类心智；第三是记忆心智，它是信息的储存库。

（一）人的识觉

人的识觉是人认识、利用外界事物的心智，按进化顺序来说有感官觉、知觉和理觉三个等级，现分述如下。

1. 人的感官觉

感官觉的加工对象是通过感觉器官收集外界事物表面发出的物理或化学信息，其加工后的产品信息是对接收到的事物的理化信息进行转换、编码的生理信息。例如，眼睛看到的山是外界的物理信息，这是视觉的加工对象信息。视网膜将山的物理信息（形状）转变成神经冲动（这是生理信息），再将神经冲动上传到视觉中枢，视觉中枢再对神经冲动进行编码，存入记忆。经过编码的生理信息是感官觉的产品信息。

感官系统的基本功能是收集和加工信息。动物用感官来侦察和收集食物、求偶、栖息、安全等信息以求得生存。这种功能，人与动物没有大的区别。但是，人的感官在具有基本作用的同时又进化出喜好功能。我们的眼睛喜欢看美形美色，耳朵喜欢听美的音质和旋律，鼻子喜欢闻各种香的气味，皮肤喜欢接受温暖的、柔软的、轻慢的等会产生舒服感的刺激，等等。感官的这些喜好功能与感官的基本作用关系不大，它是人类进化出来的一种享受功能。人类利用这种功能来获得某种快感。快感的获得给人带来快乐，有益于怡养人的精神和健康。

人们在使用"感觉"这个概念时，其内涵和外延都与感觉心智的内涵和外延产生了偏差。"我感觉他对我可能有点误会"，这话中的感觉一词的含义是指分析和评价，而不是指收集信息。鉴于这种情况，将感觉改为感官觉较好。

感官觉是动物和人共有的心智能力，是一级信息心智系统。感官觉的世界是一个收集外界信息的世界，是地球动物心智的第一世界。

2. 人的知觉

知觉是对感官觉的产品信息再加工的心智运作系统，其加工对象是感官觉加工后的产品信息，知觉的产品信息是外界事物的外观信息，如事物的形状、颜色、运动等信息。以知觉功能的类型为辨析尺度对动物和人的知觉进行下分辨析：动物和人的知觉是直接知觉与经验知觉共同发生作用的知觉阴阳合一体，直接知觉是阴子，经验知觉是阳子。因为某种感觉器官只能收集事物外观的个别、零散的信息，知觉对这些个别、零散信息进行综合加工，获得外界事物的表面总体形象。所以，知觉智能又可称为表象概括心智系统。

如果感官少，功能又不发达，感觉产品信息就少，知觉对这些信息的再加工的结果就不完整。部分视觉器官结构简单的动物，不可能知道事物的形状。感觉器官种类全、功能正常的动物，收集的外界信息比较齐全，经知觉再加工后，对外界事物的把握就比较完整。例如，空间知觉使动物知道了外界事物的形状、大小、颜色、运动姿势等信息，时间知觉使动物获得物体运动速度及日出日落等时间感知。对感官获得的外界直接刺激进行综合加工的知觉叫直接知觉。将直接知觉获得的信息存入记忆区，就成为经验信息。初生牛犊第一次见到虎，它的感官觉和知觉智能使它知道了虎的外观、大小等信息，如果遭到虎的追击，就会获得虎的运动等信息，这些信息都是直接知觉获得的。将这些直接信息存入记忆区就成为经验信息。当它第二次见到虎时，直接知觉察觉到那是虎，记忆区的经验信息立即被调用，经验信息告诉它，那是对自己极危险的动物，需要立即逃离。这个经验信息调用过程就是经验知觉过程。动物及人的知觉系统，都是由直接知觉与经验知觉辨析发挥作用的知觉阴阳合一体。

动物的最高心智能力是知觉。动物的心智运作是以感官觉为基础，以知觉为主导，两者时恰配合（时恰配合指及时地、密切地、恰到好处地配合）地综合运作。不过，在漫长的生物进化史中，不是所有动物的知觉水平都一样。动物起码要分有脑动物与无脑动物两大类。无脑动物的知觉是低级知觉，其加工的产品信息是二级；有脑动物的知觉是高级知觉，其加工的产品信息是三级。

知觉智能使动物和人获得各种各样的事物的经验，知觉的世界就是一个经验的世界，低级知觉是心智第二世界，高级知觉是心智第三世界，两者都是经验的世界，一个是低级经验世界，另一个是高级经验世界，它们分别是二级和三级信息心智系统。

3. 人的理觉

人的理觉智能是对知觉产品信息主动进行再加工的心智操作系统，加工对象是知觉的产品信息，理觉的产品信息是关于事物原理的信息。知觉只能概括事物外观表象信息，对知觉经验的再加工就是探索事物原理的心智操作，事物的原理包括事物的存在性原理和变化性原理两大类。事物的存在性原理包括事物的存在机理、结构、性状、性质等，事物的变化性原理包括事物的发生、运动、变化、发展、质变等因素。

以理觉的类型为辨析尺度，对理觉做下分辨析：人是经验理觉与创新理觉辨析运作的理觉阴阳合一体，经验理觉是阴子，创新理觉是阳子。理觉主要包括联想智能和创想智能。所谓联想，是指将脑中记忆的某些经验信息联系起来进行综合加工的心智；所谓综合加工，是指综合、分析、统括等心智操作。更简单地说，所谓联想，是指脑中经验信息意义之间的直接和间接转换过程。其实，动物也有联想操作。动物受到直接刺激时，即刻调用经验信息，这个调用经验信息的过程就是联想功能之一，所以笔者没有将联想单独作为一个心智。动物用联想进行的知觉操作，是经验信息的被动调用和联想。人进行的联想既包括被动联想，又有主动联想。所谓创想，是指提出经验信息中没有的新关系的心智操作，它主要是想象智能。联想与创想结合起来，就既包括对经验信息的各种关系的分析、概括，也包括提出新的关系、新的概括的智能运作。

理觉是地球动物心智的最高智能之一，是四级信息心智系统，是地球动物心智的第四世界，是一个充满想象、充满意义的世界。只有人这个物种具有完全的理觉智能，灵长目动物和部分鸟类具有理觉的萌芽，其他动物都不具备理觉智能。让学生死记硬背，仅仅使学生获得许多前人的经验，这只是知觉智能的发展，不培养学生的理觉智能，知识再多也很难有创新作为。学生走出校门后，必须自己开发理觉智能，这又要耗费几年时间。培养学生的理觉智能是教育的最基本、最重要的任务。

关于概括。知觉和理觉都具有概括能力，区别在于概括的对象不同、层次不同，因而概括的成果也不同。知觉概括的对象是由眼、耳、鼻、舌、皮肤等感觉系统接收和加工的外界事物表面的信息，概括的结果只能是对事物的表面认识，而不可能是本质性认识；理觉概括加工的对象是知觉的产品信息，即记忆区中的各种经验信息，是对知觉成果的再加工，其产品信息是对事物的本质性认识。

另外，理觉概括的对象不再限于外界事物，还指向人自身，心智第一次将自身列入了概括的对象。人见到平静水面上自己的倒影，认识到一个似乎是外界的但又与自身密切相关的事物，再通过与他人形貌对比的联想和想象，"我"的概念产生了。这是人的自觉的开端，是动物进化史上一个巨大飞跃，是理觉具有决定性意义的成果，是使人类超脱自然的开端。这个开端就是悟觉的产生条件。其实，动物也早就见过平静水面上自己的倒影，但它们最多只有知觉智能，无法产生"我"的概念。只有将自己的倒影（这是知觉获得的经验信息）与他人的形貌（这也是知觉获得的经验信息）进行对比联想和想象（这是对两个或更多个知觉经验信息的再加工），才能创造性地概括出"我"的概念。只有创想智能才有这种功能。猩猩能对着镜子摸自己头上、脸上的附着物，它能否产生"我"的概念呢？笔者认为不能。它必须将自身的面孔与同伴的面孔进行对比联想与想象，才能产生"我"的概念。猩猩能不能进行这种对比联想与想象呢？笔者认为不能，因为猩猩还不具备完整的理觉智能。但它们可能具有了理觉的萌芽，这个理觉的萌芽使它们能知道头上、脸上的附着物是自己身上的。只有具有完整的理觉智能的人类，才能将自己的形貌与其他同类的形貌进行对比联想，才能创造性地想象出"我"的概念。猩猩没有这样的智能。"我"的概念是在从与他人形貌的对比联想中创想出来的，因此"我"的概念诞生的同时，"他"的概念也自然产生了。由以上分析可知，"我"的概念的诞生经历了两个阶段：一是从水面上的倒影发现自己的相貌；二是将自己的相貌与他人的相貌进行对比联想，再加以创想。这是联想与创想联合运作的过程和结果。"我""他"的概念在脑中产生后，人自然就迫切需要用声音将这些概念向他人表达出来，这就是具有特定指定意义的声音，即第一人称的声音（如汉语中"我"、英语中的I），指代自身"我"的符号产生了。"我"的发音不再是信号，而是符号。这个符号的意义是约定俗成的，并被一定人群所理解和使用。"我"这一符号的诞生，是人类进化史上具有决定意义的大事。从"我""他"的符号概念的对比联想与想象中，"人"的概念又创造性地产生了。从此，人类将自身与外界事物区别开来，超脱了自然界。

"我""他"和"人"的概念符号产生后，理觉运作的对象急剧增加。人们迫切需要用不同的声音符号区别许多重要的事物，给每个重要的事物一个名称符号。这个迫切的欲望和需要使命名活动急剧增加，从而使意义表达式——符号串的创造成为迫切需要，于是语法规则被迅速完善起来，语言系统就这样诞生了。语言系统的诞生，使理觉获得了最有力的运作工具，使理觉运作效率得到极大提高。人类从此摆脱了动物使用的信号交流工具的束缚，踏上以使用符号交流工具为主的大道，将动物远远地抛在了身后。这就意味着人的认识能力得到了极大的提高。

　　语言诞生后，人类的思维方式发生了质变。动物因为只有知觉智能，就只能进行表象概括，只能以表象进行思考，即以事物的整体形象进行思考，笔者称其为形象思考，或者信号思考。蒙昧时期的人类有了理觉智能，当语言被发明后，人类就以语言为主进行思考了。语言是符号，语言思维方式就称为符号思维方式。当然，蒙昧时期的人类并没有完全抛弃形象思维方式。例如，久别重逢之际，有人会拥抱对方，其间脑中并没有用语言思考什么内容，而驱使自己的是亲人、朋友的形象。这样，蒙昧时期的人类就有两种思维方式：一是信号（形象）思维方式；二是符号（语言）思维方式，并以语言思维方式为主导。语言的诞生以及思维方式的进化极大地加速了人类的进化和社会的进步。理觉的世界是心智的第四世界，是创造意义的世界，是蒙昧时期的人类（原始人）的心智世界。

　　以上列举了理觉运作的几大关键性成果：对外界事物的本质性认识、"我""人"等极重要概念的诞生、语言的创造及思维方式的进化、主体自觉的萌芽等。所有这些都与我们研究人的特性和需要密切相关，是研究的基础。

　　人认识外部世界、改造外部世界、创造新的外部世界，这在大脑功能上都是依靠人的识觉，而识觉是以感知觉为基础、以理觉为主导的灵智系统。注意：动物的最高心智是知觉，没有理觉。所以动物处于低级识觉阶段，人类则进化到高级识觉阶段。

　　（二）人的悟觉

　　"我"的概念的诞生是人的识觉将人自身当作研究对象进行概括而得到

的。"我"的概念诞生后，人类进化出另一种新型的心智智能，那就是悟觉。悟觉不是人认识外界事物的心智操作，而是指向人自身的心智操作。以悟觉操作类型为辨析尺度对悟觉做辨析：人的悟觉是感悟悟觉与意向悟觉辨析构成的灵智阴阳合一体，感悟悟觉是阴子，意向❶悟觉是阳子。

感悟包括感和悟两个方面。感悟悟觉是体验悟觉与领悟悟觉辨析构成的心智阴阳合一体，体验悟觉是阴子，领悟悟觉是阳子。意向悟觉是动机悟觉与意志悟觉辨析构成的心智阴阳合一体，动机悟觉是阴子，意志悟觉是阳子。所以悟觉有两个一级次级爻子，四个二级次级爻子。人的体验、感动、领悟、评估、动机、计划、意志等思维都是悟觉的活动。

悟觉的加工对象是识觉（感官觉、知觉和理觉）的产品信息，悟觉加工后的产品信息是人的感悟和意向等信息。

人的悟觉涌现是人的自觉的开端，是人的主体性的觉醒，这在进化史上是具有决定性意义的事件。人在获得了主体性觉醒后，一切活动便围绕着"我"这个主体而自觉地开展，即个人的所有活动都围绕着自身的直接需要或间接需要而主动开展。

感悟悟觉是人对人类自身行为适否性的领悟。将悟觉领悟到的人类行为的美丑（合称秀）、善恶（合称德）、正邪（合称衡）称为行为适否性的"三性"，简称"悟觉三性"。所谓行为适否性，是指人对人类行为是否合适、是否正确的体会、领悟。如果感悟到是美的、善的、公正的、正义的，就会被认为是合适的、正确的；如果感悟到是丑的、恶的、不公正的、不正义的，就会被认为是不合适的、错误的。在感悟悟觉的操作下，人对事物有了喜好，人脑中充满着对美与丑、好与坏、善与恶、正与邪、荣与辱等的感悟，充满着享受或厌恶的体验，等等。根据感悟的结果，人就产生有利于自己的动机——这个动机被自认为是美的，并产生执行动机所需要的意向、意志，这就是意向悟觉。感悟悟觉与意向悟觉总是密切配合运作的。感悟悟觉的世界是一个秀的世界、德的世界、衡的世界，是人人向往的美的世界。动物的行为表面看来是有

---

❶ 胡塞尔现象学中的意向是指包括感觉、知觉在内的意识的指向性，即意识总是朝向某个对象；而本书中的意向仅指不包括感觉、知觉在内的悟觉中的动机、计划、目的和意志等心智活动。

目的的，但动物的目的是本能性反应。目的性有两大类：本能性目的和领悟性目的。动物只有本能性目的，人类既有本能性目的，又有领悟性目的，而且以领悟性目的为主导。任何动物都没有对德、衡、秀的领悟。悟觉才是人与动物最彻底的区别。

从进化时间看，理觉的涌现远远早于悟觉的涌现。现在看来，灵长目动物等普遍会使用简单的工具，这是理觉的萌芽。从灵长目动物进化而来的人类，当然一开始就具有理觉的萌芽。在理觉萌芽的基础上，人类从旧石器时代进入新石器时代。现在看来，在旧石器时代，人类还没有爱美的需求或害羞的体验。为此，笔者将还没有进化出悟觉的人类称为原始人，或称蒙昧人，将进化出悟觉的人类称为自觉人类、智人人类。从考古方面看，大量的装饰品和原始绘画是在新石器时期出现的。装饰品的使用，是人类求美的证据和悟觉的佐证。当然，装饰品的出现一开始可能并不是为了美，而是某种崇拜仪式的需要。而崇拜心理的产生和需要，正是感悟悟觉思维的结果。祭祀、占卜等在旧石器时期可能还没有出现，而在新石器时期则成为人类主要的精神活动。悟觉是人类精神需要产生的依据。

在二值逻辑中，要么是真，要么是假，因此笔者将真与假上归合称值，那么求真或求假就都是求值。这样简称以后，识觉的功能就主要是求值。悟觉是求秀（美与丑）的操作。人类在求值（真与假）与求秀（美与丑）的大道上快速地发展着。

悟觉思维有一个最显著的特点，就是感悟结果不确定性，即感悟的结果因人而异、因时而异、因地而异、因情而异。所谓感悟的因人而异是指，面临同样的刺激时，各人的体验、反应等感悟都不完全相同；所谓感悟的因时而异是指，即使是同一个人，在不同时间面临同样的刺激时，其体验、反应等感悟也可能不一致；所谓感悟的因地而异是指，即使是同一个人，在不同地点、不同场合面临同样的刺激时，其体验、反应等感悟也可能不同；因情而异是指人的情绪、情感对感悟结果的影响。笔者将人的感悟的不确定性简称为人的玄量性。可见，悟觉是一个玄量，即感悟的结果是一个不确定的反应。人的悟觉告诉我们，人是一个动态的、以玄量为主导的生物体。人类对某些刺激的反应只能通过大样本的统计学方法来确定概率分布。这与量子力学具有一定的相似性。

（三）人的记忆心智

人和具有神经元集群的动物都有记忆能力，以记忆机制为辨析尺度做下分辨析：人的记忆是由信息记保机制与信息检索机制共同组成的记忆阴阳合一体，信息记保机制是阴子，信息检索机制是阳子。记忆的加工对象是保存识觉和悟觉的产品信息，其加工后的产品信息是对外输出被记保信息。保持信息不丢失可能并不难，人在童年时接收到的一些重要信息能一直保持到老年而不会丢失。记忆有长时记忆、短时记忆、瞬时记忆三种。信息能不能保持，与意向有关。如果意向决定记住它，就能将它转为长时记忆；如果意向不想记住它，它可能会较快地丢失，当然也可能被无意注意记住。人的记忆力强弱的表现之一是瞬时记忆和短时记忆的能力强弱，如有的人能做到过目不忘。

信息检索机制是记忆合一体的阳子，对记忆有决定性意义。检索时间的长短标志着信息检索机制的强弱。老年人记忆力变差的主要表现就是检索时间长或检索不出来。检索还有准确率高低方面的不同表现，有些人经常将相似的信息搞错，例如，总将 1996 年说成 1986 年，因为二者都是 19×6 年；将南宁说成西宁，因为二者都是省会或首府；等等。

二、关于意识

讲到人的心智，笔者不得不提到意识概念。可惜，意识概念已经被弄得极其混乱了。过去人们都说人有意识，动物没有意识，这是人与动物的根本区别，这几乎成为定论。那么，到底什么是意识呢？意识是一个十分复杂的概念，不是用一个定义或几句话的界定就能讲清楚的，而必须从多方面来加以揭示。潘菽在《意识问题试解》一文中考查了 11 种西方心理学的意识论，即意识神秘论、心理与意识等同论、唯心的经验论、觉察论、现象论、流动论、排除论、理化过程论、副现象论、场论、觉醒论等。[1] 意识概念不能被定义？只能从多方面揭示？应从多少个方面揭示？从大量的有关意识的论述中笔者初步认为：意识概念要么是"全"，要么是"无"。所谓意识是"全"，即意识包括

---

[1] 燕国材. 理论心理学 [M]. 广州：暨南大学出版社，2007：89.

了人的所有心智能力，如记忆、感官觉、知觉、表象、想象、思维、体验、情感、意志等（这些是以往心理学家使用的概念，笔者发现的理觉和悟觉概念当然也可被纳入其中）。例如，有些心理学学者将人的感觉列入意识范畴。如果将感官觉、知觉纳入意识范畴，就不能再用有无意识来区分动物与人的心智了，因为动物也有感觉、知觉智能。所谓意识是"无"，即现今的意识概念是个空壳，里面没有任何明确的成分。从信息加工的角度看，用"两息"标准判断一下：意识操作的对象信息是什么？意识加工后的产品信息又是什么？这里没有任何明确论述，所以是无，是空壳。

在心理学领域具有至尊地位的意识概念的范畴要么全，要么无，这使得心理学似乎成了什么都不是的学科，威胁到心理学的学科地位。现在的情况是，心理学的一些分支获得的科研成果捍卫了心理学的学科地位，作为现今心理学中最重要的意识概念，反而成了确立心理学学科地位的"麻烦制造者"。

在动物进化史上，随着神经元集群中神经元数量的增加及结构的优化，从感官觉心智中进化出知觉心智，从感官觉心智和知觉心智的综合心智中进化出理觉心智，从理觉心智中又进化出悟觉心智。因此，有一条清晰的进化路线：感官觉—知觉—理觉—悟觉。感官觉、知觉和理觉构成了地球动物（包括人）认识外部世界、改造外部世界的心智发展路线，笔者将它们统称为识觉。

那么悟觉能不能与意识等同呢？将"意识到"换成"领悟到"或"感悟到"似乎没有理解上的障碍。将意识"全"中的感觉、知觉、表象、想象、思维剥离后，就剩下体验、感悟、动机、意志等内容了，大多属于悟觉。表象、想象、思维等主要是理觉的内容。这样看来，将悟觉与意识相比拟是可行的。是否将悟觉与意识相比拟甚至相等同，要看专家和权威机构的意见。

如果在心理学领域继续保留意识概念，那就取意识"全"的范畴，即人的心智的总和。不过，这样明确后，就不能说动物没有意识了。笔者若使用了意识概念，就取意识"全"的意义。

意识概念由来已久，除了心理学领域，在其他领域也被广泛使用，要完全取消意识概念，一时恐怕还无法做到。在心理学领域可以将意识概念及无意识概念搁置。

第三节 人的二元构成性

　　以人的基本构造为辨析尺度，对人做下分辨析：人是由其肉体活动和心智活动辨析构成的二元阴阳合一体，人的肉体活动是阴子，心智活动是阳子。肉体是实体，是物质的，是阴子；心智是虚的，没有实体，它是大脑物质活动的产物而不是物质，所以是阳子。阴子肉体活动是合一体的基础，阳子心智活动是合一体的主导。人的肉体不仅是人的心智存在的基础，也是整个人存在的基础，如果人的肉体不存在了，人的心智也不可能存在。人的心智是人的主导，是优势爻子，优势爻子决定了易极的性质。也就是说，人的性质是由人的心智决定的。人之所以比动物高级，就在于人的心智比动物的心智高级。当我们讲到一个人是什么样的人时，不仅会讲到其身体方面的特征，更会讲到他的社会特征，即个性、气质、职务、信仰、价值观、思想、道德等，这些都是由其心智决定的。如果人的心智确实不存在了或出现了严重障碍，则阴子也很难存在，完整意义上的人也就不存在了。例如，典型的精神病人、植物人的心智虽然还不能说完全不存在，但起码不能正常发挥作用，阳子发生了严重障碍，这种状态的人主要由他的阴子肉体特征来表征。仅由肉体表征的人，已非正常人，他与正常人的特征已相去甚远。如果没有正常人为这些阳子发生严重障碍的人提供帮助，他们是不可能存在的。人的心智的主导性还表现在人的心智对人的肉体的主导性上。也就是说，人的身体被人的精神所影响。人的精神愉快，身体就好；人的精神压抑、紧张，身体就不好。这些事实都证明了阴阳辨析的逻辑力量。肉体与心智又是相辅相成的，是相互需要、相互补充。肉体要健康，必须得到精神的帮助；精神要健康，也必须得到肉体的帮助。

　　读者可能会提出"未成年人是什么体"的问题，答案是：未成年人是由其肉体活动与心智活动组成的二元构成性混沌体。未成年人从出生到成人需要近20年时间，不管他在生理上是否发育成熟，如果其心智尚未完全成熟，其思想和行为就主要由成年人控制。无论动物的心智或人的心智，都有一个从萌芽状态逐渐发育、成熟的过程。无论哪种心智，只要没有发育成熟，就仍然是混沌体。对于人来说，只要悟觉还没有发育成熟，就仍然是混沌体。混沌体是复杂的、无序的、难以捉摸的，需要经历一个由无序向有序过渡的过程。所谓人心智发育成熟，主要就是悟觉发育成熟。

"二元"很容易与"二元论"扯上关系，二元论在哲学上是受质疑的话题。二元论认为，人的本原有两个，即肉体和精神，但这是两个可以各自独立存在的本原。唯心主义者认为，人死了，灵魂还存在。如果说人的作品、事迹在他死后以某种信息的形式继续存在于社会中，从这个意义上说，他的以作品和事迹体现的精神还存在，这是可以接受的观点。如果说人死后还能继续进行思维，所谓的灵魂还能要这要那，还能主动地给活人带来幸福或灾祸，那就十分荒谬了。显然，这是线性划分的方法。本书认为，人是由其肉体活动和心智活动辨析构成的二元构成性阴阳合一体。显然，这是一元论，而不是二元论，因为合一体是一元的，只不过这个合一体是由阴阳两种成分辨析构成的。关键是阴阳两种成分都不能独立地、自然地存在，它们只能相互依赖，同时又相互龃龉、相互补充地存在，失去任何一方，另一方都不能存在或不能正常地存在。显然，这是非线性划分的方法，与二元论是完全相反的。

第三章　人的模式性先天特性

第一节　人的状态特性

以人对自己的生存状态是否满足为辨析尺度，将人的状态特性做如下辨析：人是自洽与不自洽辨析构成的状态阴阳合一体，自洽是阴子，不自洽是阳子。

洽，是融洽之义，这里指与环境融洽。自洽，指人和动物与环境融洽后的自我满足状态，不自洽指人不满足现状的状态。所有动物只要能与环境相适应，就会感到自洽，就不会寻求变化，只要环境没有发生剧烈变化，这种动物就不变化或极少变化，所以动物是自洽体。许多动物几十万年、几百万年甚至几千万年、上亿年都没有发生大的变化，就是因为动物是自洽体。所谓没有大的变化，是指其身体结构、食物结构、行为习性、生存方式等都没有发生大的改变。动物是不求变化的、不求上进的、很容易满足的。动物进化的动力是环境的剧烈改变，而不是其自身的动力。认为只要时间长，猩猩就会进化为人的想法是毫无根据的。雄性动物争夺生育权的斗争对于垂直进化并无助益。动物是自洽的、自得其乐的。本书将动物的自洽特性称为动物的本性。同样，本书将人的状态特性称为人的本性，这是人的本性的狭隘定义。

人在动物自洽本性的基础上又进化出不自洽的特性，因而人既是自洽的，又是不自洽的阴阳合一体，阳子不自洽特性是优势爻子。任何人到了一个新单位、新环境，首先追求的就是与周围人搞好关系，熟悉周围环境（工作环境、生活环境、安全环境、交通环境等），以获得与周围人和环境融洽的感觉，获得一定的稳定的心理状态，这就是自洽的需要。如果没有获得自洽感，就会想离开；如果获得了自洽感，就会继续工作、生活下去。其实，人的自洽感仅仅是动物性的需要。一个人在新单位工作一段时间后，就会产生不满足情绪，就会寻求机会展示自己、发展自己，这是不自洽的表现。由于表现出色，这个人被重用了，就会感到满足。但是，过不了几年，他（她）又会不满足。

人有稳定的需要（自洽的需要），稳定是人发展的基础。人们对变化不定的生活是回避的。但是，人又不满足于一成不变（阳子不自洽的需要）。在一种不变的状态下生活久了，就会厌烦，就会寻求变化。变动不居的人羡慕生活稳定的人，而生活一成不变的人又羡慕活动范围很大的人，认为那样的生活很有趣。

人希望与周围人和睦相处，获得自洽感。但是，人又不满足于自洽，还想超越别人，觉得超越的人越多越好，这就是不自洽，人们之间的不和睦往往由此引起。

自洽和不自洽是一对阴阳子。自洽是阴子，不自洽是阳子。人的自洽来自动物，不自洽则纯属人的悟觉的属性。人的实际生存模式是：首先要与周围的人和环境融洽，获得自洽感，稳定下来；在稳定过程中，进行各种吸收、增长和储备，当储备达到一定水平，就会寻求变化、力求进步，这是不自洽；经过努力，获得了进步，实现了目标，这时就产生自洽感，这是高一级水平的自洽；这时又希望在自洽的新水平上稳定下来；接着，经过储备，又产生新的不自洽……就这样"自洽—不自洽—自洽—不自洽"地螺旋上升式地"无限"循环下去。每个社会中主流的人都如此生活着，是所有主流人群的生活模式，不论他是好人或坏人，百姓或皇帝，概无例外。可以将所有主流人群的共同生活模式视为人的状态本性，将上述"无限"螺旋上升公式称为人的"状态本性公式"。这个"无限"螺旋上升的图形是一个越往上直径越大的螺旋倒锥图形，也就是说，人越发展，活动范围越大，活动能量也越大，对社会的作用力就越大。

大部分退休老人退出了主流社会。将一切退出了主流社会的人称为非主流人群。当然，并不是所有退休的老人都退出了主流社会，他们中的有些人还在努力拼搏。退出了主流社会的退休老人通常没有不自洽的条件或欲望，仅剩下自洽的需要，而且自洽水平往往会下降。这样，人生就有两个过程：一个是向上的直径越来越大的螺旋上升过程，退出主流社会后开始螺旋下降或直线下降。未成年人不适合状态特性。

人的状态特性展现的过程是人与环境发生交互作用的过程，也是自洽与不自洽交互作用的过程。在考察自洽时，不能忘了还有不自洽对自洽的作用和影响，因为当前的稳定自洽并不是最终目标，还有下一步的不自洽目标在形成中；同样，在考察不自洽时，也不能忽略自洽对不自洽的作用和影响，因为追求不自洽目标是一个艰难的过程，如果没有自洽稳定的基础，就极难实现目标。自洽中含有不自洽的需要，不自洽中也含有自洽的需要。阴阳辨析中的阴子与阳子的关系是非线性关系，是你中有我、我中有你的关系，而不是形式逻辑划分后的子项之间的线性关系。形式逻辑划分后的子项之间是你中绝对没有我、我中绝对没有你的隔绝关系。由于受西方形式逻辑的广泛影响，很多人对你中有我、我中有你的非线性关系总有一种没把关系说清楚的感觉。不过，随着阴阳辨析法的广泛应用，人们会逐渐把握非线性关系。

将状态特性定义为状态本性是有道理的。笔者只用"自洽"一个概念就概括了所有动物的共同行为模式，用"自洽与不自洽"两个概念就概括了所有主流人群的共同行为模式。再没有其他更简单的概括方式了。

人的本质是求美，如何才能实现生存美呢？要阶段式地不断向前进，就是状态特性所表现的螺旋上升的倒锥图形。状态特性能给我们什么启示呢？我们要研究和理解自洽、不自洽、自洽与不自洽的关系三个方面在自身及他人的实际工作和生活中的行为。从自身来说，我们要好好把握自洽。这种特性虽然来源于动物，对人却极其重要。自洽的首要内容是稳定、安全的需要。每个人都需要家，需要一个稳定、安全的家，可以得到温暖、心情可以完全放松的家。只有自洽的家才有利于个体在工作中拼搏，有利于实现个体的不自洽的目标。但有些人的家是不自洽的家，主要问题是夫妻矛盾尖锐。夫妻之间有矛盾是正常现象，但矛盾尖锐就极不正常了。一个矛盾尖锐的家，对工作的影响很大，甚至对事业、前途都会造成严重影响。中国古训说，要修身、齐家、治国、平天下。夫妻矛盾尖锐的家庭，其成员在工作中很难有大的作为。自洽对于没有结婚的年轻人同样极其重要，这个自洽环境是指其工作或学习的单位。在工作单位获得稳定和谐的人际关系是每个身处职场中的人的愿望和需要。有的人想得到提拔，这本无可厚非，可如果采取打击别人、抬高自己等错误手段，则会将人际关系搞得一团糟，没有任何自洽感，使自己处在异常紧张的状态中。这种不懂自洽重要性的人在进步阶梯上能爬多高呢？

我们还要尊重和理解别人的自洽需要，在单位、居住区接受别人投来的友好目光，绝不要散布有害于他人的流言蜚语。要知道，周围人的自洽与自身的自洽需要是紧密相关的，如果破坏了别人的自洽，就不可能得到自身的自洽。没有自洽的人无论工作或生活都是不愉快的，既不利于事业，也不利于健康。

不自洽特性是状态特性的阳子，阳子具有主导性，因而不自洽特性是人的主导性状态特性。人类社会不是平的，它从来都是等级社会，到处都耸立着各种各样的大大小小的权力金字塔和财富金字塔。主流人群在任何时候、任何地方都被挤到这两个金字塔中的某一个层级上，这个层级就是他在那个地方、那个时候的社会等级。随时随地都可以看到，每个人都在金字塔上与许多人拥挤着，奋力地向上攀登，但他不能顺利地攀登，而总是有人拉扯着他，不让他向上。因为金字塔是下大上小，越往上位子越少，往往是几十个人争夺一个位子，所以大家总是相互牵扯着、拥挤着。这样，不自洽特性就必然成为人的主导性特性。不自洽特性体现着每个人的上进心、创造性、意志和激情。

人的状态特性是人的最重要的特性之一。状态特性驱使每个人不断努力着、奋斗着。它能激发人的持续不断的智慧和热情去从事创造性的劳动，对社会进步做出贡献。人类社会之所以不断发展、不断进步，人类自身之所以不断完善、不断进化，其内在的总动力就来自人的美在性诉求，而美在性诉求要通过状态特性的展现才能实现。

一、人的际利特性

以人与人之间的利益关系为辨析尺度，对人的际利特性做辨析：人是利己性与利他性辨析构成的人际利益性阴阳合一体，利己性是阴子，利他性是阳子。没有利己，就不能获得维持自身存在的资源，个体就不能存在，这是从人的活在性衍生出来的特性。人的利他性是从人类的群居性衍生出来的特性。对群居动物来说，若仅有利己，没有利他，合作就不能存在，就意味着不能获得充足的食物，不仅群居不能得以维持，自身也得不到充足的食物，将直接威胁到自身的存在，威胁到活在性的根本利益。从这个角度说，群居动物利他也是为了利己。群居合作性是人类生存的保障，也是个体生存的保障。每个人都生活在各种组织中，如果没有广泛的利他性合作，是无法在组织中生存的。因此，要讲友谊，讲合作，讲协调，要有奉献精神。利己中有利他，利他中也有利己，没有利己，利他不能存在，没有利他，利己也不能存在。两者是阴阳合一体中的配子，既相反相成，又相辅相成。它们是阴阳关系，而不是矛盾关系。

二、人的得益特性

以得益是否满足为辨析尺度，对人的得益特性做辨析：人是兼有知足性与溢得性的得益阴阳合一体，知足性是阴子，溢得性是阳子。所谓溢得性，是指人们在获取利益时希望得到的越多越好、多多益善的心理倾向。如果溢得性表现得过分、过度，就是贪性。溢得性与贪性没有明确界限，要具体问题具体分析。知足性和溢得性人皆有之。

人的状态特性直接导致人在对待所得利益上的知足性与溢得性并存的特性。知足性是阴子，阴子具有基础性，是自洽的体现，也就是说，知足性是人的立身之本。溢得性或贪性是不自洽的体现，是阳子，占主导地位。本书认为，人应该将知足性与溢得性协调起来，该知足时就知足，该溢得时就溢得，溢得是得益特性的优势爻子，因此总的来说，人总想多多益善、得寸进尺。每个人都要在社会阶梯上不断地登攀，没有适度的溢得性怎么能成功呢？只是不要时时想贪，处处想贪，不分对象、不分形势、不顾德行地贪。人是不是永远得不到满足呢？也不完全是。实际情况是，在某些方面、某些情势下、某些时间段，人又是知足的。例如，在生活方面，许多人表现得很知足，他们不比吃、不比穿、不比住，家庭经济条件好的，就过好一点儿的生活；经济条件差一些的，只求够吃、够穿、够住就行。在生活上一旦攀比，那就永无宁日了，这时的贪性就是十足的灾性。在挣钱多少的问题上，有些人表现得很知足，能多挣就多挣，不能多挣也不强求。如果强求挣更多的钱，就必定出问题。也就是说，人虽然以溢得性、贪性为主导，但也具有知足性。

际利特性是具有指向性的利益特性，将利益指向自己还是指向他人；而得益特性是程度性的利益特性，指得益的多少。

三、人的目标特性

人无论干什么，首先要有明确的目的，人是目的性非常突出的物种。动物只有合目的性，它由动物本能体现。人除了有合目的性外，还有悟觉性目的，因为悟觉的阳子就是意向性。阳子具有主导性，因而目的性是主导性特性之一。以是否有坚定的目标为辨析尺度，做如下辨析：人是兼有志向性与随流性的目标阴阳合一体，随流性是阴子，目标性是阳子。

人的目标特性是指人在实现自己长期的或阶段性的人生目标方面的特性。目标是将目的具体化，是自洽或不自洽的体现。

从目标特性来说，人的一生大致分为四个阶段：少年期、青年预备期、劳动鼎盛期、退休期。志向或随流是一种价值观的体现。在少年期，理觉、悟觉尚未发育成熟，价值观无法树立，是目标特性潜伏期。在潜伏期只有极少数的少年树立了奋斗目标，他们通常是家境特殊且早熟的少年或有特殊天赋且早熟的少年。青年预备期从青年期开始到正式参加工作为止，时间长达 5~10 年。从目标特性来说，从青年期开始，人的理觉、悟觉开始成熟起来，价值观开始建立，此时大部分青年开始有追求的目标，树立理想。这种理想往往与自己的特长、爱好、家境、崇拜对象等有关。此阶段的理想不是具体的、有计划的，更不是坚定不移的。人的目标特性开始正式发挥作用，是在劳动鼎盛期。青年参加工作，进入社会后，奋斗目标开始逐渐清晰起来，并开始有具体的行动计划。随着工作性质或环境的改变，目标会有所调整。在青年选择职业时，有些人将职业选择与青年预备期树立的理想结合起来，将理想化为有计划的具体目标，向着理想迈进。能成就大事业者，大部分是这些人。年轻时树立的理想能不能实现，取决于从事的职业与理想是否相符。现实与理想相去甚远，如不及时调整奋斗目标，势必成为随流者，甚至一生都随波逐流。在现实中，真正能将职业与年轻时的理想结合起来的人并不多。从现实的角度看，如果职业选择与年轻时的理想不一致，还是按现在从事的职业重新选择奋斗目标为好，实现了抱负的人大部分是这样的人。从结果看，实现了抱负的人在人群中只占少数。原因是多方面的：第一，职业与理想不一致；第二，目标高，条件差，实现难度大；第三，自身努力不够。实现不了抱负的人占大多数，换句话说，随流性的人占了大多数。从人群分布看，被位者（被领导者）是以随流性为主的人，主位者（领导者）是以目标性为主的人。在现实中，过了不惑之年的大部分被位者，已将理想抱负丢到脑后，享受生活是最自然、最现实的选择。主位者大多还在为理想而奋斗，他们是最有可能实现理想抱负的人。人的退休期长达二三十年或更长时间，假如以十年为一期，可将退休期划分为三个时段：前期、中期和末期。在退休前期，身体好的人基本上还在奋斗，身体不好的人就以随流性为主了，还有少部分人仍在为实现理想而努力着。他们因为职业与理想脱节，不能在职业中实现理想，退休后有大量的时间和精力为实现毕生的理想而努力奋斗，其中也有成就显著者，可谓大器晚成。在退休中期还在劳动的人，大多是知识精英，其中极少数人到退休末期还在继续研究、写作。

和目标特性有关的还有人的计划特性，即人是兼有应付性与计划性的计划性阴阳合一体，应付性是阴子，计划性是阳子。计划显然有两种：一种是为长期或较长期的目标所做的计划；另一种是与长期目标或阶段目标无关的计划，是工作性的或生活性的计划，可称为非理想性计划或日常计划。总的来说，人是计划性很强的物种，通常在行动前就计划好了行动的目标和步骤。人是唯一有计划能力的物种，因而具有计划特性。这与动物有根本的区别。动物的行为是受内外刺激而产生的，事前都没有计划，因而受应激性主导。有些动物为过冬而提早储备食物的行动是本能行为，而非计划行为，动物也没有计划能力。但是，人不是每项行动都有事前计划，即兴行为也是常见的。

随流性并不等于没有计划性，随流性仅指没有长期或较长期目标，并不等于日常行为没有计划。同样，目标性也不等于事事都受计划指导。

第二节 人的信心特性

以人的信心状态为辨析尺度，得到人的信心特性的辨析：人是既自信又不自信的信心阴阳合一体，不自信是阴子，自信是阳子。

人类整体和人类个人都是既自信又不自信的信心阴阳合一体。人类的自信来源于人的理觉和悟觉的强大能力。理觉和悟觉使人类脱离了极缓慢的生物进化的羊肠小路，踏上了加速发展的文化进化的康庄大道，从而成为最高级的物种。但是，人类的自信是由不自信开始的。原始人类对自然现象和自然力感到迷惘无知和恐惧，是不自信的。是人类的理觉智能使人开始广泛使用工具，又懂得了合作能使力量倍增，这才使人类对战胜动物具有了较强的信心。人类初民不仅建立了原始畜牧业和原始农业，而且解决了动物不能解决的食物储存问题，这对彻底摆脱饥饿约束性具有决定性意义。人类在摆脱饥饿约束性的历史进程中的每一步成功，都极大地提升了自己的自信心。

人类似乎充满自信，但同时又是不自信的。不自信来自内外两方面。从外部来说，人类的能力在巨大的自然力面前至今还显得微不足道，对地震、飓风等束手无策，对沙漠化的扩大忧心忡忡，对不断变异的病毒还找不到有效的应对手段，等等。从人类内部来说，人类悟觉本身所表达的统治欲、超群性使人类一直处于战争的阴影中，至今仍未找到完全消灭战争的手段。人类自身的一些发明和创造使人类处于可能发生的灭顶之灾中，如核武器、合成病毒、基因武器等。不过，人类自信还是主要的。因为人们知道，随着科技的进步，人类的生活水平一代比一代高，个人的自由一代比一代多，个性的解放程度一代比一代强，社会民主一代比一代广泛，人的寿命一代比一代长，等等。

个人也是自信与不自信的信心阴阳合一体。个人的自信也是从不自信开始的。儿童是不自信的，因为他们的认知能力差，解决问题的能力差，所以没有自信。随着年龄的增长和学习能力的提高，儿童的认知能力和解决问题的能力逐步得到提高，与此同时，他们的自信度也在逐步提高，直到成年时自信水平才超过不自信水平。人从幼儿到成年的信心特性的展现过程再现了人类从初民到现代人的信心特性发展的历史过程。

成年以后,每个人依然在自信的同时又不自信。人类的活动类型多种多样,每个人只能在极少数领域获得一定的成功。在自己能获得一定程度成功的领域里,也是人才辈出,要想独领风骚,谈何容易!所以,从这两个方面看,人是很不自信的。但是,如果不是以独占鳌头为目标,在自己擅长的领域里获得一定程度的成功,可能性还是很大的。正因为如此,凭着自己的才能,人们都能获得一定的经济收益,能养家糊口、安身立命,过着快乐的生活。这充分说明,人是自信的,而且以自信为主。

自信对每个人都极其重要。自信是获得成功的第一保证、前提条件。自信与成功是相互作用的关系:自信多一点,成功的可能性就大一点;成功多一些,自信就多一些,这是自信与成功的你强我就强的相互鼓舞关系。相反,如果自信少一点,成功的可能性就小一点;而成功少一些,自信就少一些,这是自信与成功的你弱我就弱的相互泄气关系。自信与成功既有相互鼓舞关系,又有相互泄气关系,这就看个人选择了。自信和成功都不是凭空而来的,而是建立在个人能力基础上的。能力的提高是渐进的过程,是努力学习和反复实践的过程,而要坚持这个过程,最需要的是毅力、意志。

帮助未成年人建立自信心是极为重要的,因为这对其成年以后提高自信心水平有极大的作用。对儿童的任何微小的成功、任何新的创造、任何新的探索、任何耐心坚持的操作都应该加以鼓励和表扬,这对树立其自信心是极其关键的。对儿童绝不能动不动就批评,即使他做错了或不成功,也要加以鼓励和引导。我们要培养儿童的上进心,这要从培养其自信心开始,自信心强,上进心才有可能强。

一、人的比性特性

人是不满足的、得寸进尺的、向上的,将这种特性简称为比进性。"比"是比较的意思,有两种"比",他比——和别人比,自比——和自己以前比;"进"是进一步的意思。比进性就是永不满足的特性。人们总说"人是贪得无厌的",这种说法是有根据的。人的贪性来源于人的状态特性。以比性的类型为辨析尺度，得到人的比性辨析：人是由实体比择性与领悟比进性辨析构成的比性阴阳合一体，比择性是阴子，比进性是阳子。所谓实体比择性，是指人们将同类实体以某种模板为基准进行比较，然后进行选择的特性。所谓领悟比进性，是指人们将自己与自己领悟到的领先对象（即模板）进行比较，然后提出自己上进目标的特性。

比性是指人喜爱通过比较的方法对事物进行认识或选择的特性。这种特性既可以理解为悟觉因为不自信而采取谨慎的态度，也可以理解为悟觉自信地确认比较的方法是认识事物、选择事物的正确方法，甚至是唯一正确的方法而加以采用。

有参照物才能比较，用来进行比较的参照物称为比较模板。

（一）人的实体比择性

人们在购物时用来进行比较的模板，通常称为"托"。最常见的托有"衬托"和"势托"。

"衬托"被大量地运用在销售策略中。货比三家取其中，人们往往不取最好最贵的，也不取最差最便宜的，大多取中档的。那么，高档的和低档的商品就是"托"，将中档商品衬托出来。不妨将被衬托的中档商品称为"托隐"，即隐藏在"托"后面的东西。例如，酒家的菜单有高、中、低三档酒菜，中档酒菜是"托隐"，是酒家的主打酒菜。又如，笔者去买果汁机，事先不知道有哪些牌子及价位，经过比较，中档的果汁机成为笔者的首选。

"势托"是另一种比较模板。故意或无意地形成众多人去选择的局面，这个局面就是势托。很多人排队购买某种商品，就会吸引原先想买这种商品的人去购买；一些人原先并没想头，见到势托局面后也可能临时决定购买，这叫"羊群效应"。

（二）人的领悟比进性

人们普遍有攀比心理，攀比心理就是比进性。比进也需要参照物，这种参照物是自己领悟到的比自己优秀的、领先的、进步的对象，这些对象就是比进模板，简称比进模。比进模是自己追赶的对象、崇拜的对象、学习的对象，甚至是嫉妒的对象，对人生极其重要。比进模就在我们的生活圈中。将生活半径内的比进模称为径内比进模，简称径内模。

人们在生活、工作中总喜欢与别人，尤其是与自己同类的人做各种对比，如比收入、比地位、比消费（比住房、比汽车、比吃穿、比旅游等）、比人脉、比配偶、比子女等，其中有些人被自己作为追赶对象，这些对象就是自己的比进模。比进模有很多种，例如：

地位晋升模：同学、同事、同龄人晋升了，就成为自己追赶的对象。

消费模：生活半径内的同类人穿戴了名牌商品、买了新车、住上了新房、去旅游、去健身、去美容等，都可能成为效仿的模。

投资模：你种大蒜赚了钱，明年我也种大蒜；你开茶楼生意好，我也开一间茶楼；你做煤炭生意发了大财，我也去投资煤炭；你做房地产成为富翁，我也投资房地产行业；你在网上开店能挣钱，我也试试看。投资模种类很多。地方特色农产品、地方特色小工业商品、地方特色手工商品等，都是比进投资模发挥示范作用的结果。

生活半径外的领先对象也能成为自己效仿的对象，这样的对象就是径外比进模。径外比进模也有很多种，例如：

魅力人物模：先进人物、英雄人物、魅力领导人等都可能成为自己学习的榜样。

时尚模：明星的发式、穿戴、扮相能迅速成为流行潮流，这是时尚模。

爱心模：有人在关爱灾民、残疾人、孕妇、儿童、老人等弱势人群方面有爱心之举，也能形成被大众效仿的模。

冷漠模：爱心行为如果受到曲解，就可能成为不好的模。例如，扶助受伤老人反被诬陷又得不到公正处理的事件，就可能成为今后社会冷漠行为的模；制止偷盗、打劫，因为无人相助，甚至得不到受害人支持而受伤害的事件，也可能成为社会冷漠行为模。冷漠模是比退模，比退模也广泛存在，有比进就有比退，它们本来就是相比较而存在的。

二、人的样态特性

以样态展现类型为辨析尺度，对样态做如下辨析：人是由展示性与隐蔽性辨析构成的样态阴阳合一体，掩饰性是阴子，展示性是阳子。所谓样态，就是展现出来的样子和状态。

人们每天都必定以某些样子和状态向他人呈现自己，有时以一种方式展示自己的一部分，有时又以另一种方式掩盖自己的另一部分，大多数人同时既展示自己的一部分，又掩盖自己的另一部分。

动物也有展示性与掩饰性兼而有之的样态特性。例如，动物的皮肤、皮毛通常都要与周围环境的颜色相同或相近，有些动物的形态和体色与树枝、树叶极其相似，这些伪装色或伪装形态，或者是为了保护自己不被天敌发现，或者是为了不被猎物发现而便于捕猎。有些昆虫会装死，以逃过被吃的命运。除了极少数位于食物链顶端的动物，绝大部分动物的生存环境都很险恶，为了生存，就必须掩饰自己。动物的掩饰通常有静态掩饰和动态掩饰两种表现形式，保护色、伪装形态等属于静态掩饰，装死或隐藏身体属于动态掩饰。动物的展示特性相对于掩饰特性来说不是很显著，但也有所表现。虚张声势是动物最常见的展示行为。遇到敌人，就将毛竖起来，使身体看上去更大，同时龇牙咧嘴、怒目圆睁、抬高身体等，这些都是用来威慑敌人的。总的来说，动物的样态表现形式比较简单，一个特定的动物只有一两种样态表现形式，而且大部分是遗传的、不变的形式。

人的样态形式极其多样，但归纳起来可分为展示性和掩饰性两大类。这些形式主要是通过学习得来的。注意：样态形式是习得的，但样态特性却是遗传的。

虽然形式只有两大类，目的却是多样化的。从样态呈现目的来说，有真假、善恶、美丑之分。

人的样态特性还有有意性与无意性之分。人们每天呈现的样态通常是无意性样态，是自发呈现的样态。无意呈现样态的最大好处是不需要费心思、费精力，减少大脑的能耗。根据能量最小法则，人们会自发地无意呈现样态。有意呈现某种样态是要费心思的，要时时提醒自己才能保持那种样态不变，这要比平时多耗费很多精力，不符合能量最小法则，不容易做到，只有极细心、精力极旺盛的人才可能做到。但是，如果有意样态每天都要呈现，时间久了，又有转化为无意样态的可能。

第三节 人的二界特性

以虚实为辨析尺度，将人的思想和行为活动的领域性做如下辨析：人是同时受现实性和虚拟性控制的二界阴阳合一体，受现实性控制是阴子，受虚拟性控制是阳子。

每个人都既生活在现实世界中，又生活在虚拟世界中。什么叫虚拟？"虚"与"实"相对，即指空、无、假、抽象等；"拟"指揣度、模仿、假设、设计等。虚拟思维就是主观地想象、虚构、编造、假设、设想等活动。每个人每天都有许多虚拟性思维活动，而这些活动对人的生存有不可或缺的作用。

将人活动的现实世界称为"实界"，简记为 S 界；将人活动的虚拟世界称为"虚界"，简记为 X 界。值得注意的是，人们有时还思维或活动在虚拟与现实的交界面上，亦虚亦实，亦真亦幻，可将这个交界面世界称为"介界"，简记为 J 界。

现实世界是人活动的主要世界，但它是有限的、受控的，人在其中很难获得完全的自由，因而是会使人感到无奈的世界。人为了在心理上获得完全自由，就虚拟了形形色色的想象中的世界，这些世界是无限的、自由的。虚拟空间可大可小、忽东忽西，一个人甚至可以同时在两个以上的地方活动；虚拟时间是可变的，可长可短、可前可后，一个人甚至可以同时与不同地方的人玩耍，或同时与已经死去的人和现在活着的人对话；虚拟速度可以随心所欲地变换，想快就快、想慢就慢。在虚拟世界里，可以回避无奈，可以无限地享受想象中的快乐，可以想象自己成功的喜悦……

人们是按照自己的需要来虚拟世界的，不同的人有不同的需要，所以不同的人会做不同的虚拟。虚拟世界有无限多，我们只能列出大致的种类。

1. X 界——虚拟世界

X1 类虚拟——天堂理论类：宗教设想的极乐世界，是上帝和神仙生活的世界。这些宗教的极乐世界理论告诉人们，只要听从上帝的旨意，普通人也可以进入极乐世界。将宗教提出的极乐世界理论称为宗教天堂理论，将社会贤达提出的天堂理论称为贤达天堂理论。主要的贤达天堂理论有天下大同理论、乌托邦理论和共产主义理论。两类天堂理论都是虚拟出来的，但是两者有本质上的不同，因为贤达理论有实现的可能，即使是短暂的实现。共产主义理想对于共产党人的思维和行动的决定性影响是人所共知的；天下大同、乌托邦理论对于人类社会的发展规划的影响也是可以看到的。

X2 类虚拟——比附艺术类：艺术类作品或表演大多是虚拟的。小说是虚构的，由小说改编的电影、电视剧、戏剧等的内容当然也是虚构的。诗歌如果没有虚构、比拟、附和等艺术手法，就不能称为诗歌。美术、音乐作品及其展示也是虚构的或比附的。只有懂得交响乐虚拟规则的人才能欣赏交响乐，不懂这些虚拟规则的人就不知道演奏家们在表达什么。伟大的美术家画了一幅人物画，这个画作之所以伟大，是美术家及美术批评家们说它伟大。不懂美术的人看《蒙娜丽莎》，觉得它只是一幅普通的人物画而已，体会不到它的伟大。舞蹈显然也是比拟的、虚构的。

X3 类虚拟——网络虚拟类：网络虚拟活动正热火朝天、蓬蓬勃勃地高速发展着，网络虚拟活动究竟将发展到何种程度，现在还难以预料。

X4 类虚拟——个人幻想类：情感满足幻想、征服成功幻想、成仙成佛幻想等，几乎是大多数人日常思维活动的一部分。人是爱幻想的，在幻想中得到宣泄或满足。

X 界的四类虚拟，对人类社会和个人都有着巨大的影响和内驱作用。

2. J 界

J1 类——仿真演示类。仿真技术是极重要的技术，在科学研究和工程设计中具有重要的地位。它既是假的，又是真的，如核爆炸仿真、水坝受力仿真、风洞仿真等。

J2 类——虚拟操作类。例如，汽车驾驶训练可以在模拟机上进行，操作者可以把转向盘和路况看成假的，也可以把它们看成真的。航天员训练首先要在地面进行仿真练习。假中包含着真，仿真训练才有意义。

J3——虚拟经济类。股票、期权、债券等的运作都是虚拟经济运作，虚拟经济已经成为巨大的力量，对实体经济发挥着重要作用。它们是虚的，也是真的。

J4——迷思着魔类。此类与幻想类有些相似，但幻想不一定着迷。幻想者保持着清醒的心智，只不过在幻想中获得快乐而已；而迷思着魔者已经灵智模糊了，有时甚至分不清现实和虚幻。

J5类——VR、AR、元宇宙等也是虚实交界的界面，这是正蓬勃发展的行业。

第四章　人的适应环境的特性

在人与环境的关系问题上,历来有两种相反的观点:一种观点认为,人受环境的制约和影响,人是环境的产物;另一种观点认为,人改造了环境,改造了世界,人是环境的主人。笔者认为,首先要区分两类环境,即被人加工及创造的人化环境与没有被人加工过的纯自然环境;其次要将人分为人类总体和人类个体两个主体。要在两个主体面对两种环境时分别进行讨论,这样就有四种关系:人类总体与人化环境的关系、人类总体与纯自然环境的关系、人类个体与人化环境的关系、人类个体与纯自然环境的关系。

在人类总体与人化环境的关系中,人类总体是人化环境的主人,因为人化环境是人类改造或创造出来的环境。但是,人类创造的人化环境又反过来作用于人类自身,使人类必须适应自己创造出来的新环境。人类在改造世界和适应新世界的过程中,自身又得到了进步,得到进步的人类又会进一步创造更新的世界,在创造更新的世界和适应这个更新世界的过程中,人类又得到更进一步的发展……人类和人化环境就是这样相互作用、相互促进地发展着。

在人类总体与纯自然环境的关系中,人类不是纯自然环境的主人。不过,目前地球上没有受人类影响的自然环境已经极少了,大概只剩下深海了。人类对地震、海啸、飓风等地球尺度的自然力,目前还无能为力。与人类生存密切相关的太阳系的星球算是纯自然环境,人们对其知之甚少,更无能为力。

从人类个体来说,人与环境的关系就颠倒过来了:个人改变社会环境的力量微不足道,即使伟人也是如此。从历史上看,伟人是由他所处的历史环境塑造出来的,其活动必定受他所处环境的制约,这就是前人说的——时势造英雄,而不是英雄造时势。前文说过,人的本原阳子具有质的规定性,说的就是环境对个人的成长具有决定性意义。环境不仅对成长中的未成年人具有决定性意义，对成人也有巨大的作用。不过，个人适应环境是主动适应，而不是像动物那样被动适应。个人会通过主观努力，充分把握环境中的有利条件和机遇而实现自己的目的。

人的本原阳子在本原阴子的基础上在人类社会环境中形成的特性称为人的环境性特性；或者说，个人适应人类社会环境的生存策略称为人的环境性特性。自然环境对动物的生存策略来说是主要环境，但对人的生存策略来说是次要环境。自然环境对人的常规影响主要表现在地理和气候方面，不同的纬度、地貌、物产、季节对人的影响较大。自然环境的变化有短律变化、长律变化及非规律性变化三种。从人的适应性看，自然环境的变化主要有变化力度较小的常规变化和变化力度很大的巨变两种。巨变是一个未知数，无法知道人能否适应；而对于常规变化，人基本都已经适应了。所以本节不讨论自然环境对人的影响。

人的环境性总特性是适应性，但这种适应性表现出两极性的相互辨析：人是抗境变性与适境变性辨析构成的适应性阴阳合一体，抗境变性是阴子，适境变性是阳子，这就是人的总的环境性特性。这里用的辨析尺度是人适应环境的极性。将抗境变性简称为抗变性、抗性，将适境变性简称为适变性、适性，两者都是适应特性。所谓抗变性与适变性的相互辨析是指，有时只以抗变性适应而完全排除或部分排除适变性，有时又以适变性适应而完全排除或部分排除抗变性。人在任何时候都处于某种环境中，环境通常也都处于不断变化之中，但环境的变化程度有很大的差别。程度小的环境变化，人们适应它并不难；程度大的环境变化，人们要适应它就很难，甚至完全不能适应。个人适应环境变化还有主动与被动之分。主动投入与自己原来所处环境差异大的陌生环境，主动接受陌生环境压力，称为主动适应；反之，个人被动地接受与原来的环境差异大的陌生环境的适应，称为被动适应。无论主动适应或被动适应，都有抗变性和适变性的表现。

从文字上看这条适应性总特性的表述，似乎和没说差不多，其实人的环境性总特性蕴藏着人类社会文化的最大秘密。

总的来说，社会环境变化都是人类自己活动的结果。小的社会环境变化暂不讨论，大的社会环境变化对置身于其中的每个人的压力适应状况就要分情况进行详细研究，其重点是研究社会环境为什么会发生这么大的变化，环境中的不同类型的人需要怎样适应这种巨大的变化。对于社会环境的剧烈变化，人们大多从工具发展、经济发展、阶级斗争等方面进行分析，其实还应从人的特性方面进行分析。由于以往对人的特性几乎没有系统全面的研究，学者们只笼统地使用"人性"概念，至于人性的内涵及外延是什么，使用此概念的学者自己也不清楚。本书较系统地研究了人的特性，提出了一系列的论点，对人性的认识前进了一步。

社会环境对个人行为的影响是以社会压力形式表现出来的。人是赋性策动与社会环境压力策动共同作用的行为阴阳合一体。赋性策动是阴子，社会环境压力策动是阳子。这里的辨析尺度是行为动力的基本类型。所谓赋性策动，是指人由先天特性来决定行动的倾向，这种倾向往往可能造成不理智行动。但是，人并不是完全由先天赋性来决定每一个行动的，还依据社会环境来决定行动。所谓社会环境压力策动，是指人根据社会压力而行动的动力性。每一个成年人几乎每天都生活在赋性策动与社会环境压力策动的纠结之中，有时是赋性策动占上风，就按照特性行动；有时是社会环境压力策动占上风，就屈从社会环境压力而行动。

人类所面临的环境多种多样，根据区分角度的不同，会出现各种不同的环境概念。

根据经济基础与上层建筑的关系，可将人类面临的环境辨析为经济环境和文化环境❶两大类。因此，人的环境性特性就分为经济环境性特性与文化环境性特性两类，简称经济性特性和文化性特性，显然，经济性特性是阴子，文化性特性是阳子。阴阳辨析告诉我们，人的经济性特性与文化性特性是相互龃龉又相互依赖的，是相反相成又相辅相成的，是你中有我、我中有你的关系，人的经济行为中常常包含着文化的考量，而人的文化行为中又常常包含着经济的考量，因此不能孤立地去理解和对待它们。由于文化及文化环境的概念过于宽泛和复杂，本书不予讨论。

---

❶ 关于文化的概念，至今没有统一的内涵和外延。此处将文化环境与经济环境相对应。

第一节　人的经济性特性

人为了生存而适应人类社会经济环境的生存策略称为人的经济性特性。我们遇到的最大的经济环境是生产资料所有制的环境。生产资料所有制有公有制与私有制两种性质相反的经济制度，在这两种不同性质的所有制环境下，人的经济行为既有相同之处，也有不同之处。

一、人的要域利益性

以最大生存要域（国家）的利益为辨析尺度，得到如下辨析：人是由利私性与利公性辨析构成的要域利益性阴阳合一体，利私性是阴子，利公性是阳子。利私与利公是以最大生存要域的利益为基准来划分的：利于最大生存要域、利于公共秩序和利益的思想与行为属于利公思想和行为；利于最小生存要域（家庭）的思想和行为属于利私思想和行为。每个成年人都既是利私的又是利公的，既是爱家的也是爱国的。

最小要域紧紧依附于最大要域而存在，最大要域的利益高于最小要域的利益，最大要域存在的价值是保障最小要域的安全和幸福。

两个要域之间的利益是紧密相连的。利私与利公，或者说利家与利国在经济利益上的矛盾是每个成年人必须面对的经常性问题。给国家的多了，家庭利益就少了；给国家的少了，家庭利益就多了。对于两个要域之间的利益，私有制国家通常用税法来调节。公民是否积极纳税，不仅与其纳税觉悟有关，也与税种、税目、税率设置是否合理相关。

是否利公不仅表现在利益的调节（纳税）方面，还表现在是否背叛国家利益方面。在纳税方面表现不完美，并不等于不爱国。背叛国家利益则是与之完全不同的性质，这种行为主要有窃国和叛国两种形式。

利己与利他和利私与利公是两个既有区别又有联系的德行分野，因为它们的划分标准不同。利己与利他是以个人利益为基准来划分的，利私与利公是以最大生存要域利益为基准来划分的。两者的相同之处是,当一个人有家时,利私所得的好处用于家庭,通常利于自己,利己所得的好处通常也用于家庭,即利私,这时利己与利私难以区分。但有少数人利己所得的好处不是贡献给家庭,而是统统归己所有,他的利己之利并不利私。

利他与利公容易区分。帮助了他人却不一定利于国家,例如,帮助他人隐瞒案情、藏匿赃物、窝藏罪犯是利他,却有害于国家,这个受益的他人并不一定是家人。可见利他不等于利公,也不等于利私。因此区分利他与利公是必要的。但有时利他也是利公的,例如,遵守公共秩序就既利他也利公,其实也利己。

从全球化来看,应该设立第三个坐标,即以全人类共同利益(全域)为坐标来划分集团、政府及个人的行为德行性质,将有利于全域的行为性质称为利人类性;反之,称为害人类性。其中既包含着国家之间、民族之间的利益关系,也包含着个人与其他国家、民族、人民之间的利益关系。

西方普遍只以利己与利他来论述人的行为,却忽略了对人的利私与利公行为的讨论,这是失之偏颇的学术角度。

二、人的经济行为的内在动力性经济特性

在非暴力胁迫的情况下,人的任何经济行为都来自某种内在动力。以内在动力的类型为辨析尺度,对人的内在经济动力特性做如下辨析:人是经济回报动力性与社会价值回报动力性共同作用的经济行为内在动力性阴阳合一体,经济回报动力性是阴子,社会价值回报动力性是阳子。所谓经济回报动力性,是指人们根据经济回报的多少来衡量自己付出的劳动时间多少和劳动质量高低的劳动动力特性。所谓社会价值回报动力性,是指人们希望通过经济行为来最大限度地体现自身的社会价值的劳动动力特性。有些人劳动主要不是为了获得更多的经济利益,而是为了展示自己的创造力,对社会做出贡献,从而体现自身存在的价值。我国的许多科学家、思想家、发明家默默地为国家工作,他们主要不是为了经济利益。

三、人的位间经济特性

人的位间经济行为特性是指在经济组织中处于不同地位的人之间在经济活动中表现的特性。以人的经济行为与其经济地位是否有关为尺度，对人的经济地位性特性做如下辨析：人是地位因变性与非地位因变性共同作用的经济地位性阴阳合一体，地位因变性是阴子，非地位因变性是阳子。所谓地位因变性，是指人们的经济行为随自己的经济地位变化而变化的经济行为特性；所谓非地位因变性，是指人们的经济行为不随自己的经济地位变化而变化的经济行为特性。

地位因变性是人的最基本的经济行为特性。人在什么地位上，就说符合该地位的话、做符合该地位的事，而且必须这样说、这样做。例如，资本家就必须像绝大多数资本家那样思维和行动，而不能像被雇佣者那样思维和行动，也不能像官员那样思维和行动。被雇佣者不可能像资本家那样思维和行动，而只能像绝大多数被雇佣者那样思维和行动。被雇佣者也分两大类：一类是工人，另一类是管理者，工人和管理者内部各有一些等级。工人与管理者的思维和行动在有些问题上是相同的，因为他们都处于被雇佣的地位；但两者在有些问题上又是不同的，因为他们的任务和职责不同，从而形成不完全相同的经济地位。工人中有不同的等级，管理者中也有不同的等级，这些处于不同等级的被雇佣者之间，在思维和行动上都会表现出差异。我们要理解人，首先要理解地位因变性对人的作用。人的经济行为是其经济地位的函数。

但是，人不是在所有的经济行为中都受经济地位的制约，当人们不再以经济回报为目标，而以实现自己的社会价值为目标时，就不受经济地位的制约了。

（一）主位间特性

在主位者内部，主位者是既有相互协作性，又有相互竞争性的主位间竞协阴阳合一体，相互协作性是阴子，相互竞争性是阳子，辨析尺度是主位者之间的经济关系。

主位者们在经济行为上相互协作以统一行规（产品的标准、规格、型号等）、统一行动、操纵物价，有利于行业间的竞争，也有利于控制市场，还有利于应对消费者、被雇佣者及其工会，甚至应对政府。各种行业协会就是主位者相互协作的特征性体现。这种主位者协作还越过国界，扩展到世界范围，最具代表性的是欧佩克（石油输出国组织）。

主位者之间还有激烈的内部竞争，目的主要是扩大和控制市场。大鱼吃小鱼、小鱼吃小虾、小虾吃水藻的现象在商场上司空见惯。这种竞争性直接导致市场主体相互吞并和垄断。几乎每个资本家都处于行业内激烈的竞争之中，稍有不慎，其市场份额就会下降，甚至被完全挤出市场。公司倒闭是企业竞争的结果，是市场经济中的正常现象。

主位间竞协阴阳合一性是市场经济下商业环境的必然产物。任何人只要置身其中，就必然具有这种适性，这是由商业利益决定的。从这个意义上说，人的某些适性是环境的变量。商场塑造人的商场特性，官场塑造人的官场特性。但是，官场上的这种主位间特性的表现通常是隐蔽的，尤其是相互竞争性更为隐蔽。这点与商场上的表现方式有很大不同。商场上的相互协作性和相互竞争性是公开的，有时还是大张旗鼓进行的。

（二）主被被特性

主被被特性是指在主位者与被位者间的被位者的特性。以被位者对主位者策略方式为辨析尺度，得到主被被特性的辨析：被位者是既有反抗性又有妥协性的主被被经济性阴阳合一体。

马克思的剩余价值学说揭示了资本家取财的秘密，同时也揭示了工人受剥削的秘密。被压迫、被剥削者进行反抗是必然的。剥削越重，压迫越久，反抗就越强烈。根据阴阳论，被位者在具有反抗性的同时，也具有妥协性。因为反抗本身不是目的，获取更多的生活资料才是目的。只要主位者能适当提高被位者的收入，被位者即使不是很满意，通常也会停止反抗。

这种在压力下反抗性与妥协性相配合的抗妥统一性会扩展到人的其他活动领域，而成为人的重要特性。在被领导者与领导者之间、被剥削者与剥削者之间，被位者大多具有抗妥性。

(三) 主被主特性

主被主特性是指在主位者与被位者之间的主位者的特性。以主位者对被位者策略方式为辨析尺度，得到如下主被主特性的辨析：主位者是既有剥削性又有绥靖性的主被主经济性阴阳合一体。

主位者只有剥削被位者（的剩余价值），其财富才能增长。他们希望从被剥削者身上取得最大的剩余价值，这就是主位者对被位者的剥削性。他们通过主位者之间的协作来达到这一目的，使被剥削者难有选择的余地而被迫忍受剥削。但是，主位者知道，必须给被剥削者以生活出路，否则被位者必定会进行激烈的反抗，因此，他们被迫对被位者进行安抚。这种安抚不是良心使然，而是为了使被位者失去反抗性，从而使自己能稳定地继续剥削下去。资本主义制度下的许多福利政策都属于这种安抚性质。

(四) 管理者特性

工厂、公司通常都设立了多层管理机构，按照管理需要雇佣了负责各种业务的管理人员。这些管理者的业务能力、效率及对公司的忠诚度对公司的生存和发展有着极大影响。这些管理者虽然也是被位者，但他们的作用和地位与工人是极不相同的。在地位上，他们处于决策层与工人之间；在作用上，他们是所有决策的第一级执行者，是决策能否贯彻的关键；在能力上，他们中的某些人与决策层成员的能力不相上下，有的甚至超过某些决策者。管理者的地位和作用塑造了他们的经济特性。管理者的经济特性体现在管理者与决策者、管理者之间、管理者与工人这三个方面。关于管理者的经济特性，本书不予讨论。

四、公有制下的个人经济活动特性

生产资料公有制在人类历史上只出现过两次，第一次是原始共产主义社会，第二次是20世纪中叶在苏联、东欧、东亚三国（中国、朝鲜、越南）及古巴建立的公有制社会。

人的经济行为在公有制中与在私有制中的表现既有相同之处，也有很多不同之处。争位性在任何所有制中都会有所表现，因为它是超群性的表现之一。

地位的差别不仅导致经济收入的差别，还导致其他地位效应的差别，如权力、荣誉、附属待遇等。但是，在不同所有制中，地位效应度有很大差别。在私有制中，地位效应度很大；而在公有制中，地位效应度较小。在公有制中，一个厂长只有组织生产的权力，却没有分配职工工资的权力；而私有制中的生产资料占有者拥有决定雇佣者在本企业经济性的一切权力。由于地位效应不同，争位性在私有制中表现得突出，在公有制中表现得相对较弱。

社会价值回报动力性的大小与觉悟紧密相连，所以，无论在公有制或私有制中，个体表现都因人而异，因为觉悟是悟觉思维，具有玄量性。私有制中的经济回报性是主要动力，而价值回报动力性影响不大；公有制则有所不同，因为经济回报动力已经被抹杀殆尽，社会价值回报动力性就充当了主角。社会价值回报动力性是悟觉思维的结果，是一个玄量，具有很大的不确定性。所以在公有制中，有的人劳动积极性高、责任心强，有的人积极性和责任心都弱，这是公有制中的普遍现象，也是悟觉的典型表现之一。公有制的实践将人的内在劳动动力性主要建立在玄量之上，这是对人的特性研究的欠缺导致的经济学研究的缺陷。马克思看到了这一点，所以他规定社会主义阶段要实现按劳分配，而不是"大锅饭"；在描述共产主义的按需分配政策时，他提出了必需条件之一是人人具有共产主义觉悟，劳动成为每个人的自觉需要。

地位因变性在公有制中的表现与在私有制的表现没有多大差别。人的经济行为是其经济地位的因变量的适性在公有制中没有受到较大改变。但是，位间经济适性在公有制中与在私有制中的表现在性质上完全不同，因为在公有制中，劳动者的经济地位在主体上是平等的，没有资产拥有者与雇佣者的区别，大家都是社会的主人、工厂的主人。虽然仍然存在主位与被位的差别，但这种差别不是经济地位上的差别，而是管理需要上的差别。

经过以上对比分析我们看到，公有制对人在私有制下形成的经济性适性做了较大的改变，这些改变主要体现在经济地位的平等上。由于经济地位的平等，地位的光环效应就小很多，这使得争位性大为减弱，使得位间特性基本失去作用。

第二节　人的德特性

人的德行外延主要有利益性德行和情感性德行，此处主要讨论人的利益性德行。人的利益性德行主要反映人在利益得失上的善恶性。

人的利益性德行是反映人在利益得失上表现的动机、手段和效果的善恶性。以德行的极性为辨析尺度，对人的利益性德行做如下辨析：人是由恶性与善性辨析构成的利益性德行阴阳合一体，恶性是阴子，善性是阳子。每个人都既有善性也有恶性。

什么是善？什么是恶？善从何而来？恶又从何而来？

站在动物的角度看，动物有善性或恶性吗？答案是没有。站在人的角度看，能将动物区分为善的或恶的吗？答案是不能。食肉动物使用伪装、隐蔽、欺骗、引诱、暴力、凶杀等手段来捕猎，每一次捕猎都有极其恐怖的血腥场面，能说这些食肉动物是凶恶的吗？还是不能。食物链上的每一种动物都要生存，因此无所谓善恶。那么人类的善恶从何而来？德行规范又从何而来？从动物进化而来的人类，一开始应该也是不能区分善恶的，更无德行的观念。

人类一开始就是群居的，氏族是原始人类最初的生存要域。"我们"指要域内的自己人，"他们"是要域外的人。为了生存，必须有某些规则来调整各个"我"的关系，即调节生存要域内的人与人之间的关系。要明确每个人"应该怎么做""不应该怎么做"，规则、规范的观念就产生了。这些规则、规范并没有强制推行，因为那时生存要域内还没有强制执行的权力机构。所以，只能用舆论去推行那些规则规范，对违背者只能进行舆论谴责，使他抬不起头来。这些规则、规范不是法律，只是风俗、习惯而已。在原始共产主义社会，只有"做对了""做错了"的对错观念，或"应该怎么做""不应该怎么做"的观念，但这些都不是善恶观念。这些风俗、习惯就是私有制产生后形成的品德内容。

根据新生事物发生阴阳律❶来看，任何事物要么是阴阳交合下生的产物，要么是阴阳耦合上生的产物。善恶观念就是德的观念，善恶观念的产生，是善恶事实与悟觉领悟心智阴阳耦合的产物，两者缺一不可。这就是说，当人类社会（人类阴阳场）中出现了善恶的事实，人类又进化出能够领悟、区分善和恶的心智能力时，善恶观念才能产生，也必定会产生。动物界到处充满着血淋淋的事实，但动物没有领悟善恶的心智能力，所以动物没有善恶的观念。蒙昧人类只有理觉，没有悟觉，就不会产生善恶观念。进化出悟觉的自觉人类，才有可能产生善恶观念。自觉人类一开始出现在原始共产主义社会，那时人类过着平等公正的生活，人和人（人际阴阳场）之间没有善恶事实的存在。所以，在原始共产主义社会只有"做对了"与"做错了"的观念，而没有善恶观念。到了奴隶社会，对奴隶的极端残暴的行为出现了，即恶的事实产生了。人们对照原始共产主义社会平等的生活，在与恶的事实的对比中，善的事实也被发现了。善恶事实和悟觉心智都有了，两者经过结合，于是恶与善的观念同时产生了。所以，最初的恶是指对无辜的人的生命或尊严的剥夺，最初的善是指对人的生命和尊严的爱护与尊重。善恶观念产生后，对与错等观念也被纳入善恶观念中了。

善恶指向三个内容：动机、手段和效果。本书将品德的性质辨析为道德和悖德，道德的核心是善，悖德的核心是恶，道德与悖德是一对阴阳子。这样，动机、手段和效果都各自辨析为道德的和悖德的。将动机、手段、效果称为德行三要素，动机是第一德行要素，手段是第二德行要素，效果是第三德行要素。判断德行善恶，首先要看第一德行要素，即首先看其动机是利己的还是利他的、是利私的还是利公的。在利己—利他维度上，人们通常是利己的，但是不能过分；在利私—利公维度上，人们通常是利私的，但是也不能过分。是不是过分，还要看第二德行要素，即看手段是正当的还是不正当的、是合法的还是不合法的。如果手段是不正当或非法的，那就过分了，而且很可能是悖德的。如果手段是正当的、合法的，那就要看第三德行要素，即效果是有利于对方还是有害于对方、有利于国家还是有害于国家。那么，分辨善与恶有三个层

---

❶ 朱杨曹. 中国本土哲学的梳理和发展［M］. 北京：知识产权出版社，2022.

次、两个维度，即动机、手段、效果三个层次和利私—利公、利己—利他两个维度。下文在"[论议]德行性质分类"中对善恶性质进行了分级，这样，本书就对什么是善、什么是恶的问题给予了全面的归纳。

自觉人类的恶直接来源于蒙昧人的习性，而自觉人类的善只来源于自觉人类自身的进化。人类的德行中，恶的势力大于善的势力，因为恶的习性的历史要长于善的历史。人类有先天的恶性的种子，种子来源于蒙昧人类，蒙昧人类的历史大约有 300 万年。蒙昧人类的恶的种子来源于灵长目动物，灵长目动物以及灵长目动物的祖先食肉哺乳动物有更长的历史。那么，人类有先天的善的种子吗？自觉人类肯定是有的，但很少，因为善的种子只源于自觉人类本身的进化，只有 5 万年左右的历史。可见，先善的历史远远短于先恶的历史。我们从儿童的行为中可以窥见善的表现，如他们能自发给予、帮助、协调等。当然，从儿童的行为中也能看到恶性的表现，这符合前文对善恶势力大小的分析。那么就是说，自觉人类的先天习性中既有恶的种子——先恶，也有善的种子——先善。人之初，性本善还是性本恶？笔者认为既有先善，也有先恶，而且恶的先天势力大于善的先天势力。教善则善，教恶则恶，学坏容易学好难，这就是笔者的结论。笔者的结论与中国哲学史上的"性善恶混论"基本一致。王充在《论衡·本性》中记载，战国早期的周人世硕认为："人性有善有恶。举人之善性，养而致之则善长；恶性，养而致之则恶长。"西汉扬雄在《法言·修身》中说："人之性也善恶混，修其善则为善人，修其恶则为恶人。"自觉人类的善恶德行中，后天的成分远大于先天的成分，主要是学习得来的。

人真的有先善和先恶吗？肯定有。能将毛毛虫培养得像人那样善良或凶恶吗？不能。能将黑猩猩培养得像人那样善良或凶狠吗？不能。为什么不能？因为它们不具有人的特性，它们只有虫性、兽性。而虫性、兽性中没有先善或先恶，因此虫或黑猩猩无所谓善恶。你不能说，这条虫很善良或很恶毒，那只黑猩猩很善良或很恶毒。虫的幼虫、黑猩猩的幼仔既无先善也无先恶，成虫和成年黑猩猩也无所谓善或恶。人为什么通过文化教化就能成为善人或恶人呢？答案是：人的特性中既有先善也有先恶，教善则善扬，教恶则恶张。

对德行的来源问题也要用阴阳论分析。先天遗传和后天教化都是德行的来源，但以后天教化为主。先善论、先恶论、文化决定论都偏离了阴阳论。

前面说过，人类的恶来源于史前动物，现在又说动物没有善恶。这似乎是矛盾的，其实不然。

第一，善恶体验和评价是悟觉运作的结果，动物没有悟觉，所以就没有善恶。第二，动物的某些特性被人继承后，要用人类的眼光去评价，这一评价仅限于人类范畴，而不能扩展到动物。第三，个人精神的东西要在个人精神成熟以后才能进行评价。动物的生存手段对动物本身来说是天然的、合理的，是完全符合大自然法则的。食肉动物捕猎与人类宰杀牲畜一样是大自然的法则，是不能称之为恶的。"杀"这一手段要看用到什么对象身上，人杀人就要分清原委、分清善恶了。

善与恶是一对阴阳子，它们同时产生并相互依存，因此，先善论和先恶论都是不能成立的。如同不能评价动物的善恶一样，也不能评价幼儿的自私或利己，因为幼儿的"精神大厦"还未建立起来。先恶论的来源是幼儿的所谓自私或利己。从阴阳论的观点来看，幼儿是无所谓自私或为公的，同理，也不能说幼儿先天就是善良的或利他的。文化决定论之所以不能成立，是因为它否定先善和先恶的存在，片面强调文化教化的作用。对人类个体来说，善恶观念只有在少年期结束后才能逐渐形成。在此之前，个体不成熟，没有正确的判断能力。对未成年人来说，善恶观念是同时产生的，因为善只有在与恶的对比中才能判断清楚。成人总是帮助孩子对比善的言行与不善的言行，再告诉孩子什么是善、什么是不善。如果孩子的特性中根本就没有善的种子——如同动物那样，那么不论你怎么教，他也根本不能知道善是怎么回事。同理，如果特性中没有恶的种子，你就不可能将他教成恶人。正因为人的特性中既有善的种子也有恶的种子，所以未成年人有时有善的言行，有时又有不善的言行。

人的善恶的表现主要由对待利益的态度决定。人既是利己的又是利他的，既是利公的又是利私的。利己与利他维度决定了人与人之间的利益关系和情感关系，利私与利公维度决定了个人及家庭与国家之间的利益关系和情感关系。两个维度决定了人的德行性质。

因人的文化特性过于复杂，本书未予讨论。有兴趣者可加以探索。

［论议］德行性质分类

前文提出了道德与悖德的概念，但现实生活中，"不道德"是经常使用的词，"不道德"是悖德吗？由于人类行为的动机与效果并不总是一致的，应将"不道德"限定在动机与行为上，而将效果排除在外。"不"是否定词，不道德的动机与行为，就是悖德动机和行为。但不道德不等于悖德。

为什么要将效果排除在"不道德"之外呢？应该坚持动机与效果的统一，如果不将效果排除在不道德之外，则不道德就等于悖德，而悖德是悖德动机、悖德行为和悖德效果的总称。不道德的动机和行为产生了道德的效果，就不能称为悖德。

将效果排除在"不道德"之外，能使道德和悖德的定义保持稳定。因为道德和悖德是用动机与效果的统一原则来定义的，任何动机与效果的偏离都可能干扰定义的稳定性。另外，将效果排除在"不道德"之外，使"不道德"的含义更加明确，还可以将好心办坏事与坏心办坏事区别开来：好心办了坏事，不能算不道德；坏心办坏事或坏心办好事都是不道德。

实际生活中，人们往往只偏重于用动机来判断好坏，好心办坏事似乎可以得到原谅。不注重效果的动机危害很大，因为客体需要的是好的结果。坏心办好事的情况极少发生，而好心办坏事并不少见。

道德与悖德是不对称的。善没有程度之分，但恶有程度之分；诚实没有程度之分，而狡猾却有程度之分；遵守秩序没有程度之分，破坏秩序却有程度之分。对悖德还需要进一步讨论和研究，不断完善悖德理论。

笔者想指出的是，悖德素质（悖德方式、技巧）较高的人绝不等于坏人。坏人当然悖德素质较高，但好人有时也需要较高的悖德素质，如特工就需要较高的悖德素质。

对待人民与对待敌人的方式是完全不同的。对待敌人要用专政的方式、悖德的方式；对待人民要用民主的方式，德行立场以利害取舍为主，而德行方式以善恶为主。

道德的内涵是真、善，其中善是核心。善会体现善心、良心，即具有同情心、怜悯心。那么悖德的核心是不是恶？用"恶"来代表悖德的核心内容，似乎太严厉了一些。前面说过，悖德与道德在内容和方式上不具有完全对称的关系。善没有等级之分，善意行为不能分为大善、中善、小善；而恶是有等级之分的。轻微的不良行为，是不宜用"恶"来表达的。理论家们历来将恶与善绝对对立，认为非善即恶、非恶即善，这种观点太绝对化、简单化，不符合阴阳论。

恶的等级是根据伤害手段和程度来划分的，伤害手段，如骂、打、杀，是绝对要分清楚的；伤害程度，轻者导致有些不愉快，重者导致死亡或精神失常。所以"恶"一定要分等级。能不能根据善的手段和程度来给善分等级呢？先让我们看看实际情况。例如，能不能根据捐款的多少来分行善的等级呢？笔者认为不能。三个人去河中救人，甲的游泳技术和体力最好，他将溺水者救起；乙、丙虽然先入水救人，由于游泳技术不如甲，并没有救到人，能不能说甲最善，乙、丙次之呢？显然不能如此评价。但行善的次数与评价一个人的品德显然有较大关系。人们常说，一个人做点好事并不难，难的是一辈子做好事，不做坏事。如果用行善次数、行善的时间跨度以及行善效果等来综合评价一个人是慈善家、大好人、好人等，似乎是有道理的。

要给悖德分等级是困难的。从轻微的不礼貌行为到杀人越货，中间有无数个等级。但为了讨论的方便，还是分几个等级为好。

第一，最轻的是不文明行为，如随地吐痰、不好的口头语、脏话、不礼貌、耻笑别人的缺陷等。此类行为称为轻微型悖德，简称陋习悖德，或直接称为陋习。

第二，旁观型悖德。在别人需要帮助时袖手旁观，甚至幸灾乐祸，看别人笑话。此类行为还可以称为冷漠悖德，或直接简称冷漠。

第三，妨碍型悖德。主动给对方设置障碍，使对方不能成功或很难成功。旁观型悖德与妨碍型悖德的差别在于前者仅是旁观，并没有给对方增加不利因素，后者则是主动给对方设置障碍。

第四，伤害型悖德。不仅使别人不能成功，而且使别人在现有状况下遭受重大经济损失或精神伤害。伤害型悖德应再细分一些亚型。此类型的特征是使对方在财产、地位、名誉、情感、身体等方面受到重大损失或伤害。此类行为简称害型悖德，或直接称为伤害。

第五，最严重的是歹毒型悖德，简称毒型悖德。此类可分为文毒和武毒两个亚型。文毒是使用夸大、诬陷、丑化等方式，使对方的精神受到巨大打击，甚至精神失常或自杀。武毒则是使用暴力手段使对方死亡或重伤、残疾。歹毒型悖德也可称极型悖德。

所有的过失行为都不能列入悖德范畴。

笔者主张将所有悖德方式分为两大类：不良和恶。轻微型悖德和旁观型悖德，即陋习和冷漠悖德合称不良悖德；其他三类称为恶，其中妨碍型悖德称为小恶，害型悖德是中恶，歹毒型悖德为大恶。

人不是完美的，每个人都会有这样或那样的缺点、错误，如果将缺点、错误都称为不道德或恶行，世界上就没有有道德的人了。缺点、错误绝不是道德，也不是不道德，那算什么呢？过去没有合适的概念来表达，现在有了悖德概念，又有了悖德分类和分级，就可以比较准确地表达了。这样一来，说人是道德和悖德的阴阳合一体就有了事实根据。

第三卷 人的最高概括

第一章 人的本质

一、人的本质的表述

关于人的本质,许多学者都有过论述。有的从人与自然界的关系上论述,认为人在本质上就是一台机器,或者认为人的本质是基因的媒介物,是制造更多的 DNA 的工具;有的从人与动物的关系上论述,认为人有理性;有的从人与社会的关系上论述,认为人的本质在其现实性上,它是一切社会关系的总和[1];有的从人与文化的关系上论述,认为人的文化性才是人的本质,而文化就是符号,人是符号动物;文化哲学创始人维科认为"诗性的智慧"是人的本质;许多西方哲人认为人的本质是自由;中国儒家学说认为,人的本质是道德;还有不少著名学者认为活动、劳动、实践是人的本质;中国某些哲学家干脆认为人没有固定的本质;等等。

符号、文化、社会等都是人类的创造物,用人类的创造物来定义人的本质,是本末倒置。活动、劳动之类也不能用来标示人的本质。认为人是自然制作的机器、是基因的媒介物等观点,都没有将人与生物、人与动物区分开来。如果说智慧是人的本质,动物也有智慧。人的理性是动物所没有的,但是人也有非理性,而且非理性在人的思想和行为中占有很大比重,况且理性概念本身也是不断变化和发展的。哥德尔的不完全性定理动摇了以逻辑为基础的逻辑实证主义认识论,这样一来,理性也变得不可靠了,当然也不能用来区分人与动物的本质了。凡此种种观点,笔者认为都没有把握关键点。

---

[1] 马克思恩格斯选集:第一卷 [M]. 中共中央马克思恩格斯列宁斯大林著作编译局,编译. 北京:人民出版社,2012:135.

笔者认为，应从地球生物进化的角度来探寻人的本质。人的物种进化特性理论指出，人是由活在性和美在性辨析构成的存在性阴阳合一体，活在性是阴子，美在性是阳子，因为阳子具有质的规定性，由此推导出，人的本质是人的美在性生存方式诉求，即人的本质是求美。这个结论是根据阴阳逻辑推导出来的，具有逻辑的力量，不是笔者主观的看法。人的物种进化特性告诉我们人是一个什么样的物种，人类这个物种不仅具有一切生物的活在性特性，而且具有除人类以外的一切生物都没有的美在性特性。这是地球生物在进化中涌现的新型质的飞跃。这个质就是人这个物种的质，即人类的本质。

当说人的本质是一台机器、制造 DNA 的工具、符号动物、诗性的智慧等时，关于人的本质的此类论述与民众生活的距离如此遥远，人们对本质的体验几乎没有感觉；而当说人的本质是追求生存美时，这个本质的论述与民众生活的距离如此贴近而使民众须臾不可离开它，人们对人的本质的体验如此鲜明、如此有激情、如此感慨，其中充满着对本质体验的快乐和烦恼。人的求美本质的力量体现在所有人的所有思想和所有行为中。

上述人的本质是指人类作为一个物种的本质（简称种质），而不是指人类中的个体人的本质（简称个质）。个体人的质是由人的本原性所概括的。个体人的质是个人与个人之间差异的根据，而人类的质是人类与其他物种的差异的根据。中国儒家学说认为人的本质是道德，许多西方学者认为人的本质是自由，这两种说法与美在性相关，因为道德和自由都属于美在性的内容，但又比较狭隘。

人的本原性理论指出，人的本原阳子是幼体通过在某种人类社会环境中的学习和实践而得到的成长与活动。阳子的主导性表现为质的规定性和活动的方向性。人的本原阳子所表达的质是指个人与环境互动所形成的个体人的质，即个体人的环境性的本质。由于人所处的环境主要是人类社会文化环境，因此本原阳子所表达的质主要是指个体人的文化性、社会性的质。个体人的文化性、社会性的质被许多西方学者误认为人类整体的种质。因为社会环境是不断变化的，某些中国学者才认为"人没有固定的本质"。本原阳子告诉我们，人与人在文化性、社会性上的差别产生的原因在于他们成长的环境的不同，他们与该环境互动程度的不同。所以在分析某个人的质时，总要从他成长的环境方面找原因。

由于个质受到社会环境的左右，人在表达求美本质时，就会受到社会环境的强烈影响。所以，人在领会自己生命的意义时，也会受到社会环境和文化的强烈影响，以致某些人不能正确领会生命的意义。因此，我们要用阴阳辨析思维工具来正确地分析个人的生命意义。

二、人的本质的来源

人类的求美本质来源于人的悟觉心智，悟觉领悟到好与坏、美与丑、善与恶、道德与悖德、正义与邪恶。将悟觉集中到一点就是求美。人的活在性看上去与动物的活在性是相同的，其实只是形式相同，本质是不同的。动物的活在性是动物的终极目的，人的活在性只是美在性的基础，而不是人的终极目的。动物是为了活着而活着，它们的终极目标只是活着；人类则不然，人绝不是为了活着而活着，活着只是追求生存美的基础，绝不是目的。追求生存美才是人的终极目的。如果人只是为活着而活着，那就不需要尊严、自由、幸福等，当牛做马也无所谓，做个囚犯、奴隶、亡国奴也毫无怨言。美在性才是体现人的本质的最典型特征，人以生存美为终极目标。

在追求生存美的道路上，披荆斩棘的工具是识觉，其中主要是理觉。理觉具有强大的认识能力和创造能力，为生存美的物质需求和精神需求提供了不断进步的、令人眼花缭乱的感悟媒介物（人造物或改造过的自然物）。一方面，这些感悟媒介物为大众体验到、领悟到价值感、美感提供了条件；另一方面，创造者也在创造过程中体验到、领悟到自身的价值感、美感。人们不是为了创造而创造，而是为了体验生存美而创造。

三、人的本质的目标

人的美在性本质体现在个人的求美目标和人类社会的求美目标的统一性上。这种统一性体现在两个方面：一是个人的生存美目标要与人类社会的求美目标统一起来，二是现实的生存美目标要与理想的生存美目标统一起来。

人类社会的求美目标来自人类的美在性特性，是所有个人的美在性诉求的综合。人类社会的求美目标分为理想性目标和现实性目标。

　　人类由人人平等的原始共产主义社会进入奴隶社会后，人类社会的公平性、公正性、德行发生了大反转。奴隶社会是人类历史上最残暴的社会，很多人沦为奴隶。原始共产主义社会的情形经过几千年的口头传承，一直在人类文化中保留着。公元前800年至公元前500年，文字语言已经比较成熟，那时的哲人还知道一些传闻。这一时期，根据那些传闻和作者们的美在性欲望，"天下大同"的概念出现了。对原始共产主义社会的赞美和继承，在中国和希腊的很多哲人的著作中都有反映。16世纪初英国人托马斯·莫尔写了《乌托邦》，其中第一次提出了按需分配。空想社会主义者欧文的共产主义新村，苏联、东欧、东亚等地的社会主义国家的建立都是人类向往美好社会的实践。对人类理想社会的憧憬方面，最应该提到的是卡尔·马克思对人类下一个社会形态——共产主义社会的描述。他提出了实现共产主义的几个条件：物质的极大丰富，思想觉悟的极大提高，劳动成为每个人的第一需要。他对这一理想社会的描述是：各尽所能，按需分配，每个人都得到了全面的发展，人类进入自由王国。笔者还想做一点补充：人的创造性将出现蓬勃竞争。之所以补充这个内容，是因为共产主义社会还需要继续进步的动力。那时人的物质需要已经实现平等，但人的个性需要、精神需要不可能相同，也不可能平等。没有竞争的社会就会失去继续进步的动力，物质上的竞争消失了，如果再失去精神上的竞争，这个社会将停滞在原有水平上。比现在更聪明的人类是不会这样设计社会的，他们必将保留或增加精神方面的竞争机制。竞争以哪些内容、哪些方式进行，现在的人无法想象。人类预想的共产主义社会美则美矣，会不会物极必反却尚未可知。如果真的物极必反了，有一点可以肯定：一定会向"人"的更高层次迈进，而不会回到奴隶社会。如果新的人类——或许经过基因编辑的新人种出现了，那么，现在的自觉人类的命运又会如何？会不会成为新人类的"奴隶"呢？这个"奴隶"也许会享受按需分配等共产主义待遇，颇有自觉人类内部的尊严，但不知道新人类的尊严为何物。不过，我们还应该有另一种认识：人类预想的共产主义社会虽然具有典型特征，但不是最终的、具体的目标，当我们这样认识时，就不用担心物极必反了，不用担心自己会沦为新人类的奴隶了。

人类社会的现实性求美目标其实一直在现实中存在并不断发展着,因为人类的本质是求美,这个本质会体现在人类社会的任何时空中。从人类社会整体来说,封建社会比奴隶社会进步,资本主义社会比封建社会进步,社会主义社会比资本主义社会进步,这些都说明人类一直在向理想性求美目标迈进。当今世界各国的社会保险、社会救济、免费教育、免费医疗、公共设施等方面的发展是人类向美好世界前进的真实进步,人类生活水平的不断提高、文化的不断繁荣、民主的不断发展,也是人类求美本质的体现。人类社会的点滴进步都是对现实性求美目标的追求。在人类向理想性求美目标不断迈进的历史进程中,我们最应该尊敬的是科学家、发明家、进步的思想家和政治家,当然还有普通的大众。科学家和发明家对人类物质的丰富发挥了关键性作用,即为人类物质上的解放发挥了关键性作用,进步的思想家对人类精神的解放发挥了关键性作用,而进步的政治家对科学家、发明家、进步的思想家能够发挥作用而发挥了关键作用,普通大众是所有历史事件的实践者,是推动历史前进的真正的主动力,是历史的主人。

四、人的本质的体现及本质的分裂

个人是怎么体现美在性诉求的?答案是通过人的状态赋性进行的。人的状态赋性指出,人是以自洽(1)—不自洽(2)……自洽(n)—不自洽($n+1$)……的方式为生存模式的。这个模式是越往上直径越大的倒锥螺旋的上升形态,所有主流人群都处在这个状态中。状态赋性告诉人们,人的生存美的目标就是通过不断向上的、目标越来越大的、价值感不断增加的生存模式实现的。

人的内向价值与外向价值的载体相同,但受体不同,受体的不同造成了利益的分散,利益的分散可能导致个人的内向价值与外向价值产生分裂。一些人仅仅将内向价值作为自己的全部美在性诉求,而将其本来应该具有的外向价值诉求置之不顾,从而导致了其人生价值的分裂,即其本质的分裂。只顾内向价值美而不顾个人外向价值美的生存美是裂美,而将个人的内向价值美与个人的外向价值美辨析结合的生存美是和美。当然,人的本质的分裂会有程度上的不同。人的本质分裂是普遍的现象，不值得大惊小怪，但严重质裂的人也有一定数量，他们使自己陷入生存丑的黑暗世界，成为文学作品中的丑角、魔鬼角色，被归入历史的丑角队列中。

以悟觉为主导表达人的本质诉求时，充分暴露了悟觉的玄量性，即"感悟结果不确定性"。人类有几十亿人口，每个人的本质诉求的表达方式都不相同，呈现一人一态、纷繁杂乱的图景，其原因是悟觉的玄量性。悟觉思维总是就某一对象产生的，而不是凭空产生的。人对生存美的领悟之所以发生分裂，是因为人的基本生存方式具有层次性。人对各个层次的生存方式的领悟不同导致了人的本质的分裂。人类是高度社会化的动物，高度社会化是人类的最基本的生存方式。人类的社会组织具有多个层次，最重要的是生存要域。人类的生存要域是历史地、动态地发生和变化的。人类最初的生存要域是氏族，由氏族逐步发展出胞族、部落、部落联盟、国家。氏族、家庭是最小生存要域，胞族、部落、部落联盟、国家是最大生存要域。随着全球化的迅猛发展，全域生存要域出现了，即人类全体组成了生存要域全域。每个人的生存美的欲望都体现在对生存要域的美在性诉求上。由于生存要域有三个层次，每个人能不能对三个层次的要域都有美在性诉求，暴露了他对人类求美本质诉求觉悟的高低。所谓本质觉悟，是指个人或集体对人类求美本质诉求在生存要域各层次中表达的觉悟。只顾及最小要域的美在性，而不顾及最大要域和全域的美在性的觉悟是低级本质觉悟，由低级本质觉悟体现的美在性是低级美在性，或称低级生存美。以顾及最大要域生存美为主的觉悟是中级本质觉悟，它体现的美在性是中级生存美。以顾及全域生存美为主的觉悟是高级本质觉悟，由高级本质觉悟体现的生存美是高级生存美。以上的本质觉悟分级只是针对所有人的一般分级。自奴隶制社会以来，人类社会一直是金字塔形的等级社会，不同社会等级上的人，为实现人类求美本质而负有的本质性责任是不同的。所谓本质性责任，是指人为实现人类求美本质而负有的责任。至今生存要域只有三级，那么，本质性责任就基本有三级。社会团体虽然不是生存要域，但它是主要的社会活动单位，当然要负有相应的本质性责任。

人类悟觉的发育成长总有一个渐进过程，从不成熟逐步向成熟发展，总是由己及人、由内及外，由最小生存要域悟到最大生存要域，由最大生存要域悟到生存要域全域。人在表达美在性诉求时，总是先使自己生活的最小要域得到生存美，然后才能顾及最大要域。从这里开始，就发生人类求美本质的分裂了。所以，本质分裂有其自然的趋势。人的本质自然分裂的趋势与人的生存活动范围总是由小到大逐渐扩大的过程有关。一个人的生存活动范围一般都是由小到大逐渐扩大的，其要顾及的利益也随着职权的扩大而增加，也就是说，其求美职责会随着他的职权的扩大而增加。而如果他进入国家领导集体，就必须以国家的生存美为主要使命。人类本质的分裂是由现实造成的，是一种自然趋势。而当全球化出现以后，随着全球化范围的逐渐扩大和程度的深入，必须逐渐转变固守了一万多年的对立斗争论、零和博弈论思维定式，接纳阴阳和谐论，以全域生存美为目标做出自己及所在国家的选择。

第二章　人的生命的意义

一、生命的意义

要讨论人的生命的意义和价值，首先要找到某种评判标准和理论，否则就无法得到令人信服的结果。

到哪里去找标准、找什么样的标准来回答生命意义之问？笔者是从进化的角度、进化的历史中寻找答案的。地球上进化出生物以后，生物的生命意义就开始展现了。地球最初的生命是在简单有机物和无机物的基础上出现的。生物是基因序列的载体，地球上出现了生物以后，基因序列是地球秩序演化中新出现的秩序，是宇宙更高序列、更高秩序的表现，这就是生物在宇宙中存在的意义。地球上出现生物后，地球秩序进化程度的高低就用地球生物的进化程度来衡量，即用地球生物基因序列的进化程度来衡量。植物和动物都在进化，即基因序列通过生物物种的进化而不断进化。动物进化中涌现出了动物秩序，这是植物没有的秩序。动物秩序有两种：一是各种动物物种之间的秩序，称为种际秩序；二是每种动物物种内部的秩序，称为种内秩序。整个地球动物界物种之间形成了食物链，这是地球秩序中新出现的秩序。那么，任一物种在种际秩序中的地位就体现了该物种的存在意义。任一动物物种内部也有秩序，那么，物种内部的任一成员存在的种内意义就在于它在种内秩序中的作用。所谓种内意义，是指动物个体对于本物种的存在和进化的作用。人类是动物的一种，从种际秩序来看，人类站在食物链的最顶端，自然地成为地球秩序的主宰。从人类种内秩序看，个人生命的意义就在于其对于人类内部秩序的作用。人的基因，即人的 DNA 序列无疑是地球上最复杂、最高级的序列，这个序列设计了地球上最复杂、最高级的生理组织——人的大脑。人的大脑进化的先进性、高级性体现在它的功能上，这些功能在人类个体和人类整体两个层面都发生了新的进化：在人类个体上，出现了新型的智能，笔者称之为悟觉。这种智能是动物没有的智能。悟觉用来干什么？它要分辨善与恶（德）、正与邪（衡，即正义与邪歪）、美与丑（秀），"德、衡、秀"被笔者称为悟觉三性。注意："德、衡、秀"集中到一点就是美在性生存方式的诉求。前面已经指出，人类的本质是求美。所以，新型智能悟觉的集中体现就是人的本质。在人类整体上，人类内部也出现了新的秩序，即出现了社会组织秩序，这种秩序是动物界没有的秩序，是地球秩序进化中出现的又一种新秩序。地球新的秩序——人类社会组织秩序也在不断地进化。人类社会组织向什么样的社会进化呢？我们必须找到人类社会组织进化的方向，然后朝这个方向进发。这是人类所有问题中最大的问题。凡符合人类进化方向、有益于人类进化的秩序就是正确的秩序、美的秩序，凡不符合人类进化方向、有损于人类进化的秩序就是错误的秩序、丑的秩序——这就是标准。个人生命的意义及其价值和所有社会团体、所有政府组织存在的意义和价值，就在于其对这种新秩序产生的作用：是有利于新秩序的进化，还是阻碍新秩序的进化。这就体现了其存在的意义和价值的性质，即是进步的还是反动的，是美的还是丑的，是正价值的还是负价值的。这是唯一正确的方法、唯一正确的标准。

那么，个人的生命意义就表现在对种际秩序和种内秩序的贡献上。种际秩序是指人类作为一个物种与其他物种在关系上的秩序，种内秩序是指人类组建的人类社会组织的秩序。

动物个体表达自身生命意义的动力是本能，它们的个体生存需求和物种延续需求都是由本能驱使的。人表达自身生命意义的动力中既有本能也有悟觉，但以悟觉动力为主导。

人的生命的第一基本意义表现在种际秩序上，具体表现在人的活在性表达上，这与地球上所有生物个体生命存在的意义是同似的。人的活在性特性理论指出，人是个体活在性与物种活在性辨析构成的活在性阴阳合一体，个体活在性是阴子，物种活在性是阳子。阳子物种活在性主导了个体活在性。个体活在性是为其物种活在性服务的，物种的利益大于该物种中个体的利益是地球生物应遵循的共同法则。动物个体以繁殖行为和护幼行为表达自身对本物种的意义。显然，人的物种延续意义也是从两个方面表达出来：一是自己活着，二是生儿育女。尽管每个人的活法都不相同，但不管他如何活着，只要活着，就有其基本的意义。

个人生命存在的第二基本意义表现在种内秩序上。悟觉有"德、衡、秀"三性，其集中到一点就是人对美在性生存方式的诉求，而这正是人的本质诉求。人的美在性被辨析为美满生活（美生）诉求和展示社会价值（美展）诉求两个配子，其中美生是阴子，美展是阳子。为了更清楚地表示两者之间的辨析关系，本书用阴阳辨析方法定义了世俗价值的概念。凡是对人有用的东西，就认为它对人具有世俗价值。世俗价值是由价值载体与价值受体辨析构成的二元关系，价值载体是阴子，价值受体是阳子。当个人创造了价值时，他的创造物及他自己就是价值载体，他创造的价值贡献给受用对象时，这个受用对象就是价值受体。人的美在性价值的辨析尺度是价值受体的不同，而价值载体都是个人自身及其创造物。当个人将创造物贡献给自己及自己的家庭（最小生存要域）时，价值受体就是自身及其家庭（最小生存要域），这时体现的是他的自反价值，或称内向价值；如果价值受体是最大生存要域（国家）、社会大众和全人类，则体现的是他的社会价值，或称外向价值。前文已经指出，人类社会秩序是人类种内秩序，是地球上新出现的秩序，属于宇宙系统中的高级进化秩序之一。人的生命的意义当然要在人类社会秩序的进化方面表现出来，这就是人的外向价值的指向。人类社会是由各种具有高度组织化秩序的社会组织组建的。当全球化出现后，生存要域全域，即人类社会整体利益范畴出现了。那么，个人的社会价值受体就要包括全域。内向价值体现的是美生需要，外向价值体现的美展需要，两者辨析地体现了人的美在性生存意义。将第二基本意义称为本质体现意义，它体现在两个方面，即美生意义和美展意义。

可见，人的生命的意义由向种际秩序贡献的意义和向种内秩序贡献的意义辨析构成，它们分别是活在性意义和美在性意义，活在性意义是阴子，美在性意义是阳子。美在性意义又称人的本质意义。阴子是基础，阳子是主导，所以，人的生命的意义由本质体现意义为核心、主导。人活着，就对人类存在有意义。但这还不够，人还要活得好、活得美，才有更大的意义。如果人活得没有任何尊严、自由，虽然对人类存在具有意义，但不符合人类求美本质的表达。活得美，活得有尊严、有自由、有价值，才是人的生命意义的集中体现。

那么，美生意义与美展意义体现在哪里呢？美生是由幸福生活欲望与社会尊重欲望辨析构成的，前者为阴，后者为阳。也就是说，既要生活好，还要得到社会的尊重，并以尊重为主导。不过，生活好只有相对意义，因为生活好没有上限，绝对的好生活是不存在的。理解这一点很重要。得不到社会尊重，不论物质生活多么富裕，都无法得到美生的满足。有害于民众、国家、人类的人就是这样的人。美展意义是人的生命意义的主导，如何判断美展意义呢？这里要引进正负价值的概念和标准。凡有益于价值受体的价值，对于价值受体具有正价值；凡有损于价值受体的价值，对于价值受体具有负价值。判断个人美展意义的正负时，以民众、最大生存要域（国家）和生存要域全域（全人类）为价值受体，将这个价值受体称为大全域。也就是说，有利于大全域的价值是正价值，否则是负价值。当个人将自己的才能展示出来、创造了价值的时候，要看这种价值是有利于还是有损于大全域的利益。

可见，人的生命的意义有两个基本层次、四个二级层次。生命意义基本层次由物种延续意义和本质体现意义辨析构成，物种延续意义由保存自己（存己）和延续自己（续己）的意义辨析构成，本质体现意义由美生意义和美展意义辨析构成。

二、死的意义

动物死了，看上去好像一切都结束了，没有任何意义了。人死了，也好像一切都结束了，没有任何意义了。其实，动物和人的死亡都具有意义。在阴阳论看来，生与死是一对阴阳子，它们构成了一个易极，死是阴子，生是阳子。既然生有意义，死就一定有意义。生死从何而来？生命能长生不老吗？有的动物和植物是可以长生不老的，那是一些分裂繁殖的动植物，子体从母体中分裂出来。分裂繁殖的动植物很少，绝大多数的动植物物种都未选择分裂繁殖路线，而选择了有性繁殖路线。而有性繁殖的所有动植物物种中的个体都摆脱不了死亡的命运，这就是生死的由来。为什么大多数动植物未选择无性繁殖而选择了有性繁殖呢？显然这是基于有利于生物进化机制的选择。分裂繁殖的子体与母体的基因完全一样，一代接一代繁殖下去，基因不会发生任何变化（当然要将基因突变排除在外）。这样的生物物种是无法进化的。有性繁殖的子体的基因既不是母本基因的完全复制品，也不是父本基因的完全复制品，而是母本和父本基因的组合。同一对父母每一次的性细胞交合的产物——受精卵的基因都不完全相同，其子女的基因都有差异（同卵双胞胎除外），这非常有利于个体适应变化多端的环境，有利于基因序列的进化。自从地球动物选择了有性繁殖的路线后，动物的基因序列的进化速度就大大加快了，直至进化出人类。生与死相对存在，又相互转化、相互制约、相互补充地共处于同一物种中，生中包含着死，死中也蕴含着生，生生不息，这就是生死阴阳律。从细胞层次来说，衰老细胞不断死亡，新的细胞不断产生以接替死亡的细胞，由此维系生物个体的生存。死，对单个生物体来说意味着一切都结束了，但对该物种来说，死与生是常常发生的，衰老个体的死亡为年幼个体的生长腾出了空间和资源。食物链节点下端的动物以高繁殖率为其上端的物种提供食物，同时为本物种的延续提供保障，被充当天敌猎物的个体的死亡，为本物种的生存做出了巨大贡献。由此可以清楚地看到，死与生是相互补充、相互辅佐的。物种中个体每一次的生都不是简单的重复，而是新的生。因为每一次的阴阳交合（阴阳冲和反应）都是在不断变化的时空中进行的。在同一物种中，个体每一次的死也是不同的，这些不同的死的原因，对该物种的生来说具有极其重要的意义。昆虫的抗药性、病毒的变异性等都说明死为生做出了巨大的贡献。

在人类中，死者不仅为生者腾出了空间和资源，对人死亡原因的研究对于活着的人的生存也具有重大意义。人的寿命越来越长，人活得越来越健康，在此过程中死者做出了巨大的贡献。这仅是从人的生物性方面来说的，从人的社会性来说，人的死亡也具有巨大的社会意义。有的人死得轻如鸿毛，有的人死得重于泰山。为了悼念普通战士张思德的死，毛泽东写了一篇名为《为人民服务》的纪念文章。从此，"为人民服务"就成为中国共产党人及政府的所有官员的重要宗旨，成为之后人类进步精英的座右铭，可见张思德的牺牲意义多么巨大。

那些死得轻如鸿毛的人的死同样具有重要意义，不过是反面的意义。

第三章　太极人论初探

前文说过，当笔者写作暗需要部分时，本想像写作明需要时那样先写阴子、后写阳子，但发现无法这样写。是太极图中的正反两个旋转方向启发了笔者，写暗需要时先写阳子、后写阴子，这样写没有任何困难。笔者虽然不知道其中的玄机何在，但这也自然引起了笔者对太极图与人的需要的关系的思索。当笔者发现了人的暗需要，又对暗需要做了粗浅探索并形成了文字后，面对太极图深思，太极人论这个概念忽然在脑中闪现出来。"易有太极，是生两仪，两仪生四象，四象生八卦。"❶ 两仪、四象、八卦在人的明需要和暗需要中已经被明确对应了；至于它们是怎样层层相生的，书中也有明确的阴阳辨析建构过程。那么，太极是什么？既然明需要和暗需要构成了两仪，既然两仪都是人的需要，那么阴阳两仪的上归——人的总需要就是人太极吗？但人的需要是从哪里来的？人的需要来自人的特性，这如同某种动物的需要来自这种动物的特性一样。所以，笔者认为人太极是指人的特性，其中人类的物种进化特性和个体人的本原性所构成的特性是最主要的特性。先天的特性在后天的表达中以各种需要的形式显现出来。这样看来，笔者关于人的特性研究就是对人太极的探讨。以上的分析和概括似乎是有道理的。如果真有道理，那么太极人论的大框架就建立起来了。

一、人太极的建立

人太极是从何而来的？或者说，人的特性从何而来？达尔文告诉我们，是进化而来的。是怎样进化而来的呢？这里用中国哲学进行粗浅的探索，获得形

---

❶ 《易经·系辞》。

而上的规律性认识。易道阴阳论的重要著作《易纬·乾凿度》认为："夫有形生于无形，乾坤安从生？故曰：有太易，有太初，有太始，有太素也。太易者，未见气也；太初者，气之始也；太始者，形之始也；太素者，质之始也。"本文不讨论"乾坤安从生"，而只讨论人的特性从何而来。讨论人太极的来源其实就是讨论人类的起源。如同万物的产生都要经历未见气、气之始、形之始、质之始的过程一样，人类的起源也经历了这四个过程。"太易者，未见气也"应指人类诞生前夕的状态，按照人类学家的研究，其是被小地理环境隔离起来的某一支古猿临近人类诞生前的状态。被隔离的古猿所处的特殊小环境与其他古猿所处的环境不同。环境的差别使两者的进化方向产生了差异，这种差异在开始阶段并没有显著地在该支古猿身上表现出来，所以是"未见气"。这里的"气"就是指人的特性、人的太极。如阴阳渐化顿变律所指，进化总是一点一点地慢慢积累起来的。虽然未见气，但进化在不断地进行着。不要以为"未见气"就是什么都没有，它其实具备了产生气的条件，这个气产生的条件就叫太易。在这里，太易包括以下内容：具有特殊性的小地理环境和被该小环境隔离起来的某支已经发生了点滴进化的古猿。"太初者，气之始也"是指为了适应该小环境而进化出不同于小环境以外的其他古猿的人猿，但它们还不是后来的人类，而是介于小环境外的大多数古猿与后来的人类之间的古猿物种，就是类人猿。这个类人猿物种也许还可以与小环境外的其他古猿交配，因为真正的人类还没有形成，它们可能还没有被用繁殖隔离机制与其他古猿隔离起来。它们已经具有后来的人类的某些特性了，这就是"太初者，气之始也"。"太始者，形之始也"，是指具有人类的外形了，起码能直立行走了，他们与古猿、类人猿不同了，人的物种开始形成了，他们是猿人而不是人猿，或者称其为原始人、蒙昧人。原始人的理觉快速进化，能大量地使用各种天然石块作为工具。原始人的物种基因库已经被繁殖隔离机制保护起来，他们不可能与类人猿交配了。只有当原始人进化出悟觉的时候，真正的自觉人类才得以形成，这才是"太素者，质之始也"。这里的质是指人类的本质，就是美在性的追求，即有了好与坏、善与恶、荣与辱、正与邪、美与丑等不同感悟和体验。这个时间大约从新旧石器时期交界时开始，因为原始艺术大量出现于新石器时期。悟觉产生之前的猿人，即原始人，还不能称为真正的人类，虽然他们具有理觉的智慧，发现并利用了许多石器，但那些石器大多是天然石块。真正大规模地制造各种石器是在新石器时期，那是快速进化的理觉发展到一定程度的证据。悟觉是在理觉基础上涌现的，或称顿变的，是当理觉进化到一定程度之后才有可能出现的。理觉始于旧石器时期，悟觉始于新石器时期。悟觉出现后，人类真正形成了，人的特性也就具备了，人太极随之出现了。那么，人太极可以说是自觉人的特性，也可以说就是自觉人类本身，因为人类的特性与人类本身在本质上是同一个东西。这样看来，人太极就是人的存在本身。不过，此处"人的存在"不是西方哲学中所说人的存在。西方哲学中的人的存在是线性思维下人的存在——是机器、基因媒介物、符号动物、上帝之子及其肋骨等，是人的本质没有得到明确表述的人的存在。此处"人的存在"是指人的物种进化特性所表述的，由活在性和美在性辨析构成的存在性阴阳合一体，就是哲学上所说的本体，这是非线性思维的阴阳辨析所导出的人的存在。

以上分析了人类的太极起源，下面分析人类个体的太极起源。

对人类个体来说，"未见气"应是该个体的母亲处于排卵期并且已与其父交媾的阶段。没有这些条件，一切就无从谈起。交媾不一定产生结果，如果产生了结果，那次交媾事件就是太易，即"未见气"。"太初者，气之始也"是已经受精成功并已着床的受精卵。"太始者，形之始也"应是刚出生的婴儿。"太素者，质之始也"是悟觉发育成熟的青年。悟觉发育成熟了，就是成年人了。成年人是阴阳合一体，未成年人是阴阳混沌体，太极人论是对成年人而言的。从人类个体的太极发生过程来看，从气之始到形之始，经历了十月怀胎；从形之始再到质之始，经历了约20年。人类起源从被小环境隔绝起，到人类悟觉的涌现，经历了极其漫长的时期（大约300万年）。从婴儿出生到悟觉发育成熟（成年人），经历了20年左右的时间，这相当于从原始人到人类悟觉涌现的过程，这个过程大概发生在旧石器时期。人类理觉经过漫长的旧石器时期的进化达到了一定水平就能制造石器了，于是就迈入了新石器时期。理觉进化的另一个成果就是涌现了悟觉，这是人类进化史上最重大的事件，也是地球生物进化史上最重大的事件之一。新石器时期的开始是人类悟觉诞生的标志。这个时间在5万~6万年前。人类个体悟觉的成熟，标志着人太极已经建立起来，成年人就是阴阳合一体了。人太极一旦建立起来，接着就是"太极生两仪，两仪生四象，四象生八卦（八需）"的过程。要知道，未成年人是没有观念需要的，即没有暗需要。所以，两仪要到悟觉成熟后才能分化出来。

二、人太极的结构

人太极结构如图3所示。

太极	两仪	四象	八需	八卦	卦数	卦名	卦 象
太极Ⓢ	暗需要[1]	玄量觉悟[11]	观念觉悟	[111]	1	乾	天：万物之纲
			感悟觉悟	[110]	2	兑	泽：泽润，愉悦，干涸
		确量觉悟[10]	品格觉悟	[101]	3	离	火：火热，光明，火灾
			资才觉悟	[100]	4	震	雷：惊蛰，万物生长，雷击
	明需要[0]	求美需要[01]	美展需要	[011]	5	巽	风：风行，风势，风暴
			美生需要	[010]	6	坎	水：生命之源，水患
		求生需要[00]	续己需要	[001]	7	艮	山：靠山，阻断
			存己需要	[000]	8	坤	地：万物之母

图3 人太极八需（八卦）

在中文信息字符集中没有阴爻符号、阳爻符号、八卦符号、太极符号，这对用计算机写文章的笔者来说是非常不方便的。现在用二进制数制的两个数码符号0和1来代替八卦中的阴阳符号，以0代表阴爻，以1代表阳爻，用带圈的S代表太极符号，用横排列从左到右排列八卦，称其为数字八卦符号，初爻在最左边，从左到右地读，例如，[000]表示坤卦，[010]表示坎卦，等等。卦数乾1、兑2、离3、震4、巽5、坎6、艮7、坤8，可用数字八卦以8为模求补数得到。例如，乾卦二进制数为[111]，换算成十进制数：$111 = 2^2 + 2^1 + 2^0 = 4 + 2 + 1 = 7$，即二进制数值[111]对应十进制数值7，再以8为模求7的补数：$8 - 7 = 1$，这个1就是乾卦的卦数。又如[011]表示巽卦，二进制数换算为十进制数：$011 = 0 + 2^1 + 2^0 = 0 + 2 + 1 = 3$，即对应十进制数3，再以8为模求3的补数：$8 - 3 = 5$，则巽卦卦数为5。再如坤卦[000]，换算为十进制数：$000 = 0 + 0 + 0 = 0$，对0求补$8 - 0 = 8$，坤卦卦数为8。

列完上表，笔者发现"八需"与八卦似乎有关联。再以卦名和卦象的含义对照八需的含义，似乎也有相通之意。

［000］卦名为坤，卦象是地，地为万物之母。在人太极中，［000］对应八需的存己需要。自己活着，是人的一切需要、一切活动之母，与坤卦卦象"万物之母"对应得相当贴切。

［111］卦名为乾，卦象是天，天为万物之纲。在人太极中对应八需的观念觉悟。在人的玄量性分析中，通过阴阳逻辑推导出"人是十足的观念性物种，任何人都是为某些观念和感悟而活着"的结论。观念觉悟是人一切活动之纲领，与乾卦卦象"万物之纲"对应得也非常贴切。

［110］卦名兑，卦象是泽，象征泽润、愉悦、干涸。在人太极中对应八需的感悟暗需要。人们在吃、喝、住、穿等方面无不追求快乐的感悟，希望得到愉悦的心情，幸福感也是一种感悟。但感悟是一种暗需要，即要会感悟才能得到愉悦，才能使生活过得滋润。若不会感悟，生活过得就如干涸的沼泽，了无生气。

［101］卦名离，卦象火，象征火热、光明、火灾。人太极中对应八需的品格觉悟。好的品格会给别人、给社会、给人类带来温暖、热情和光明；反之，坏的品格会给别人、给社会、给人类带来火灾般的灾难。注意：火灾通常只是一时而过，不会像战争那样持续很长时间。所以，坏的品格带来的是如火灾一样的灾难。

笔者在这里不再一一解释八需与八卦之间的意义关联。八卦是伏羲所创，那是在6500多年前；文王和周公演八卦，配卦名、卦辞、爻辞，距今也已有3000多年了。八需的含义与对应的卦名和卦辞的含义居然也有相通之意，而八卦卦象与八需对应得比较贴切，对此笔者还是非常惊异的，但尚不知其中究竟有无玄机。

但是，八卦与八需的构成机制是不同的。八卦是由8个经卦互相重叠构成64个卦，而"八需"是层层辨析得到的，而且笔者指出过，辨析还可以继续进行下去，不会止于64个。阴阳辨析的每一个层次都有它的现实意义，这一点比64卦要明确、现实。

不过，笔者将自己的人论冠以太极阴阳人论，实在诚惶诚恐，因为在笔者看来，太极阴阳人论应该包括人的所有方面的研究，笔者的人论远非如此。例如，笔者对人的身体（肉体及心智）方面的研究就没有进行详细的阴阳辨析。好在中医理论也是用易道阴阳论建立的，可惜笔者非中医理论家，否则会在健康部分和人彩觉悟部分引入中医易道阴阳论。笔者仍将自己的人论冠以太极阴阳人论的原因仅在于它体现了易道阴阳论的内涵，而没有顾及它的外延。太极阴阳人论应该涵盖人的一切，但笔者认为，没有任何人能做到这一点，而且永远做不到这一点。恩斯特·卡西尔在20世纪40年代也发表了《人论》，他在书中只回顾了西方的思想史、哲学史，没有对书名做任何限制。笔者是不敢这样做的，笔者的人论仅仅是太极阴阳人论的一部分，即仅限于人的特性和需要等行为动力部分。中医理论也是太极阴阳人论的一部分。希望其他学者也用易道阴阳论进行人的研究，将成果都汇集到太极阴阳人论中来，由众多学者一起共建太极人论的大厦。

三、人的玄量性

现在专门探讨人太极中的阳仪——人的暗需要。人的暗需要是人类特有的悟觉心智操作的结果，对于人的思想和行为有着特别的、首要的作用。

人与动物最彻底的分界线是人具有悟觉而动物没有悟觉。悟觉最典型的特性是感悟结果具有不确定性，这种不确定性表现为感悟结果因人而异、因时而异、因地而异、因（环）境而异、因情而异。笔者将人的感悟结果的不确定性简称为人的玄量性。

海森堡发现了量子的不确定性。该不确定性原理告诉人们，在量子世界，微观粒子的速度越确定，其位置就越不确定；位置越精确，其速度就越不精确。时间与能量、角位置与角动量等都具有这种不确定性。海森堡的测不准原理再次打破了宇宙宿命论，为量子学做出了重大贡献。量子的不确定性也可称为量子玄量性，它是物质的玄量性。

人的悟觉的玄量性是精神的玄量性。可见，物质和精神都具有玄量性。人是由确量体和玄量体辨析构成的能量阴阳合一体，确量体是阴子，玄量体是阳子。人的确量又可称为人的质量，人的玄量又可称为人的动量。人既以确量体向外界（他人、团体、生存要域及自然界）发射他的能量，也以玄量体向外界发射他的能量。确量体既然是阴子，就具有阴子的基础作用。人的质量（即确量体）越大，其能量就越大，能发挥的社会作用可能就越大；反之，质量越小，能量就越小，能发挥的社会作用可能就越小。但是，人的确量体（质量）是受其玄量控制的，因为玄量是阳子，就具有阳子的质的规定性和运动方向主导性。这就是说，人发挥他的质量的作用总是在他的观念或感悟的指导和控制下进行的。人的能量的发挥是有方向性的，有助于客体的作用是正向的，有损于客体的作用是负向的。玄量性对确量性的主导和控制表现在三个方面：第一，是否向客体发射能量；第二，决定发射能量的方向；第三，发射能量的大小及其调节。人的质量是明的能量、实的能量，人的玄量是暗的能量、虚的能量。笔者说过，人的暗能量的作用远远大于人的明能量的作用，如同宇宙中暗物质的能量远远大于明物质的能量一样。

人是以玄量性为主导的能量阴阳合一体，前文已经分析了各种观念（信念、理念）和各种感悟（体感、联感、情感、领悟）对人的巨大作用。人的玄量性的质的规定性和主导性突出地表明，人是十足的观念性物种，任何人都是为某些观念和感悟而活着的，任何人都是在观念和感悟中追求美，追求美的感悟、美的价值，以体现人的求美本质。在这个由阴阳逻辑推导出的结论面前，我们要注意两点：一是这个结论本身对我们认识自己、认识别人、认识人类本质具有纲领性指导意义，二是导出这个结论的方法论的巨大意义。这个结论是根据阴阳规律推导出来的，而不是笔者个人随心所欲的主观认识。

量子力学不仅被用来描述微观粒子行为，也有学者企图用它来描述巨大尺度的宇宙行为。这对我们有什么启发？个人的玄量性会不会带来集体的不确定性？答案是肯定的。任何一个企业，其集体决策成员不同，都会给该企业带来不同的经营后果。同类型的各个国家的各届政府的政策都不相同，而这些不同会给各国的存在和发展带来很不相同的结果。各个党派的各届领导集体的指导思想及政策都不相同，这些不同也必定会给该党的存在和前途带来很不相同的结果。那么，各国政府的不确定性会不会给世界带来阶段性的不确定性呢？世界的阶段性的不确定性会不会给整个人类社会的发展大方向带来不确定性呢？看来，继续深入探讨人的悟觉的玄量性具有极其重大的意义。

第四章 关于天人合一

当把人放到宇宙中来考察时，笔者发现人与宇宙在能量上是阴阳合一的。也就是说，宇宙的变化尽管纷繁复杂，但终归是能量的变化；人的变化尽管也纷繁复杂，但终归也是人的某些能量的变化。宇宙与人在能量性上是统一的。

人是由确量体和玄量体辨析构成的能量阴阳合一体。人的能量向外发射时，是以人的智慧形式进行的，即无论是确量还是玄量的发射，都是以智慧的手段来实施的。因此，人的能量储存在人的智慧之中，并以智慧行为释放出来（此处智慧行为指正常人的行为，非智慧行为指精神障碍者的行为）。因此，人的能量也可以称为智慧能量，简称为慧能或心能。人的能量是人的源本，是人开展任何活动的源本，人的源本就是人太极。人太极是指人的特性，即人的确量和玄量都来自人类的特性。用人的确量体和玄量体辨析构成的能量阴阳合一体来表示人的源本，是人学史上的首创。

人的源本不是虚无缥缈的东西，不是不着实际的"存在"，而是可以捉摸的能量，因为无论确量还是玄量都有明确的内容。人是能量阴阳合一体的发现，将人与宇宙真正统一了起来。我国哲学家历来强调天人合一，天人是怎么合一的？不同哲学家所见各异，莫衷一是。明确提出"天人合一"概念的是北宋哲学家张载。他在《正蒙·乾称》中写道"儒者则因明致诚，因诚致明，故天人合一"，因为《中庸》说过"诚者，天之道也；诚之者，人之道也"，人与天在致诚上合了。其实，天人合一观念在中国哲学中很早就产生了，不过大多数学者认为，人与天在"性"或"心"上是相通、相合的。孟子说，尽心知性就可以与天相通；庄子认为，天与人并生而相通；王夫之提出，"人心即天""以人道率天道"。希望人与天和谐共处，是中国哲人的重要生态思想。从现代科学看，天代表宇宙、代表物质世界，人是从物质世界进化而来的，两者至多是相关联的关系，而不可能是合一的关系。这在现代人看来几乎成为一种不证自明的共识，所以认为讲天人合一，仅仅是哲学家们的自话自说。天人合一概念似乎已被现代科技彻底解构了。但是，现在我们知道了，人与天在能量性上合一了：天（宇宙）是能量，人也是能量。不过，这是两种不同的能量，天是物质能量，而人既具有物质能量（肉体细胞），又有智慧能量，并以智慧能量为主导。能量的另一种形式——智慧能量是物质能量发展的高级形式。

笔者将没有经过人认识、改造的物质称为原始物质，经过人认识、改造、创造的物质称为人化物。物质具有质量和能量。能量具有多种形式，如光能、热能、电磁能、化学能等。人的智慧也是一种能量，它由人的质量和人的动量构成。人们说，信念具有无穷的力量，信念就是智慧能量，而且是巨大的智慧能量。人可以改天换地，凭的就是智慧能量。人的大脑不停地思考，耗费了大量的物质能量，而耗费的这些物质能量的一部分转化成了智慧能量。中枢神经系统的有序运作就是将物质能量转化为智慧能量的运作。有脑动物的大脑也是将物质能量转化为智慧能量的结构。但是，两者转换的量的关系现在还无人研究。对智慧能量进行研究，或许会得到意想不到的成果，因为人类社会的一切都是智慧能量运作的结果。

能量概念本来是物理学用来概括物质世界的某种存在的。物理学认为，任何物质都具有质量和能量的属性，其中质量有静质量和动质量两种形态。

动质量 m 与能量 E 有以下关系：$E=mc^2$，这就是著名的爱因斯坦质能关系式。

质量可用能量来表征，能量也可用质量来表征。将物理学表征的物质的能量称为物能。注意：这里说的物质是指已被人类认识的物质。或许还有尚未被人类认识的物质形式或能量形式在将来会被发现，这些不在本书讨论之列。

现在我们继续用阴阳辨析方法来思索物质能量与智慧能量的关系。物质能量与智慧能量是一对性质相反的异性爻子，因为它们一个实、一个虚，所以物质能量是阴子，智慧能量是阳子。因此，它们既可以阴阳上归进行耦合，又可以进行阴阳交合而产生新的物。

物质能量与智慧能量可以阴阳上归，两者结为夫妻，组建家庭，将这个家庭的名字称为道能，即物质能量与智慧能量的阴阳上归而构成的能量阴阳合一体称为道能，物质能量是阴子，智慧能量是阳子。物质能量可以指代"天"，智慧能量指代"人"。这样，人与天通过能量形式达到了合一，即达到了天人合一。

$$\text{道能}\begin{cases}\text{物质能量（物能）}\begin{cases}\text{有形能}\\\text{无形能}\end{cases}\\\text{智慧能量（慧能）}\begin{cases}\text{先天智能——本能}\\\text{后天智能——学习和实践智能}\end{cases}\end{cases}$$

物能与慧能还可以进行阴阳交合，经过冲和反应，会有新的物产生，这如同夫妻进行交合，生出子女一样。两种能量的阴阳交合，是指人对有形能或无形能的认识和加工，即智慧能量对物质能量的加工。智慧能量对物质能量进行认识和加工的过程是智慧能量与物质能量阴阳交合的过程，是心与物相交合的过程，这个过程可简称为心物交合过程。这个心与物相交合而产生的新物，称为人化物。人化物包括有形人化物和无形人化物两种形态。有形人化物是各种人造实物，如房屋、机器、衣物、食物等；无形人化物包括各种思想产物，如理论、设计、假说、策略、虚拟物、程序、艺术等。无数的人化物组成了人化物质世界和人化精神世界，这个人化物世界就是人类生活的主要世界、主要环境。这个过程就是老子所说的"二生三，三生万物"的表现形式之一，是新生事物发生律的表现形式之一。心与物相交合的过程，可称为据物运心的过程，其主导了人的所有认识性、改造性、创造性行为。天与人有了另一种"合一"，即能量形式的合一，这是对"天人合一"的又一种注释。

人在与外部世界相互作用时，唯一正确的方式是人的心智与物相交合，这样才能获得真理和成功。一切人化物，必定是心与物相交合的产物。据物运心论的诞生来自物质能量与智慧能量的阴阳交合的实际过程，是由阴阳辨析逻辑推导出来的结论，而不是笔者主观想象出来的观点。动物在生存中也必须发现事物和利用事物，在这一过程中也必须遵循据物运心路线。从这点来说，据物运心是法则，是动物生存的主要法则。人是动物中的一员，也必须遵循据物运心法则。

笔者还想指出，马克思的辩证唯物主义和历史唯物主义就是建立在实践概念的基础上。实践的过程必定是心与物的阴阳交合过程,是人化物诞生的过程,是劳动的过程,是创造历史的过程。

人与天在能量上合一,是对人的最高概括。这一结论来自阴阳逻辑的推导。

第五章　关于幸福问题的小结

幸福问题是古今中外所有社会精英都想回答的问题，本书对关于幸福的种种认识进行了层层剥离，将获得幸福的条件进行了限定，然后对"幸福是一种体验"这一说法进行了探讨，指出了获得幸福的两条道路，最后将幸福核——即幸福"钥匙"呈现了出来。

第一，本书以活在性与美在性的差别为辨析尺度，将幸福明确辨析为美在性需要，而不是活在性需要。这一辨析将各国关于幸福指数的许多指标（如就业、职业、教育、健康、安全、环境等）归入活在性需要中，而活在性需要仅仅是美在性需要的基础，这些指标应作为幸福的基础而被各国高度重视。政府应该为国民获得幸福提供基础，而不是直接给国民提供幸福，所以，现在各国政府确定的幸福指数应改称为幸福基础指数，而不是幸福指数。

第二，本书以获得性与付出性的差别为辨析尺度，将幸福明确界定为获得性需要，而将从付出性需要中得到的快乐从幸福感中剥离出去。在美在性需要章节一开始，就用人的自反价值（内向价值）与社会价值（外向价值）的区别，将美在性需要辨析为美生需要和美展需要。为社会、他人、国家、宗教、人类做贡献，是人的社会价值的体现，价值受体是社会、他人、国家、教派、人类。而美生需要是自反价值（内向价值）的体现，价值受体是自己及其家庭。这一剥离又将许多从贡献、社会责任等付出性的行为中获得的快乐感、自豪感、价值感等与幸福感区别开来。人们在为社会做贡献的过程中，因为尽到了自己的社会责任，体现了自己的生存意义和生命意义，所以会产生自豪感、价值感和快乐感，本书将这些自豪感、价值感和快乐感称为使命怡态。使命怡态与幸福怡态是一对阴阳子，它们的上位概念是积极怡态。积极怡态是时间较长的快乐心情，它与郁态又构成阴阳对。郁态是时间较长的劣情情绪。过去由于对幸福问题没有统一的认识，许多人将从付出性中得到的快乐心情也称为幸福，如为革命做贡献感到幸福、为国家奉献感到幸福等。现在应该明确，那些是使命怡态。

第三，在明需要部分对获得幸福的充分必要条件进行了限定，指出幸福的充要条件是富裕安全的物质生活的满足和感情的满足，两者缺一不可。这一限定非常必要和重要。它为人们追求幸福明确了两个条件，指出了努力的方向。

第四，明确地指出了幸福感的获得是暗需要，是体验的过程和结果。感悟是美的感悟的一部分。美的感悟是人们对生活中的某类活动或某种感觉进行体会和评价时所产生的积极而满意的体验。人们在进行物质生活活动的同时还会对这种活动本身进行感悟，例如，我们在吃红烧肉的同时，还会对红烧肉进行评价和感悟——好吃、不好吃或一般，太烂了或火候不够等；我们在住进自己的新房时，不仅会对该住房进行评价和感悟，还会将它与别人家的住房进行对比；我们在给自己的孩子买衣服的同时也在评价和感悟：孩子穿了这件衣服后，自己和孩子满意吗？买贵了还是买便宜了？我们在旅游期间及回来以后一定会对这次旅游有所感悟。可以说，我们几乎会对自己生活中的所有活动都进行评价和感悟。这种感悟会产生某种联感、领悟及情绪，其中有些感悟是积极的、满意的，有些感悟是消极的、不满意的，积极的、满意的感悟称为美的感悟，消极的、不满意的感悟称为丑的感悟。人在自身的活在性需要得到基本满足后对物质财富的继续追求，是对美的感悟的追求、对幸福感悟的追求，而富裕的物质生活仅仅是幸福感悟的媒介物而已，追求物质财富不是目的，追求美的感悟、幸福感悟才是目的，所以富裕的物质生活和感情的满足只能作为体验幸福的条件，而非幸福感本身。许多人只知道构建幸福的条件，却不知道如何体验幸福，其实是"身在福中不知福"。

第五，满足度公式❶与物质幸福的关系。满足度公式中有一个衰减因子，而且该衰减因子是指数形式，表示衰减速度较快。满足度公式告诉我们，比照幸福感不是一种固定的体验，它会随着时间的推移而衰减。这是一个极其重要的启示。这就是说，保持合社会节拍感、合行业节拍感是一个动态的过程，而不是一劳永逸的。可见，要始终保持合拍感是很困难的，要始终保持比照幸福

---

❶ 见本书第一卷第十二章第二节。

感也是很困难的。淡定幸福与满足度公式的关系较弱。淡定幸福与他比幸福是完全不同的,但与自比幸福有一定的关系,所以其与满足度公式有一定的关系。因为淡定,希望得到的物质量 y 就很小,分母 ΔY 值就小,即使分子 ΔB 不大,满足度也会较大。

第六,对物质幸福核进行了初步探讨。比照幸福核是生活悠闲感和生活合拍感,淡定幸福核是生活悠闲感和内心宁静感。物质幸福核概念的提出,为体验物质幸福感给出了明确的界定,使物质幸福感不再是捉摸不定的感觉。物质幸福核就是物质上幸福的"钥匙"。

第七,关于感情满足与幸福的关系。前文将感情的满足列为幸福的两个充要条件之一。感情的满足同样要通过体验才能得到。要域感情相对于交往感情更容易体验到满足感。但是,即使是血缘感情,有些人也体验不到亲情的幸福,亲人的关切被他视为理所当然而不加珍惜,甚至觉得烦人,一些娇生惯养的人甚至以凶暴的方式对待父母。这样的人,不论他的物质生活如何富足,都必定得不到真正的幸福。在对待国家的感情上,也要正确地领悟。如果政府在幸福基础指数方面为民众的幸福基础做出了巨大的努力并有切实的效果,人民就应该体验、领悟到政府对人民的关心。在爱国方面,将民族自豪感、忧患感落到实处是比较重要的。一个卖国求荣、卖国求富的人,不仅会受到人民和国家的谴责与追查,还得不到内心的安宁,得不到幸福感。人际交往中,同样要有正确的体验和领悟,才能得到牢不可破的友谊。所谓不会体验和领悟友情,就是不懂得真诚在友谊中的决定性作用,或者不懂得如何真诚地对待朋友。虚伪是友谊的大敌,虚伪的人就是不懂领悟友情的人。有的人一辈子都没有一个知心朋友,不管走到哪里,其人际关系都是一团糟,这样的人恐怕得不到真正的幸福。

第八,如何获得物质幸福感?本书指出了两条通往物质幸福感的道路:一条是比照幸福大道,一条是淡定幸福大道。淡定幸福也可以叫非比幸福,与比照幸福相对应。笔者认为,经过层层剥离,物质幸福大道也只有这两条,显然,淡定幸福道路能比比照幸福道路更快捷地到达物质幸福宫殿。比照幸福属于荣华型幸福,它与淡定幸福形成了对比关系。一个人究竟选择荣华型幸福道路还是淡定型幸福道路,是由他的物质及感情条件与悟觉思维共同决定的。物质不富裕的人不要成天想着荣华型幸福，因为没有条件获得它，选择淡定型幸福是现实的。物质条件丰富的人多了一种选择，既可以选择荣华型幸福之路，又可以选择淡定型幸福之路。不过，荣华型幸福始终是动态的，满足度衰减得较快，要保持原来的满足度是相当不易的。而选定了淡定型幸福之路，就没有满足度衰减速度较快的烦恼。

以上研究成果对人们获得物质幸福感的指导意义是非常明显的。

第六章　人类社会前景展望

人类社会的前景是光明的还是黑暗的？或者是不可预测的？人类前景不可预测论认为，人类历史活动是由一些或然因素主导的，没有规律性可言，因而人类前景是不可预测的。人类前景黑暗论认为，人类无法根除战争，无法消除宗教信仰隔阂，无法战胜私欲，人类将永远争斗下去；战争规模越来越大，战争形式越来越多样化，伤害手段越来越恐怖，对占世界人口绝大多数的发展中国家来说，毫无光明前景，有光明前景的只是占世界人口极少数的霸权国家。人类前景光明论认为，人类历史活动是有规律的，人类社会从低级阶段向高级阶段发展着，人类社会的高级阶段就是光明的社会。最能代表人类前景光明论的是马克思的共产主义理论。笔者也持人类前景光明论。

但是，人类整体的心智或人类个体的心智都必定有一个发生、发育、成长、成熟的过程。全息律告诉我们，从分析人类个体的心智发育过程可以窥见人类整体的心智发育过程，从中可以判定人类整体处于哪个发育阶段，下一步将向哪个阶段发育。人类个体有幼年期、童年期、少年期、青年期、成熟期。成人对于未成年人是根据其心智发育阶段分别看待的。

本书从大脑信息加工的角度，提出了分辨独立心智的"两息"标准，并根据两息标准分辨出了人有感官觉、知觉、理觉、悟觉及记忆五大心智，又将感官觉、知觉、理觉合称为人的识觉。识觉是人认识和利用外界事物的心智。悟觉不是认识外界事物的心智，而是指向人自身的心智，是人的体验、感悟、感动、意向、计划、意志等心理活动。人认识和利用外界事物是在悟觉的指导下进行的。自觉人类之所以称为自觉人类，是因为自觉人类进化出了悟觉心智。悟觉是自觉人类心理之纲领。所以，我们在总结和展望人类历史活动时，也可以从人类整体的悟觉发育过程去分析。

一、人类悟觉进化史回顾

在考察人类心智进化史时，我们以悟觉涌现为标志，将人类进化史划分为两个史期，即悟觉涌现前的蒙昧人史期和悟觉涌现后的自觉人史期，两个史期的分界点在新旧石器时期的交界期，距今 5 万~6 万年。蒙昧人就是原始人。蒙昧人只有识觉，没有悟觉；而自觉人是以识觉为基础、以悟觉为主导的阴阳合一体。人类只有进化出悟觉后，才能有自觉功能。可以从心智进化的角度，将人类心智进化进程划分为四个阶段：第一阶段是蒙昧人阶段，是悟觉涌现前的阶段；第二阶段是悟觉的童年期，其中包括悟觉的婴儿期、幼儿期和少儿期；第三阶段是悟觉的少年期和青年前期（合称少青年期）；第四阶段是悟觉的成熟期。目前人类已经走到第三阶段的末期，准备向第四阶段进化。

第一进化阶段经历了 200 万~300 万年，考古学上称其为旧石器时期。高级大脑皮层动物——类人猿有理觉的萌芽，它们具有利用石头、树枝、草茎等自然物来获取食物的能力。由类人猿进化而来的蒙昧人当然也具有理觉的萌芽。蒙昧人的理觉得到了快速的进化，发明了许多工具，其中主要是石器，狩猎等的效率得到较大提高。经过漫长的进化，蒙昧人认识事物和利用事物的能力逐步得到提高，即识觉得到提高，其中理觉得到较快的发展。人类从智力和能力上已经远远超过了其他动物，站到了食物链的最顶端。尽管如此，此时的人类还处于食物严重匮乏阶段。食物来自自然资源，受饥饿约束性支配，站在食物链顶端的人类内部发生争夺资源、领地的战争就无法避免。蒙昧人没有悟觉，即没有善恶、正邪、美丑的观念，他们对待本群体内的老弱者也没有同情心。此阶段可称为前悟觉期。

第二进化阶段的起点在新石器早期，终点是奴隶制的建立时期。此阶段可以称为悟觉始发期。那是原始共产主义社会阶段，距今有 5 万~6 万年。此阶段人类涌现了悟觉。悟觉经历了婴儿期、幼儿期、少儿期。对悟觉的婴幼期，考古发现甚少；但对悟觉的少儿期，考古有丰富的收获，使人们能隐隐约约地知道一些原始共产主义社会末期的情况。这一阶段的显著特征是人已经有了同情心和装饰自己、表现自己的需要。同情心是善的内涵，装饰自己是美的需要，但那时人们并不是很明确什么是善、什么是恶、什么是美、什么是丑。这就如同小女孩想穿漂亮衣裳但并不知道什么是美、什么是丑一样。儿童有时会做出友好、分享、合作之类的举动，这些都是善的举动，但儿童并不知道什么是善、什么是恶。

第三阶段是从奴隶社会的建立到当代社会的阶段，这是人类整体悟觉的少青年（少年期和青年前期）阶段，此阶段可称为悟觉混沌期。奴隶制的建立使人类从历史上最平等、最公正、最博爱的原始共产主义社会大反转而进入历史上最凶残、最不公正的社会。广大奴隶被置于与动物等同的地位，奴隶主对他们想杀就杀，各种杀人手段骇人听闻，恶乃至最凶残的恶出现在人们的日常生活中。于是恶的观念产生了，与此同时，善的观念也产生了，即德（善与恶的阴阳上归合称）的观念产生了；不公正的观念和公正的观念也同时产生了，即衡（正与邪的阴阳上归合称）的观念产生了；美与丑的观念同时产生了，即秀（美与丑的阴阳上归合称）的观念产生了。德、衡、秀的观念都产生了，即"悟觉三性"产生了，悟觉不再模糊，而是变得非常鲜明。悟觉集中到一点就是每个人都极力追求生存美，人类的本质鲜明地体现出来。纵观从奴隶社会到资本主义社会的共同特征，从生产关系的角度看就是私有制，从悟觉的角度看就是裂美。私有制与裂美模式两者相互配合、相互协调，主导了近万年的历史。所谓裂美，就是分裂型的美，即只顾自己不顾他人的生存美。同级的主体（有五大主体：个人、家庭、团体、民族、国家）大多是只单纯追求自己的生存美，而不顾他人的生存美，置他人于生存丑以换取自己的生存美。有些人在面对利益分配时，会千方百计地损害、夺取他人的利益，为了自己的生存美而不择手段。战争，极端残酷的战争必然在世界各地发生，凶杀、抢夺、欺骗等手段无所不用其极。人类的求美本质发生了严重的分裂。

为什么说人类近万年的历史是人类整体悟觉的少青年阶段呢？我们可以运用全息律将人类个体在少青年阶段的特征与人类整体这近万年的历史特征相比较，看两者是否相似。个人的悟觉有婴儿期、幼儿期、少儿期、少年期、青年前期和成熟期六个阶段。少青年阶段是悟觉完全成熟前的阶段，是个人悟觉发育史上的混沌期，而不是阴阳分化后的阴阳合一期。少青年在行为适否性（悟觉三性）的理解上或明或暗、或对或错；在实际行为上，赌勇斗狠、打架斗殴，想当孩子王，是一些少青年的典型特征。这两种特征在人类整体悟觉第三阶段的万年历史中体现得非常明显，打架（两国之间的争斗）、斗殴（联盟之间的争斗）贯穿于万年的历史，且仍然是当今世界政治的突出特征。个体人的悟觉或明或暗是指他们在"悟觉三性"内涵的领悟方面或对或错，即关于德、衡、秀的领悟方面或对或错，也就是说，少青年对道德与悖德、公正与邪歪、美与丑的领悟有时是对的，有时又是错的，表现出不成熟的特征。人类整体在近万年历史中也是如同少青年那样，不过表现形式与少青年个体人的不成熟的表现形式有所不同。少青年个体人的悟觉不成熟是在"悟觉三性"的内涵领悟上或对或错，而人类整体对"悟觉三性"的内涵的领悟是比较正确的。也就是说，对于道德、悖德、公正、邪歪、美、丑，人们都知道它们的内涵，但是人们对"悟觉三性"主体的领悟是割裂的、矛盾的。这种领悟认为，如果你得到美了，我就必定得不到美，如果我要得到美，就只能使你丑，是零和机制。所以，笔者将这种领悟称为分裂型的美（裂美）的领悟，是人类悟觉不成熟的表现。为什么说或明或暗？因为人类在美的主体领悟上有时是对的，有时是错的，在有些方面是对的，在有些方面又是错的。

　　裂美是怎样实现的？这要分对等主体之间和不对等主体之间两种情况。在对等主体之间，如个人与个人、家庭与家庭、团体与团体、民族与民族、国家与国家之间，裂美主要通过强力（硬力量）来实现。在不对等主体之间，裂美主要通过制度、条约等强制性软力量来实现。不对等主体较多，例如：个人与团体、政府等；团体与团体的上级，如国家等；战败国与战胜国、臣服国与宗主国；被强国控制的主权不完整国家与控制它的国家；申请者与原有条约组织之间等。

　　每种生物都被生物界法则主导着，动物都被动物界法则主导着，那些法则都是自然法则。动物只由一个法则主导，人类（人类集体或人类个体）却由两个法则主导：一是自然法则，二是人为法则。蒙昧人也是只由自然法则主导。当人类涌现出悟觉后，随着悟觉的发育和发展，"悟觉三性"，即人的行为适否性对人类整体和人类个体的行为的调控作用越来越大，人为法则对人类的控制作用渐渐超越了自然法则的调控作用，而成为主导性、决定性法则。

　　自然法则是必须遵循的自然规律，人为法则是必须遵循的人为制定的制度条约等。制度从哪里来？制度是现实与观念理论的辨析产物，现实是阴子，相应的观念理论是阳子。将制定制度依据的观念理论称为制度之理本，将制定制度依据的现实称为制度之实本。制度是人为产物，是悟觉和识觉的共同产物，悟觉反映制度制定者的欲望和目标，识觉反映制定制度的技术性高低，或者说识觉反映制度的效能。任何制度一旦实行，总会产生某种效能，这种效能能否准确地反映制度制定者当初的欲望和目标，这是一个不确定的问题，这个问题称为目标与效能是否脱节问题，简称标效脱节问题。为什么会发生标效脱节呢？这里既有单纯的对现实的认识不准确、不深刻、不全面等因素造成的实本脱节，也有单纯的对观念理论的理解不准确、不深刻、不全面等因素造成的理本脱节，还有实本和理本共同造成的综合脱节。

现在来讨论制度的理本——观念与理论问题。观念与理论既有联系又有区别。理论来自观念，是观念的系统化、逻辑化。观念可以不系统、不全面，但它是理论的源头。没有理论仅有观念就可以制定制度。奴隶制建立时，其制度的制定并没有系统的奴隶制理论作为依据，可能仅有一种观念——占有土地和奴隶。但人类的思维并不满足于观念的提出，而是在观念的基础上不停地进行理论建树，企图将制度的制定建立在"科学"的理论基础上。就在奴隶社会末期，中国和古希腊都出现了大规模的理论建树，人类出现了第一个文化鼎盛期。中国第一个文化鼎盛期是春秋战国时期，涌现出老子、孔子、墨子、韩非子、孙子等一大批各个领域的杰出学者，各种理论喷薄而出。古希腊也涌现了苏格拉底、柏拉图、亚里士多德等一批杰出的学者，他们也有各种哲学、治国论的提出。所以，当封建社会建立时，其制度的制定从各种哲学和治国论中汲取了丰富的理论乳汁。资本主义社会首先在西方建立，其制度的建立主要依据文艺复兴后的理论。宗教改革、文艺复兴使西方迎来第二个文化鼎盛期。这一时期的理论建树，从广度、深度、高度、细致度等方面来说，都是第一个文化鼎盛期的理论所不能比拟的。理论的丰富发展，使制度的制定几乎全都依赖于理论。

西方的社会制度之理本主要有哲学和社会论。哲学是文化之根，人学是文化之干。某种社会论是建立在与其相应的哲学和人学基础之上的。西方的哲学是对立面学说，建立在对立面哲学基础上的西方人学是"对立"人学。西方最重要的社会论是社会达尔文主义。社会达尔文主义虽然遭到了严厉批判，但西方霸权仍然将其奉为圭臬，强行推行零和规则。原因其实很简单：这是私有制与裂美模式共同作用而形成的社会现象，是人类悟觉不成熟的必然表现。

二、人类进入进化新阶段的征兆

笔者认为，人类可能已走到第四进化阶段——悟觉成熟期的路口。因为笔者发现了以下几点征兆：第一，裂美势力可能已经达到顶点了，根据物极必反阴阳律，达到顶点的裂美，其后的趋势就应该是逐渐走下坡路。裂美势力的衰落与和美势力的上升，将使人类向悟觉成熟期迈进。第二，科学技术的飞速发展，快速地推动全球化，为和美世界的建立奠定了物质基础和人类紧密关系基础。第三，联合国的建立，为主持世界和美事业提供了组织基础。第四，和美的哲学工具及和美人学已经诞生，为制定和美制度之理本提供了理论依据，也为营造和美的社会氛围、境德打下了理论基础。具体分述如下：

第一，先来看人类整体悟觉的发展趋势。人类族群经过近万年的激烈争斗，"世界之王"真的出现了。但"世界之王"登上全球霸权顶峰以后，只风光了10多年，就显现出衰落的征兆，世界经济主导力量由G7很快转变到G20，第三世界的经济力量在持续上升。这说明势力对比发生了不可逆转的变化。

中国的兴盛引起了世界瞩目。甚至有人议论：中国会成为世界之王吗？笔者要告诉人们：中国绝不会成为世界之王，因为中国没有意愿当世界之王。不仅如此，其他国家也不再可能成为世界之王，历史也不再允许世界之王重现，人类将先进入多极世界，多极世界的发展将使人类逐步走向共和，走向大同。中国为什么没有当世界之王的意愿？我们从以下两点就可以得出这个结论：其一，中国是和美理论的故乡。儒家的"天下大同""己所不欲，勿施于人"等和美观念，对中国历代精英、统治者有巨大的影响，他们也懂得"不以兵强天下"（《道德经》第30章）、"兵强则灭，木强则折"（《道德经》第76章）的道理。其二，在和美观念的浸润下，中国既没有侵略、殖民他国的历史，当代中国又反复宣布，中国永远不当超级大国。为什么说历史不再允许世界之王重现？因为人类整体的悟觉经过万年的发展已经走到了向成熟期迈进的路口，因为人类的本质是求美，追求的是和美，而不是裂美。裂美的片面性、极端性、悖德性、残酷性会让任何一个民族、任何一个国家处于危机四伏之中而永无宁日，人类受尽了裂美的折磨，渴望永久的和平和安宁。

第二，科学技术的飞速发展迅速地推进了全球化，为和美世界的建立奠定了物质基础和紧密关系基础。最引人瞩目的科技进步是互联网、人工智能和大数据，它们已经把庞大的地球变成一个村落，正在快速地、彻底地改变着生产方式、流通方式、人际交往方式、生活方式，甚至是政治治理方式。人们感到世界太拥挤，世界上的事情要商量着办、要相互理解地办、相互忍让地办、实现共赢地办，才能办得成、办得好。如果办不成，对谁都不利，合作共赢是唯一出路。这些现实为人们放弃只为自己着想而不考虑他人的对立斗争论及其裂美行为提供了可能。与此同步的是，这些现实也为人们采取和美行为提供了可能。有些紧迫的问题已经迫使世界各国抛弃对立斗争论而采取和美行动了，例如气候问题、可持续发展问题、供应链问题等。历史的进程是一步一步走过来的，有时形势会迫使历史向某个方向走出下一步。拥挤的地球村村民向和美方向迈步已经成为迫切需要了。

第三，联合国的建立是一个极其重要的历史事件，这是人类在世界总体走向和平时建立的，它的职责就是主持和美。向和美方向前进，没有机构来组织协商、执行是不行的。但联合国要由不完善逐步走向完善，要不断进行改革才能真正成为有效率的主持和美的机构。联合国的所有制度、条约的制定和修改都应以和美理论为理本。

第四，和美的哲学工具及和美人学已经诞生。和美世界也是要靠制度、条约来建立和运转的，制定具有和美性质的制度、条约必须有相应的理本才有可能。若继续以对立斗争论、零和规则、社会达尔文主义为理本，是不可能完成这一任务的。只有以和美观念、理论为理本，才有可能建立具有和美性质的制度、条约，这是至关重要的。笔者的《中国本土哲学的梳理和发展》及本书出版后，可能还有更完善的和美哲学及和美人学理论出版，这些将为制定和美制度提供理本基础。

三、私环道理与和谐道理

人类以涌现悟觉为真正的起点，走到今天，只有 5 万~6 万年的历史，其中生产资料公有制的原始共产主义社会有 5 万年左右，私有制有近万年的历史。今天存在的每一个民族、国家都有一段由辉煌与苦难编织的历史，但辉煌都是短暂的，苦难则是长期的。每个家庭、每个人都紧紧地依附于国家而生存，希望国家强大是每个国民的强烈需求和愿望。群雄争霸，甲成霸主若干年，在盛极而衰、盛极而亡的阴阳律下，甲走向衰亡。于是又有一轮群雄争霸，乙成霸主若干年，接着又是盛极而衰、盛极而亡，乙又走向衰亡。于是又开始了一轮"争霸—称霸—衰亡"的历史。笔者把"争霸—称霸—衰亡"的反复循环称为私环，又叫裂美死循环。这个循环反复多次，就似乎成为一种"逻辑"，这个逻辑被笔者称为私环逻辑。人类在私环中挣扎上万年了，直到今天还处在这个私环中不能跳脱。私环运行的每一步都包含着血腥暴力。私环逻辑会衍生出私环道理：在胜利了的侵略者眼里，亡国奴是低等民族、低等人，其被杀、被奴、被淫是天经地义的，符合所谓的社会达尔文主义。私环道理就是裂美道理，就是只顾自己，不顾他人的求美逻辑。私环道理表现在国际关系中，就是以强凌弱，就是"争霸—称霸—衰落"的无限循环；表现在集团关系中，就是尔虞我诈的竞争关系；表现在人际关系中，就是不信任关系。在私环道理的指导下，人类的各级主体都将永远相互斗争下去。

和谐道理就是：国家间要以墨子的"非攻"思想为原则相处，建立利益共同体，和谐共处，共同发展；团体之间、个人之间要以墨子提出的"兼相爱，交相利"的方式相处，逐步消灭"爱有差等"现象；总的原则是孔子提出的"己所不欲，勿施于人"。

为了我们的子孙，为了人类的永久和平，从现在起，我们要摒弃私环道理，接受和谐道理，奋力冲出私环，向悟觉成熟期迈进，迎接人类光明的未来。

四、人的自身革命

抛弃秉持了数万年的裂美逻辑、私环道理，培育和接受和美逻辑、和谐道理，使人类向悟觉成熟期迈进，人类必须进行一场自身的悟觉革命。这场自我革命在根本上符合每个国家、每个民族、每个人及其子孙的永久利益。和美世界的实现是从一点一滴做起的，既有缓慢的发展，也有快速的进步，其间必定会经历艰难曲折，才能迎来大同世界。

第一，自觉人类的任何行动总是悟觉先行，总是先有目的、目标，然后制订计划和策略，最后采取行动。增强和美觉悟是自我革命的首要任务。

觉悟是暗需要，它要经过自己反复反思或别人反复提醒、宣导，才能被自己领悟到。因此，和美进程的首要任务就是唤醒、增强每个人的和美觉悟。宣导要以三个方面的内容为主：其一，列数裂美对人类各层次主体的危害、罪恶，指明如果坚持裂美，任何层次的主体，即使其中的强者，都将始终处于危机之中，人类将永远在黑暗中经受无尽的苦难，看不到一丝光明的前景。其二，宣导和美将使任何人类层次主体受益的理念，形成和美舆论的强大气氛。唯有和美觉悟才能根除战争、消除信仰隔膜，逐步实现财富和尊严的基本平等，从而消灭有差别的自由民主人权（即墨子揭露的"爱有差等"），实现无差别的自由民主人权（墨子提出的"兼爱"），直至消灭犯罪，给所有的人带来安宁和幸福。其三，构建舆论评判论坛，批评裂美，赞美和美。

第二，掀起一场大规模的除旧创新的社会科学革命。用阴阳辨析审查原有的社会科学原理及其著作，对社会科学各分支中的主要概念进行辨析，使之成为没有片面性的辨析概念，创建新的社会科学。经过除旧创新，使社会科学各分支理论成为没有片面性的和美理论，这样才能有和美制度的理本。

第三，以和美社会科学理论为理本，对制度、条约等进行除旧创新，使和美制度成为所有人类主体的行为法则。

第四，加强联合国职能。各个国家的各级权力机构也要进行两方面的改革：一是制度改革，使之都能体现和美目标；二是官员选拔标准及选拔方法改革，让有和美觉悟、和美政绩者得到重用。

第五，掀起一场全人类的自身悟觉革命浪潮，向和美世界大步迈进。悟觉革命是人类每个成员自身的思想革命，归根结底是对人的生命意义、价值和生存方式的领悟。

要使最小生存要域获得真正的安宁和幸福，要使最大生存要域获得真正的安宁和繁荣，要使全域永远充满自由和光明，每个人必须进行自身革命，革除裂美的信念，替换为和美的信念，将和美的信念作为世界统一的最高信仰，贯彻到自己的所有言行中，让各个层次的主体和睦相处，"非攻"，"兼相爱，交相利"，为实现人类和美大同社会而奋斗。自身革命也是最困难的，因为要让利，要委屈，要忍耐，要说服，要等待，要以德报怨，等等，所以自身革命是痛苦的革命。不过，最基层的大众可让的利是极少的，弱势群体几乎没有任何利可让。虽然无利可让，但在维护公共秩序、公共道德、见义勇为、育幼护幼、让世界充满爱等方面，民众负有主要的本质责任。人民大众是社会的主体、是社会上最强大的力量，让广大民众的和美之心辐射出和美言行，让和美言行营造出和美境德，让和美境德重塑每个人的灵魂，从而使人类向悟觉成熟期迈出历史的步伐，永远结束苦难，实现全人类和美大同。因此，这场人类自身的悟觉革命，是以全人类的每一个成员的自身革命为主体进行的，是一场最广大、最深刻的革命。

第六，以醒强防奸为纲，推进悟觉革命。所谓醒强，是指人类各层次主体中的强者增强和美觉悟的思想过程。历史事件、生活事件等的发展大多以强者的觉悟水准所显现的目标来主导。不论哪个层次的主体，其运作总是由人来主导的，领导集体也是由一些人组成的。因此，和美进程是以个人的自身革命为基础进行的，这场人类自身革命能否成功，关键要看强者的自身革命进行得如何。强国、大国必须拿出勇气来进行自我悟觉革命。悟觉革命单靠一国是无法进行的，强国、大国要一起进行，悟觉革命才能有效地开展起来。为什么要以强者的自身革命为纲？因为强者的质量大，具有的社会能量高，其对社会的作用就大。强者的巨大社会能量如果用于裂美，虽然强者自己能够得到生存美，但必定有很多人要遭殃，要被迫接受生存丑。如果强者将巨大的社会能量用于和美，强者自己不一定就会得到生存丑，而必定有很多人得到生存美，即能够实现双赢。为什么强者不一定得到生存丑？因为强者的资源多，回旋余地非常大，否则就不叫强者。因此，在人类自身悟觉革命的伟大进程中，所有强者都负有首要的、主导的、决定性的本质性责任。

以上是就世界政治说的，每个国家还要发动和领导国民进行一场波澜壮阔的人的自身革命。在这场国民自身悟觉革命中，同样要以醒强防奸为纲。

人类向悟觉成熟阶段进化是由人类整体的求美本质决定的，是全球化的快速发展形势迎来的。笔者认为，不论道路如何曲折，总有一天人类会冲破私环。当和美力量对裂美力量形成压倒性优势时，人类将进入崭新的历史进程。笔者真心希望世界各强国"不以兵强天下"（《道德经》第30章），懂得"大邦以下小邦，则取小邦；小邦以下大邦，则取大邦""夫两者各得所欲，则大者宜为下"（《道德经》第61章）的道理，推进人类悟觉革命。让我们每个人，尤其是强者，让每个国家，尤其是强国，都能革掉裂美的命，培养和美的品质，为人类的美好未来贡献自己的一份责任和力量。

附　录　中国式思维分析工具简介

老子说"万物负阴而抱阳"(《道德经》第42章),那么,分析任何事物,首先要分辨出构成它的阴子和阳子。分辨构成事物阴阳配子的方法,称为阴阳辨析法。这一方法已由笔者创立,这是纯中国式的思维分析工具。阴阳辨析法详见笔者的《中国本土哲学的梳理和发展》一书,此处只做简单介绍。

一、重要概念

(一)双概念

将两个必须捆绑在一起,用某种标准来对它们同时下定义或说明的概念称为双概念。例如,上下、好坏、夫妻、敌我等。

(二)偶极概念

如果双概念中的两个概念能够组成阴阳对,则称为偶极概念。注意:双概念并不一定是偶极概念,如"敌我"是双概念,但不是偶极概念。

(三)辨析尺度

辨析尺度是指进行阴阳辨析的维度、向度、角度、标准。只有确定了辨析尺度,才能进行辨析。

(四)配面

某种爻子与其阴阳相对的异性爻子可能结合的关系称为配面。配面是指某种关系、类别、范畴等。只有在同一配面中才能分析阴阳关系,即同质才能比较。

(五)配子与孤子

结成了阴阳配偶关系的爻子,称为配子;有配面而没有结成配偶关系的爻子称为孤子。

（六）易极

阴子与阳子结成了配偶关系，它们组成的阴阳对称为易极。易极其实就是由阴子与阳子组建的家庭。

（七）配子重塑

阴子和阳子结成配偶后，双方都必须改变一些"单身"时的习性以适应对方。重塑得好，相互包容度就大，龃龉被化解，合一体就会发展壮大；重塑得差，相互包容度就小，龃龉不断，合一体发展得就差；重塑得很差，几近于零，则相互包容度几近于零，龃龉演变为对立关系而不再是阴阳关系，合一体必将解体。

二、阴阳关系的性质

（一）阴阳性质互反性——第一性质

阴阳性质互反性是阴阳最基本的特征，否则一切将无从谈起。性质互反，才能产生互吸，才能合为一体。因而性质互反性是阴阳关系的前提性。

（二）阴阳配性互偶性——第二性质

阴阳配性是指阴阳结成配偶对的性质。什么叫互偶性？就是彼此能相互满足对方及自身的需要的性质。互偶才能形成利益共同体、命运共同体。

性质相反性仅是阴阳关系成立的前提、必要条件，而非充分条件。在性质互反的前提下还能互偶，阴阳关系才能成立。异性相吸、同性相斥是阴阳论的基本原理。阴阳的性质互反性和配性互偶性的综合就是阴阳反成合一性。

（三）阴阳龃龉性及互制性——第三性质

由于阴阳性质相反，双方特质、特性不同，结成合一体后，产生龃龉是必然的。这种龃龉是对双方的制约。如果阴阳配子不能相互制约，则合一体就会沿着优势爻子的方向爆炸式地增长，从而导致合一体的崩溃。任何事物内部都必定存在阴阳相互制约机制，没有内部制约机制，事物是不能存在或不能长久存在的。这个内部制约机制就来源于阴阳互制性。阴阳互制性来自双方的龃龉性，而龃龉性来自双方主要特质、特性的相反性。

（四）阴阳优势互补性——第四性质

阴阳双方各自都有自己的特质、特性，各自都有长处和短处。阴阳结成合一体后，双方可以取长补短、优势互补，这有利于共同利益。

（五）阴阳发展互促性——第五性质

阴阳互补性是针对共同利益而言的，而阴阳互促性是针对阴阳配子各自自身的发展而言的。也就是说，要发展自己，就必须进入阴阳合一体，而且要得到对方的配合。

（六）阴阳场性互缠性——第六性质

阴阳场是指阴阳爻子的作用力相会合的场所。阴阳场种类很多，如电场、磁场、招聘场所、招生场所、化学反应釜、炼钢炉、经济体、货物流通渠道等。同配面的阴阳之间由于存在着天然的、本质的互偶性，不管阴阳场多么广大，阴与阳相距多么遥远，阴与阳总是有形地或无形地相互联系着、联接着，它们总是纠缠在一起。阴阳的互缠性也可以称为阴阳相关性、阴阳相干性。

（七）阴阳配子的非线性关系——第七性质

普利高津指出，线性关系与非线性关系的区别在于，是否具有叠加性，具有叠加性的是线性关系，不具有叠加性的是非线性关系。配对成功的阴配子与阳配子都不具有独立性，它们只能在合一体中相互依存着，是你中有我、我中有你的关系，因而是非线性关系。阴阳的非线性性质是极其重要的性质。

（八）阴阳势力的不对称性——第八性质

配子的相互势力此消彼长，不断变化，其中必有一方强，另一方弱，强的一方被称为优势配子，弱的一方被称为基础配子。原子核与电子是不对称的，原子核是优势爻子；领导与被领导是不对称的，领导是优势爻子；等等。阴阳的不对称性体现了阴阳配子的主次性，优势配子具有质的规定性和运动方向的主导性。

（九）同性爻子的同性相斥性和同性协同性——第九性质

"物以类聚，人以群分"，这一直是中国人的思维逻辑之一：在中国本土哲学中又有"同气相求"的概括，此处的"气"指阴气或阳气。同性爻子不仅有相互排斥的一面，还有相互协作的一面。同性相斥是因为在某种配面下相互争夺同一层次的配偶造成的；同性协作是因为在另一种性质的配面方面，它们同时受到高于本层次异性爻子的压力而协作，共同抗拒外来压力以利于自己的生存而形成的。

（十）爻子的配对活性（爻子魅力）——第十性质

阴子或阳子在阴阳配对时显现的配对活性称为爻子配对魅力，简称爻子魅力。爻子魅力表现在两个过程中：一是结成配偶的过程中，二是结成配偶以后的过程中。爻子魅力在无机化学、有机化学中表现得非常充分，如氧化反应、还原反应、置换反应等，反应釜中各个离子的魅力不同，反应的结果就不同。有些已经结成阴阳对的爻子也被魅力强的爻子强力置换出来，退出了原来的配偶对。在人类恋爱、婚姻过程中，爻子魅力是关键因素。企业、事业单位领导人的魅力也是极其关键的因素。个人的特质、性格、能力、道德素质、性别、年龄、健康情况等都可以纳入个人的魅力因子中，这些魅力因子在进入阴阳场时，或进入阴阳合一体后，都起着极其关键的作用。

三、阴阳下分辨析

（一）阴阳下分辨析规则

（1）一次下分辨析需要并只能使用一个辨析标准——尺度规则。

（2）下分辨析后得到的下位概念永远只能有两项——二分规则。

（3）两个下位概念在辨析尺度下必须性质相反——性质相反规则。

（4）两个下位概念在辨析尺度下相互依存、相互需要、相互补充——互需补规则。

辨析尺度有时是明确的，有时是隐含的，并常常被人们省略或忽略。在实际生活和学术活动中，人们往往使用了阴阳下分辨析法而没有明确指出辨析尺度。人们大量使用"男女""上下""先后"等辨析后的下位概念，却既不指出它们的上位概念，也不指出其辨析尺度。这是人们自发地使用阴阳辨析法。制定了阴阳辨析规则后，阴阳辨析就成为一种科学的思维分析工具，今后人们就可以自觉地、科学地，而不是自发地使用阴阳辨析法了。

(二) 阴阳下分辨析公式

G→: Ci→xBX([0], [1]) →S([0], [1])

符号说明: G——概念或问题; →——辨析步骤;: Ci——确定某一个辨析尺度(或称维度、向度、分析角度); xBX——读为"下分辨析"; [0]——阴子二进制代码; [1]——阳子二进制代码; S([0], [1])——读为"阐述阴阳关系"。

公式解读: 对于一个概念或问题G, 第一步, 确定一个辨析尺度Ci; 第二步, 在尺度Ci下, 根据阴阳下分辨析规则, 对G进行阴阳下分辨析xBX, 辨析出阴配子[0]和阳配子[1]; 第三步, 根据阴阳律阐述阴阳配子间的各种阴阳关系S([0], [1])。这就是阴阳"下分辨析三步式"。

(三) 阴阳层析法

阴阳下分辨析如果连续进行,就是层层阴阳下分辨析,这称为阴阳层析法。阴阳层析法是本书第一卷的主要工具,现对其进行介绍。

第一层次辨析得到一个阴配子[0]和一个阳配子[1],因为阴阳互含,阴配子和阳配子都可以再进行第二层次的辨析。对阴配子[0]做下分辨析,得到阴中之阴[00]和阴中之阳[01];对阳配子做下分辨析,得到阳中之阴[10]和阳中之阳[11],共四个部分。同理,对这四个部分又可分别进行第三层次的下分辨析,对[00]辨析得到[000]和[001],对[01]辨析得到[010]和[011];如法炮制,[10]辨析得到[100]和[101],[11]辨析得到[110]和[111],共得到八个部分。对第三层次的八个爻子可以进行第四层次的辨析,共得到16个爻子。还可以继续一层层地无限辨析下去,这就是阴阳层析法。具体辨析到哪个层次,根据需要决定。这样得到如图4所示的金字塔。

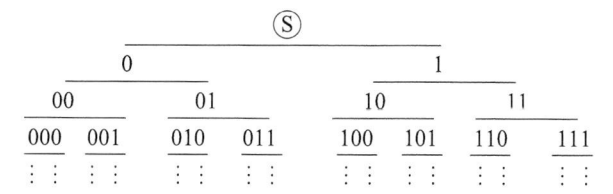

```
                    Ⓢ
         ┌──────────┴──────────┐
         0                     1
    ┌────┴────┐           ┌────┴────┐
    00        01          10        11
  ┌─┴─┐     ┌─┴─┐       ┌─┴─┐     ┌─┴─┐
 000 001   010 011     100 101   110 111
  ⋮   ⋮     ⋮   ⋮       ⋮   ⋮     ⋮   ⋮
```

图4 (单节点)阴阳层析金字塔

阴阳层析金字塔可简称为阴阳层析塔，或称阴阳塔。塔中的数字是二进制数，这是一个数字金字塔，理论上具有无限层次。由于二进制数不便阅读，可用（x, y）来简记塔中数，x 表示层次数，y 表示该二进制数换算成的十进制数值。例如，[010] 记为（3.2），3 表示三位二进制数，还表示是第三层次；2 表示第 2 号需要。

阴阳层析法可用于多层次复杂系统的分析。

四、阴阳上归辨析

（一）阴阳上归辨析规则

（1）阴阳上归辨析只能在同一配面进行——配面规则。

（2）一次上归辨析只能使用一个辨析标准——尺度规则。

（3）上归辨析时寻找的配对爻子必须与自身性质相反——性质相反规则。

（4）配对爻子之间有相互需要、相互补充、相互依存的关系——互需补规则。

（5）一次上归辨析只能寻找一个异性配偶——单配偶规则。

（6）要给结成的配偶对以名称——名称规则。

（7）在连续上归辨析中要有上归总目标——连续上归目标规则。

配面规则是阴阳上归的最重要的规则，性质相反规则是阴阳上归辨析最基本的要求，名称规则不仅是上归的"上"的含义所在，也是统生的发生，是一项重要的创造性科研活动。

（二）阴阳上归公式

G→：Ci→sBX→Pg→（[G]，[Pg]）→Jgp→Sj（[G]，[Pg]）

符号说明：G——一个概念；→——辨析步骤；Ci——确定某一个辨析尺度（或称维度、向度、分析角度）；sBX——上归辨析；Pg——概念 G 的配偶概念，Pg 与 G 在 Ci 下是异性爻子；（[G]，[Pg]）——由 G 和 Pg 构成的阴阳对；Jgp——给阴阳对（[G]，[Pg]）起的名字，即阴子与阳子组成了一个"家庭"，给这个"家庭"以名称；Sj（[G]，[Pg]）——根据阴阳律阐述 Jgp

"家庭"内的 G 与 Pg 的各种阴阳关系。

公式解读：对于概念 G，第一步，确定一个辨析尺度 Ci；第二步，在尺度 Ci 下，在同一配面内，根据阴阳上归辨析规则，给 G 概念寻找一个异性（即性质相反的）配偶概念 Pg，使 G 与 Pg 构成一个阴阳对（[G]，[Pg]），该阴阳对中的两个爻子一个为阴子，另一个为阳子；第三步，将该阴阳对命名为 Jgp，Jgp 就是由 G 与 Pg 组建的"家庭"，即两者的上归概念；第四步，Sj（[G]，[Pg]）就是根据阴阳律，阐述"家庭"中阴子与阳子的各种关系。

阴阳上归也可以连续向上递归，形成一个向上的巨系统。关于连续阴阳上归，限于篇幅，在此省略，详见笔者的《中国本土哲学的梳理和发展》一书。

后　记

　　本书建立了人的行为动力总机制，而人的行为动力总机制是人类社会密码。元素周期表的揭示，迎来了开发物质的大革命；基因DNA密码的揭示，迎来了开发生物的大革命。笔者相信，人类社会系统密码的揭示，或许对人类社会的进步有较大的作用。

　　本书发现和分辨出了人的悟觉，对人学、心理学、人类学的发展贡献了绵薄之力。中国哲学讲究纲举目张，纲不举，网的目再多也不能张开，看上去就是一团糟。人的心理之纲是什么？西方认为是意识，"西方心理学积累了大量的实验资料，且取得了令人瞩目的成果，明确了现代心理学研究的一些主题，形成了一些比较公认的理论，但是至今还没有把这些分别的理论联结成为统一的理论模式和完整的体系，也有观点混乱、不够规范之处"❶。纲不举，则目必然混乱。笔者认为，人的思维和行为是以识觉为基础、以悟觉为主导的阴阳合一体，识觉是阴子，悟觉是阳子。阳子具有质的规定性和运动方向的主导性，所以，人的心理之纲是悟觉。也就是说，分析个人的言行必须以分析他的悟觉状态为指导，分析人类整体的活动也必须以人类整体的悟觉发育阶段特征为指导。本书不仅研究了悟觉的构成，还研究了悟觉的特性和特征，以及悟觉发生、发育、成长的进化历史，由此有理论依据地展望了人类的未来是光明的前景。

　　悟觉的目标是对人类行为适否性的感悟，即对善恶（德）、正邪（衡）、美丑（秀）的判断、体验和领悟。笔者将德、衡、秀的感悟称为"悟觉三性"。悟觉三性归根结底是秀，即对美丑的感悟。正因为悟觉要追求美丑的感悟，才使得人人都追求美在性生存方式——当然是每个人自己心目中的美。所

---

❶ 车文博. 西方心理学史［M］. 杭州：浙江教育出版社，2007：17.

以，人类的本质是求美。人的求美本质体现在所有人的所有思想和行为中。这是一个极其重要的结论，它是根据阴阳逻辑推导出来的，而不是笔者主观的认识，因而具有逻辑的力量。

悟觉的典型特征是感悟的不确定性：悟觉三性的判断、体验和领悟是不确定的结果，总是受对象、时间、地点和心态的影响。将感悟的不确定性称为悟觉的玄量性。悟觉的玄量性体现在所有人的所有思维和行为中，不得不引起所有人，尤其是位高权重者的高度重视。当将人的精神（心理）也作为客观研究对象时，悟觉的玄量性就具有特别的指导意义。海森堡发现了量子的不确定性，这是物质的玄量性，悟觉感悟的不确定性是精神的玄量性。物质和精神都具有玄量性，这将给宿命论以致命打击。

无论人类整体或人类个体，其悟觉本身都有一个发生、发育、成长的过程，研究这个过程具有非凡的意义。人类的悟觉发生在新、旧石器时期的交界期，因为此时出现了纹身、舞蹈、祭祀、绘画等活动，这是人类心智首次指向自身的思维活动，这标志着悟觉的诞生。悟觉的幼儿期、少儿期都在原始共产主义社会，有五六万年的历史。人类整体的悟觉少年期开始于奴隶社会，直至当今社会，有近一万年的历史。本书根据四个征兆，提出了人类整体走到了向悟觉成熟期迈进的路口的论断，预测人类悟觉成熟期将是和美的社会，人类将永远摆脱战争、宗教隔阂的折磨，走向光明的未来。

本书发现了人的暗需要，暗需要就是观念需要、觉悟需要。人是十足的观念性物种，任何人都是为了某种观念而活着的，观念需要是人的最大行为动力，远远大于明需要的动力。

人的大脑是高度发达的信息系统，因此本书从信息加工的角度，提出用"两息"标准来分辨、判定动物和人的独立心智能力。两息指某种心智加工的对象信息是什么、加工后的产品信息是什么。以这个标准将人的所有心智能力概括为感官觉、知觉、理觉、悟觉和记忆五大心智功能。

用"两息"标准来检验意识概念：意识加工的对象是什么？意识加工后的产品信息什么？答案是没有任何明确所指，空空如也。由此判定，意识不是一种独立的心智能力。意识概念不能立足，无意识概念毛将焉附？大旗不立，何以成军？

本书研究了善恶观念的起源。善恶是一对阴阳子，是同时产生、相互依存的，它们都不能独立存在。笔者根据这个阴阳逻辑，既否定了"人之初性本善"论，也否定了"人之初性本恶"论。善恶观念是善恶事实与悟觉阴阳耦合的产物，两者缺一不可。原始共产主义社会的人类有了悟觉，但没有善恶的事实，因为原始共产主义社会是公平的社会；到了奴隶社会，最凶残的恶的事实出现了，恶的观念产生了，与此同时，善的观念也产生了。所以，人既有善性，也有恶性，只是恶的势力大于善的势力而已。这就是善恶的起源（见本书第二卷第四章）。

　　人人都想得到幸福，人人都想知道究竟什么是幸福，幸福问题困扰人类很久了。本书用阴阳辨析方法将乱如丝麻的幸福问题梳理得井井有条，以期为人们提供明确而具体的答案。

　　动物生存的意义是什么？人生存的意义又是什么？每个人都问过自己和他人这样的问题，无数的人给过无数的答案，但答案始终没有统一。要找到统一答案，必须首先找到判断生命意义的正确标准。笔者从生物进化史的角度，将个体对于种际秩序和种内秩序的意义作为判断标准。判断标准正确，给出的答案才有可能正确。本书的答案，可供读者们比较和斟酌，其意义体现在每个人的体会中。

　　人能移山填海、制造无数的新事物，靠的是人的智慧。因此人的智慧是一种巨大的能量，叫智慧能量，或称慧能、心能。慧能是能量的一种新形式，是物质能量（简称物能）演化到一定程度时出现的高级形式。人的大脑将消耗的物能的一部分转化为慧能。物能与慧能都是能量的表现形式，两者既可以阴阳上归，也可以进行阴阳交合。将物能与慧能的阴阳上归合称为道能，其中物能是阴子，慧能（心能）是阳子。这是"天人合一"的新解释——人与天在能量性上合一了。如同夫妻阴阳交合生育子女一样，心能与物能也可以进行阴阳交合，即心能对物能的加工，会有新生事物孕育、诞生出来。所有的人造物都是心与物阴阳交合的产物。人造物有有形的实物和无形的虚物两种形式，实物有物理存在形式，如房屋、食物、衣服等；虚物指观点、理论、设计、虚拟等。心与物相交合产生新生事物，据物运心论诞生了。据物运心的过程，是实践的过程、劳动的过程，是创造新世界的过程，也是创造历史的过程。据物运心论的诞生，是人学、心理学对哲学的回报。

  古代中国和古希腊各自掀起了人类第一波文明浪潮。当资本主义萌芽在欧洲出现时，欧洲发生了宗教革命和文艺复兴，挣脱了或者说部分挣脱了神对人的思想的禁锢，推翻了以神为本的统治，开创了以人为本的新纪元，掀起了人类第二波文明浪潮。宗教革命之所以能成功，是因为它得到了皇权的鼎力支持，因为中世纪的皇权也处在神权的压迫之下。资本主义萌芽在欧洲产生的同时，也在中国明朝产生了。但中国自古以来就不是神统治的国家，因此不可能发生宗教革命，而是继续进一步巩固封建帝制，继续加强思想禁锢，千方百计地扼杀资本主义萌芽。所以，现代科技和工业文明不可能在封建制的中国产生，这就是"李约瑟之问"❶的答案。中国没有开创第二波文明的原因显然是封建帝制的制度问题，中国推翻了封建帝制的统治后，中华文化的巨大创造力逐渐展现了出来。中国首先经历了学习、模仿、追赶西方文明的过程。但是，中国有自己的哲学和人学，中国哲学是和谐哲学，中国人学是和美人学。这是不同于欧洲的哲学和人学。随着中国的崛起，中国人学的目标，即中国的和美传统文化目标逐渐在世界显现出来，"构建人类命运共同体""一带一路"倡议得到世界绝大多数国家的欢迎，也得到联合国的认可。世界经济主导力量由 G7 扩展到 G20，说明世界已经出现了不可逆转的变化趋势。没有 G7 参与，上合组织成员在不断增加，力量自然随之不断增强。这也是引人瞩目的趋势。笔者预测，这些趋势发展下去将创建人类第三波文明，而人类第三波文明必将是东西方文化融合的文明。当第三波文明抛弃了裂美思维及裂美目标，换来和美思维及和美目标时，人类将迎来光明的前景。

朱杨帇
2022 年秋于深圳

---

❶ 李约瑟是中国古代科技史权威专家，他对现代科学和资本主义起源于西欧而不是中国或其他文明感到不解。1976 年，这个问题被美国经济学家肯尼思·博尔丁称为"李约瑟难题"，后来被人们称为"李约瑟之问"。

参考文献

[1] 克雷奇，克拉奇菲尔德，利维森，等. 心理学纲要［M］. 周先庚，林传鼎，张述祖，等译. 北京：文化教育出版社，1981.

[2] 怀特. 文化科学：人和文明的研究［M］. 曹锦清，等译. 杭州：浙江人民出版社，1988.

[3] 哈维兰. 当代人类学［M］. 王铭铭，等译. 上海：上海人民出版社，1987.

[4] 查普林，克拉威克. 心理学的体系和理论［M］. 林方，主编. 北京：商务印书馆，1984.

[5] 张述祖，沈德立. 基础心理学［M］. 北京：科学教育出版社，1987.

[6] 王忠华，等. 发育分子生物学［M］. 上海：第二军医大学出版社，2000.

[7] 马斯洛，等. 人的潜能和价值［M］. 林方，主编. 北京：华夏出版社，1987.

[8] 王义炯. 动物谋生术［M］. 南京：江苏教育出版社，1999.

[9] 林传鼎，等. 心理学词典［M］. 南昌：江西科学技术出版社，1986.

[10] 尹文刚. 神经心理学［M］. 北京：科学出版社，2007.

[11] 陈仲庚，张雨新. 人格心理学［M］. 沈阳：辽宁人民出版社，1986.

[12] 夏军. 非理性世界［M］. 上海：三联书店，1998.

[13] 摩尔根. 古代社会［M］. 杨东莼，等译. 北京：商务印书馆，1997.

[14] 李世东，杨国荣. 老子文化与现代文明［M］. 北京：中国社会出版社，2008.

[15] 肖志浩，高洪山，王景芳. 动物行为的奥秘［M］. 北京：海潮出版社，1993.

[16] 达尔文. 人类的由来［M］. 潘光旦，等译. 北京：商务印书馆，1997.

[17] 卢克斯. 个人主义［M］. 阎克文，译. 南京：江苏人民出版社，2001.

[18] 皮亚杰，英海尔德. 儿童心理学［M］. 吴福元，译，北京：商务印书馆，1981.

[19] 明恩溥. 中国人的气质［M］. 佚名，译. 北京：中华书局，2006.

[20] 谢真元，门岿. 科学家的遗憾［M］. 天津：天津科技翻译出版公司，2002.

[21] 张伯华. 中医心理学［M］. 北京：科学出版社，1995.

[22] 师蒂. 神话与法制［M］. 昆明：云南教育出版社，1992.

[23] 许苏民. 人文精神论［M］. 武汉：湖北人民出版社，2000.

[24] 车文博. 西方心理学史［M］. 杭州：浙江教育出版社，2007.

[25] 马克思，恩格斯. 马克思恩格斯选集［M］. 北京：人民出版社，1972.

[26] 潘菽. 意识：心理学的研究［M］. 北京：商务印书馆，1998.

[27] 燕国材. 理论心理学［M］. 广州：暨南大学出版社，2007.

[28] 斯密. 道德情操论［M］. 益群，宏峰，译. 北京：中国致公出版社，2008.

[29] 朱杨曹. 推理解梦：梦的构思创作原理［M］. 北京：知识产权出版社，2019.

[30] 墨翟. 墨子［M］. 何长久，译. 西宁：青海人民出版社，2004.

[31] 老子. 道德经［M］. 陈国庆，张爱东，注. 西安：三秦出版社，1995.

[32] 坦普尔. 中国：发明与发现的国度［M］. 陈养正，陈小慧，李耕耕，译. 南昌：二十一世纪出版社，1995.

[33] 库恩. 科学革命的结构［M］. 4版. 金吾伦，胡新和，译. 北京：北京大学出版社，2012.

[34] 黎鸣. 西方哲学死了［M］. 北京：中国工人出版社，2003.

[35] 赵敦华. 现代西方哲学新编［M］. 北京：北京大学出版社，2001.

[36] 叶珮珉，段芸芬. 动物学［M］. 北京：人民教育出版社，1983.

[37] 晋光荣，李涛. 临床神经解剖学［M］. 南京，东南大学出版社，2009.

[38] 达尔文. 物种起源［M］. 舒德干，等译. 北京：北京大学出版社，2007.

[39] 巴斯. 进化心理学［M］. 2版. 熊哲宏，张勇，晏倩，译. 上海：华东师范大学出版社，2007.

[40] 车文博. 意识与无意识［M］. 沈阳：辽宁人民出版社，1987.

[41] 甘开万. 易之启示［M］. 武汉：武汉出版社，2008.

[42] 蔡华. 人思之人［M］. 昆明：云南人民出版社，2009.

[43] 吴宁. 社会历史中的非理性［M］. 武汉：华中理工大学出版社，2000.

[44] 尚明. 中国人学史［M］. 北京：对外经济贸易大学出版社，1995.

[45] 诺埃尔. 今日达尔文主义［M］. 朱晓洁，译. 北京：北京大学出版社，2000.

[46] 普里戈金，斯唐热. 从混沌到有序：人与自然的新对话［M］. 曾庆宏，沈小峰，译. 上海：上海译文出版社，1987.

[47] 马斯洛. 动机与人格［M］. 3版. 许金声，等译. 北京：中国人民大学出版社，2007.

[48] 艾思奇. 辩证唯物主义 历史唯物主义［M］. 北京：人民出版社，1961.

[49] 朱杨曹. 中国本土哲学的梳理和发展［M］. 北京：知识产权出版社，2022.

[50] 南怀瑾，徐芹庭. 白话易经［M］. 长沙：岳麓书社，1988.